中国社会科学院马克思主义理论
学科建设与理论研究工程系列丛书

梦想与挑战

—— 中国梦与美国梦的比较研究

魏南枝　著

中国社会科学出版社

图书在版编目（CIP）数据

梦想与挑战：中国梦与美国梦的比较研究／魏南枝著 . —北京：中国
社会科学出版社，2018.3
（中国社会科学院马克思主义理论学科建设与理论研究工程系列丛书）
ISBN 978 - 7 - 5161 - 9560 - 4

Ⅰ.①梦⋯ Ⅱ.①魏⋯ Ⅲ.①中国特色社会主义—社会主义建设模
式—研究②政治—研究—美国 Ⅳ.①D616②D771.2

中国版本图书馆 CIP 数据核字（2018）第 037073 号

出 版 人	赵剑英	
责任编辑	田　文	
特约编辑	陈　琳	
责任校对	张爱华	
责任印制	王　超	

出　　版	中国社会科学出版社	
社　　址	北京鼓楼西大街甲 158 号	
邮　　编	100720	
网　　址	http://www.csspw.cn	
发 行 部	010 - 84083685	
门 市 部	010 - 84029450	
经　　销	新华书店及其他书店	

印　　刷	北京君升印刷有限公司	
装　　订	廊坊市广阳区广增装订厂	
版　　次	2018 年 3 月第 1 版	
印　　次	2018 年 3 月第 1 次印刷	

开　　本	710 × 1000　1/16	
印　　张	17.25	
字　　数	283 千字	
定　　价	75.00 元	

前　　言

以毛泽东、邓小平、江泽民为核心的党的三代领导集体和以胡锦涛同志为核心的党中央始终高度重视党的理论工作，重视全党对马克思主义理论的学习和研究工作。党的十八大以来，以习近平同志为核心的党中央更是把意识形态工作作为党的一项极端重要的工作来抓。

2004 年 1 月，《中共中央关于进一步繁荣发展哲学社会科学的意见》下发，并决定实施马克思主义理论研究和建设工程。为贯彻落实党中央关于把中国社会科学院努力建设成为马克思主义坚强阵地、党和国家的思想库智囊团（智库）、哲学社会科学的最高殿堂的要求，中国社会科学院党组采取了一系列重要措施。2009 年初成立了中国社会科学院马克思主义理论学科建设与理论研究工程领导小组。小组成立后，一方面注重抓好马克思主义理论学科组织机构的建设，设立马克思主义理论类别的研究室和中心等；另一方面注重马克思主义基础理论研究。

为了推进马克思主义基础理论研究，中国社会科学院从 2010 年起陆续推出的"马克思主义理论学科建设与理论研究工程系列丛书"，包括"马克思主义经典作家专题摘编系列"、"马克思主义专题研究文丛系列"、"马克思主义基础理论研究系列"等。"马克思主义基础理论研究系列"是马克思主义及其中国化理论研究的专门论著，该系列论著的推出，将有助于马克思主义话语体系的构建和马克思主义话语权的巩固。

中国社会科学院马克思主义理论学科建设
与理论研究工程领导小组
2015 年 1 月

序　言

魏南枝写的《梦想与挑战——中国梦与美国梦的比较研究》，是中国社会科学院马克思主义理论学科建设与理论研究项目"中国梦与美国梦的比较研究"的阶段性成果，作为该项目名义上的主持人，我对年轻学者魏南枝在过去几年里的系统深入研究所形成的思考结晶能够成书出版感到高兴，对该书在突破近现代以来对西方中心主义的迷信，突破"东方—西方"、"中国模式—西方模式"的二元思维框架等方面所进行的大胆尝试感到欣慰。

近 200—300 年来，肇始于西方启蒙，并且西方世界试图长期主导甚至支配的现代性扩张建立并不断巩固却非常简单化——甚至是非此即彼、非黑即白——的二元思维框架，使不同国家和民族的文明之间的平等交流与合作陷入了困境。20 世纪 50 年代以来西方尤其是美国"现代化理论"的兴起，以西方尤其是美国的模式为基本"理想类型"，试图在"科学意识"的掩盖下，实现世界的"同化、融合、一体化"：西方化。尽管也遭受到各种来自西方内部和非西方世界的各种质疑和挑战，但是随着"冷战"以苏东解体而宣告"结束"，不少人一时间还以为人类已经迈入了"历史终结"，这种二元框架反而在全球化的名义下得到了加强，甚至被冠以"普世"的价值……今天，西方与非西方世界的发展又呈现出一种新的趋势，"非西方"（新兴经济体＋其他发展中国家）在世界经济中的比重正在增加，西方的政治话语霸权也在发生动摇，包括美国式民主在内的西方世界的"再民主化"已经成为重要的理论—政治议题，使得探索非西方道路的内生动力已经如此之强，以至于关于中国经验、中国道路、"中国模式"之类的讨论已经不再是有或无的问题，而是如何与怎样的问题，不再只是媒体的热点，而是理论—学术界的严肃话题。

当今世界，正面临着一系列的不确定性，例如国际关系重建、世界秩序重构、同盟—伙伴关系重组、游戏规则重塑：西方世界至今尚未从华尔街爆发的国际金融危机之中走出，并且这种危机有从周期性危机向结构性危机发展的趋势；克里米亚危机、南海危机等引发的地缘政治博弈加剧；难民危机使尚未从主权债务危机中复苏的欧洲"雪上加霜"；恐怖主义从外部袭击向内部极端主义转化；英国"脱欧"等全球性"反全球化"运动使经济全球化受挫……各国既要处理基于内部制度失灵或社会失范所带来的各种问题，也需要相互紧密协调以应对多种安全失控、全球金融等失序的风险，这进一步增强了不同文明与不同道路选择之间进行平等对话与互补合作的必要性。

当今世界格局正处于重塑之中，"权力东移"、"美中博弈"、"美、中、欧三足鼎立"、"多极世界"、"区域化"等是正在显现的或潜在的未来可能的世界走势，我们不能排除世界会经历一个无序或失序的时期，更要从这种失序与秩序再塑的过程中看到一个更加公正合理的世界的可能性。

"以史为镜，可以知兴替；以人为镜，可以明得失"。对中国道路和中国梦的理解，不应该只从经济增长的单一视角进行判断：不是在形式上和数量上对西方的追赶，而是包括经济、政治、社会和文化等多个领域的深刻变化轨迹，中国已经并继续在实践层面实现着不同于西方现代性的道路，也证明着现代性既是多元的也是多样的，这既是对人类文明作出的重大贡献，也是对社会理论作出的重大贡献。严格地说，中国道路，不仅是使我们这个最大的人口规模的社会取得了最快的经济发展，伴随着人类有史以来最大的减贫，最频繁的人口流动，最深刻的工农、城乡、产业、代际等结构变迁，而且也是近现代以来全世界最重要的实践，因此也需要产生最具有阐释力的当代理论。这个理论，用"中国梦"或"中国道路"去概括和提炼，至少是一种大胆的尝试。当然，无论是中国梦还是中国道路，也不是今天才有的。近代以来，我们就开始了强国梦、富民梦、自立于世界民族之林梦、独立解放的梦；我们也走过了变法之路、五四之路，才走上了井冈山的道路、延安道路、建国之路、改革开放之路。

这其中，一以贯之并使我们能够走到今天的，是人民的地位、人民的作用。准确把握中国梦所凝聚的人民主体性，认识到实现中国梦伟大征程的底气和信心在于人民群众，才能继续沿着中国道路坚定不移地走下去，才能在越来越具有不确定性的世界格局变化中站得更稳也站得更高，才能真正实现中国的文化自觉和文化自信，并且也使我们的道路和梦想更加受到世界的瞩目和尊重。

中国道路实际上也是一条创新的道路，很多事前人没有做过，很多困难外人没有遇到过，很多挑战西方不曾面临过，因此我们必须要坚持独立自主和开拓创新；同时，文化上也要博采众家之长，不断吸收借鉴，永远开放包容：不仅对欧美所代表的西方文化，而且对全世界各种文明和文化，都秉持他山之石可以攻玉的心态和胸怀，这样才能在一个日益相互依赖的世界上，超越不同形式的文化偏见和认识局限，摆脱各种傲慢和狭隘，走出战略上外交上的丛林法则和思维上文化上的零和游戏，从而为更公正的世界、更合理的未来作出中国自己的贡献。

客观地看，今天和今后，零和游戏、丛林法则、"冷战"思维，都已经不再符合潮流；但我们又的确不能排除世界会经历一个无序或失序的时期，这个时期有多长，要看客观形势和主观努力。一方面，形势比人强；另一方面，历史终究是由人类自己创造的。中国在变幻不定的世界的汪洋大海上向哪个方向去，怎样去，与谁一起去，都事关大局、事关大势、事关未来。只要我们保持自己的战略定力，看准方向，稳步前进，到了两个一百年时，中华民族的伟大复兴，世界人民的和平发展，各种文明的互补共赢，就都绝不只是美好的愿景！

仅以此为序，并再表祝贺。

黄 平

2016 年 8 月盛夏于北京

目　　录

引　言

　　美洲的发现、绕过非洲的航行，给新兴的资产阶级开辟了新天地。东印度和中国的市场、美洲的殖民化、对殖民地的贸易、交换手段和一般商品的增加，使商业、航海业和工业空前高涨，因而使正在崩溃的封建社会内部的革命因素迅速发展。①

近200年前，马克思和恩格斯在《共产党宣言》中如此描绘尚处在萌芽阶段的美国梦所处的世界格局。他们对美国的发展进行判断，

　　北美的发展是在已经发达的历史时代起步的，在那里这种发展异常迅速。……可见，这个国家在开始发展的时候就拥有老的国家的最进步的个人，因而也就拥有与这些个人相适应的、在老的国家里还没有能够实行的最发达的交往方式。②

马克思后来还认为，

　　美国从一开始就从属于资产阶级社会，从属于这个社会的生产。③

这样的一个资产阶级社会，在恩格斯看来，

　　……美国在不断变动，不断变化，它所肩负的历史使命之巨大，

---

① 《马克思恩格斯文集》第2卷，人民出版社2009年版，第32页。
② 《马克思恩格斯文集》第1卷，人民出版社2009年版，第576—577页。
③ 《马克思恩格斯全集》第30卷，人民出版社1995年版，第4页。

大西洋两岸的人们现在不过才开始有所认识……①

美国承载着如此巨大的历史使命，在实现这一历史使命的进程中，美国梦发挥了重要的作用。最初以发财梦和自由梦为基本内涵的美国梦，代表着美国精神和美国理想，是各种信仰追求、宗教允诺以及政治和社会期望等的复合体，并随着美国的建国与发展而不断丰富其内涵。美国梦的历史比美国作为一个国家的历史要悠久，其与资本主义的紧密结合，塑造了美利坚民族的认同感，因此，"在这里巨大的民族差别的泯灭，统一的'美利坚'民族的形成，比世界上任何一个国家都更加迅速更加彻底。"②

与赞誉美国的朝气蓬勃的发展相反，19世纪的中国在马克思眼中，却是，

> 一个人口几乎占人类三分之一的大帝国，不顾时势，安于现状，人为地隔绝于世并因此竭力以天朝尽善尽美的幻想自欺。这样一个帝国注定最后要在一场殊死的决斗中被打垮：在这场决斗中，陈腐世界的代表是激于道义，而最现代的社会的代表却是为了获得贱买贵卖的特权——这真是任何诗人想也不敢想的一种奇异的对联式悲歌。③

马克思不同于很多持"西方中心主义"的现代性世界观的人，他并未将中国与欧洲殖民者的对立解读为传统与现代、落后与先进的东西方二元对立，而是从东西方世界的不同精神实质出发，指出了东方"道义"与西方"贱买贵卖的特权"之间的二元矛盾。一方面，马克思认为："如果兼施并用迦太基式和罗马式的方法去榨取外国人民的金钱，那么这两种方法必然会互相冲突、相互消灭。"④也就是西方殖民主义用正常贸易手段（迦太基式的方法）与军事征服手段（罗马式的方法），这两种手段的相互矛盾势必导致殖民主义最终灭亡。另一方面，马克思在预见伴随着西方殖民主义的拓张与灭亡，"不顾时势，安于现状"的东方社会也行将灭亡的同时，又希望中国社会在东西方精神与物质两个世界的激烈碰撞之下能够有

---

① 《马克思恩格斯全集》第12卷，人民出版社1998年版，第90页。
② 《列宁全集》第28卷，人民出版社1991年版，第368页。
③ 《马克思恩格斯论中国》，人民出版社1997年版，第64页。
④ 同上书，第74页。

所"惊醒","鸦片没有起催眠作用，反而起了惊醒作用"①。

美国"从一诞生起就是现代的，资产阶级的"②。到 20 世纪末迅速发展成为世界头号经济大国，的确无愧于列宁的判断，美国"在很多方面都是我们的资产阶级文明的榜样和理想"③。建国两百多年来，美国一直是资本主义的乐园，也将资本主义发展到了历史的巅峰。20 世纪中期以来美国致力于将美国梦发展为世界梦，特别是 20 世纪末"冷战"结束、以美国为首的西方阵营战胜以苏联为首的苏东阵营之后，以美国式民主为代表的自由民主制度一度被宣称为"历史的终结"，美国梦所代表的价值体系、社会理想和民族特色等随之对整个世界产生了巨大的影响力。也因为美国梦一再被美国的政治人物、文学作品等所传颂，美国被誉为"梦想的土地"（land of dreams），两百多年来吸引了世界各国人才的涌入，对他们而言，"美国就意味着美梦成真"④。

在年轻的美国迅猛发展的同时，1856 年英法联军入侵古老的中国，开启了第二次鸦片战争，奏响了"奇异的对联式悲歌"。今天实现中华民族伟大复兴的"中国梦"，是随着另一场梦的破碎产生的，由于西方列强的入侵，中国"万邦来朝"的"天朝之梦"被打碎了。如马克思所期待的，鸦片对于中国社会的确发挥了惊醒作用，迫使中国这头沉睡的狮子醒来了，不再"不顾时势，安于现状"。恩格斯观察到，

"中国的南方人在反对外国人的斗争中所表现的那种狂热本身，似乎表明他们已觉悟到旧中国遇到极大的危险"，他预言，"过不了多少年，我们就会亲眼看到世界上最古老的帝国的垂死挣扎，看到整个亚洲新纪元的曙光。"⑤

历史的车轮滚滚向前，旧邦新造的中国焕发新颜。21 世纪的今天，中国这个"世界上最古老的帝国"，走出了"垂死挣扎"的民族危亡阶段，

---

① 《马克思恩格斯论中国》，人民出版社 1997 年版，第 114 页。
② 《马克思恩格斯文集》第 10 卷，人民出版社 2009 年版，第 663 页。
③ 《列宁全集》第 27 卷，人民出版社 1990 年版，第 146 页。
④ ［美］艾伦：《中国梦——全球最大的中产阶级的崛起及其影响》，孙雪、李敏译，文汇出版社 2011 年版，第 1 页。
⑤ 《马克思恩格斯论中国》，人民出版社 1997 年版，第 60 页。

从寻求民族独立自主的革命、到开展中国特色社会主义建设，沿着"救国梦—建国梦—强国梦—复兴梦"的发展轨迹，在不断丰富和发展实现中华民族伟大复兴的中国梦。2014 年 3 月，习近平在中法建交五十周年纪念大会上说，"中国这头狮子已经醒了"，"实现中华民族伟大复兴的中国梦，就是要实现国家富强、民族振兴、人民幸福，既深深体现了今天中国人的理想，也深深反映了中国人自古以来不懈追求进步的光荣传统。"①

习近平曾经指出，"一个民族最深沉的精神追求，一定要在其薪火相传的民族精神中来进行基因测序"。作为"资产阶级文明的榜样和理想"，美国梦所承载的精神实质必然与有着数千年中华文明积淀、坚持"中国特色社会主义道路"的中国梦有着很大的不同。

20 世纪 50 年代西方的"现代化理论"，以西方特别是美国模式为基本"理想类型"，用静态的、二元的、进化的分析框架来看待各个社会如何"从传统走向现代"②，力图在"普世意识"的掩盖下，使世界文化"一体化"。③ 这种分析框架对包括中国在内的后发国家的影响无疑是深远的。但是，中国梦不同于美国梦，中国梦不能被简单化为对美国梦的学习、复制、赶超或替代。中国梦的精神实质与内涵突破了西方世界启蒙时代以来特别是基于冷战要求而建立起来的所谓"现代—传统"的二元分析框架，既不是强调谁先谁后的发展阶段，也不是顺应西方世界所定义的"普世价值"，而是坚持走自己的发展道路——"中国特色社会主义道路"。为了坚持这一道路，中国要寻求对中国传统文明、马克思理论和西方现代经验的汲取、发展与超越④，以实现"中华民族伟大复兴的中国梦"。那么，中国为什么能够赢得又是如何赢得这种从阶段论到道路论的突破的？

马克思在他的《资本论》中有一句名言："资本来到世间，从头到脚，每个毛孔都滴着血和肮脏的东西。"⑤ 马克思对资本主义制度的分析经常以民族国家为基本分析单位。民族国家并不是自人类历史源起便存在的组织结构，而是 18 世纪末 19 世纪初才从欧洲奠定并逐渐发展起来的，直到第二次世界大

① 习近平：《在联合国教科文组织总部的演讲》（2014 年 3 月 27 日），《人民日报》2014 年 3 月 28 日。
② 黄平：《重建社区公共性——新农村社区建设的实践与思考》，《中国经济》2010 年第 3 期。
③ 黄平：《跨文化交流要超越二元对立》，《人民日报》2014 年 11 月 27 日。
④ 胡鞍钢、王绍光、周建明、韩毓海：《人间正道》，中国人民大学出版社 2011 年版，第 3 页。
⑤ 《马克思恩格斯全集》第 23 卷，人民出版社 1972 年版，第 829 页。

战以后世界上几乎所有的地区才陆陆续续被组织进这样一个框架里面来。① 吉登斯认为,与有"边陲"(frontiers)而没有"疆界"(borders)的传统国家不同,民族国家是"权力容器"②(power-container)。并且,民族国家作为一种体制有很大的问题,其中最大的问题之一恰恰是它太依赖暴力了。③

尽管民族国家是近代国际政治变迁的基本单位,但是,现代历史发展的经验表明,它并不是唯一的基本单位。萨米尔·阿明发现:"自 20 世纪 90 年代全球化浪潮席卷世界以来,全球资本主义霸权、全球经济规则霸权和西方主导的民主理念霸权迅猛而深刻地改变了整个世界。"④ 无疑,美国是 20 世纪末这一轮全球化浪潮的重要始作俑者,美国也希望其所推动的全球化浪潮更有利于美国梦的继续辉煌甚至更加辉煌,以谋求维持或增加本国相较于其他国家的权力,即美国的霸权地位。

尽管世界各国企业的生产贸易网络和边界被以美国为代表的西方国家和资本力量所共同推动的经济全球化所极大拓展,强大的跨国资本力量不断膨胀,甚至不惜与包括美国在内的民族国家利益发生冲突以谋取高额利润,但趋于"变平"的是对资本的有效监管⑤,人类社会并没有变得扁平,反而南北差距、贫富悬殊在不断加大。那么,为何在这样的全球资本主义霸权席卷世界的背景之下,中国经济能够突破重围实现腾飞?中国所建设的社会主义市场经济体系和全球资本主义霸权之间的关系是什么?又将对这种霸权构成怎样的挑战?

西方主导的民主理念霸权的内核是西方中心主义,西方中心主义发展到 20 世纪下半叶逐渐演变为美国中心主义。西方中心主义的现代性世界观念,使西方世界的对外扩张与掠夺具有了输出自由、进步等的"正义性",也使"每个毛孔都滴着血和肮脏的东西"的资本具有了全球扩张的

---

① 黄平:《全球化:一个新的问题与方法》,《中国社会科学》2003 年第 2 期。

② Anthony Giddens, *The Nation-State and Violence* (*Volume Two of a Contemporary Critique of Historical Materialism*), Cambridge: Polity Press, 1985, p. 172.

③ 黄平:《误导与发展》,中国人民大学出版社 2006 年版,第 158 页。

④ 魏南枝(编译):《资本主义世界体系的内爆——萨米尔·阿明谈当代全球化垄断资本主义的不可持续性》,《红旗文稿》2013 年第 11 期。

⑤ 托马斯·弗里德曼认为现代社会必定抵挡不了全球化浪潮,全球化已经表现为"扁平化",因而世界是平的。这种让世界变平的力量,他坦言"敬畏于马克思对资本所具有力量的敏锐描述"。Thomas L. Friedman, *The World is Flat: A Brief History of the Twenty-First Century*, New York: Farrar, Straus & Giroux, 2005, pp. 201–204.

政治正确性。

如布罗代尔所分析的，资本主义从其出现到扩张完全依赖于政治国家权力，"资本主义只有与国家连成一体的时候才能获胜"①。但是，韦伯认为，政治国家相对于资本家有其独立自治的组织性权力，因为政治国家具有在其领土范围内使用暴力的正当性地位。②为了更好地与国家连成一体，为了限制政治国家的独立性与自治性，操纵政治国家的公权力机构成为资本力量的必然选项。因为经济全球化让偏好流动性的资本获得了前所未有的自由，跨国资本已经发展成为一种世界范围的生产、交换和积累体系，不受"权力容器"的权威束缚。并且，在各国不得不为流动资本展开竞争的同时，"流动资本向这些国家强行规定了帮助其获得权力的条件"③。

所以，全球化浪潮之下，全球资本已经改变也正在不断改变卷入到全球化浪潮之中的各个政治国家的性质。④阿明的这个判断与马克思的预言是一致的：随着资本主义发展的普及，如果斯密设想的"平等的世界市场社会"（world-market society based on equality）成为现实，其结果将是，政府会丧失反制资产阶级势力的所有能力，也就是说，

> 它在现代的代议制国家里夺得了独占的政治统治。现代的国家政权不过是管理整个资产阶级的共同事务的委员会罢了。⑤

自加入世界贸易组织（WTO）以来，中国经济无疑已经相当深刻地融入全球市场。那么，全球资本是否也在改变中国的政治国家性质？中国共产党领导的中国，要完善和发展中国特色社会主义制度，这与全球资本利益有着怎样的冲突？中国经济的腾飞与中国政治的坚持自我发展道路，会给全球经济规则霸权带来怎样的冲击？中国道路和中国梦的实现继承与发

① Fernand Braudel, *After Thoughts on Material Civilization and Capitalism*, Baltimore, MD: John Hopkins University Press, 1977, pp. 64 – 65.
② Max Weber, *Economy and Society: An Outline of Interpretive Sociology*, Berkeley and California: University of California Press, 1978.
③ Max Weber, *General Economic History*, New York: Collier, 1961, pp. 247 – 249.
④ 魏南枝（编译）：《资本主义世界体系的内爆——萨米尔·阿明谈当代全球化垄断资本主义的不可持续性》，《红旗文稿》2013 年第 11 期。
⑤《马克思恩格斯文集》第 2 卷，人民出版社 2009 年版，第 33 页。

展了有着数千年历史积淀的中华文明，无疑是对马克思主义的发展与超越，也不同于现有西方发展道路，这种发展、超越与不同，又会给西方主导的制度性话语霸权带来怎样的冲击？

全球化浪潮带给后发国家的不仅仅是西方文化或者美国文化的冲击，还有全球文化的冲击，后者事实上对包括美国在内的发达国家也产生了冲击。在全球文化对卷入全球化浪潮的各国都产生冲击之际，以美国为代表的强国可以利用自己长期把持话语权的优势来"规定"全球文化的内容，而以中国为代表的后发国家一方面要避免自己不被强国主导的全球文化所完全左右；另一方面要在民族国家框架内实现自己的现代化特别是文化层面的自我叙述，这是中华民族伟大复兴的中国梦实现过程中绕不开的双重挑战。① 中国要实现"两个一百年"的奋斗目标，即到中国共产党成立100年时（2021年）全面建成小康社会，到新中国成立100年时（2049年）建成富强、民主、文明、和谐的社会主义现代化国家，就必须战胜上述双重挑战。那么，中国应当如何应对上述双重挑战？

马克思曾经热情洋溢地写道，

> 中国革命将把火星抛到现今工业体系这个火药装得足而又足的地雷上，把酝酿已久的普遍危机引爆，这个普遍危机一扩展到国外，紧接而来的将是欧洲大陆的政治革命。②

正如19世纪的英国和法国的实践所表明的，依靠资本主义经济的发展，急剧增加财富然后解决贫穷问题这一梦想已经彻底破灭。资本主义工业体系的内含危机使20世纪上半叶爆发了两次世界大战，第二次世界大战结束的时候，"建立福利国家制度和社会契约的重建之间的联系变得非常紧密"③。资本主义经济带来了财富也带来了更多的对财富的欲望和因为欲望增加引发的冲突，解决不了分配正义问题反而加剧了利益分配的冲突，只能转而"重写社会契约"，依靠社会福利制度对社会力量与资本主义经济力量之间的冲突进行协调，因此，资本主义福利国家建设似乎大大

---

① 黄平：《全球化：一个新的问题与方法》，《中国社会科学》2003年第2期。
② 《马克思恩格斯论中国》，人民出版社1997年版，第6页。
③ Pierre Rosanvallon, *The New Social Question: Rethinking the Welfare State*, trans. by Barbara Harshav, Princeton: Princeton University Press, 2000, p. 28.

降低了欧洲大陆爆发大规模政治革命的可能性。但一旦现有世界政治与经济体系逐步瓦解，曾经从外部汲取资源以弥补内部不断增长的高福利需求的发展路径不可持续，西方福利国家制度的危机就会使得这种冲突再现。

经历了萌芽、发展与辉煌，对 20 世纪美国梦的实践，丹尼尔·贝尔认为，美国把经济活动变成社会的中心任务，导致美国社会的内部结构出现脱节和断裂的问题：其经济领域严格遵照"效益原则"，在日趋非人化的体系中，人的丰满个性被压榨成单薄无情的分工角色；其政治领域是广为派生的（形式）"平等"观念，使得公众与官僚机构之间的矛盾日益加深；其文化领域以"自我表达和自我满足"为轴心，却受到文化商品化狂潮的冲击。而这种断裂是因为，早期美国梦中相互制约的两个基因只剩下了一个，即"经济冲动力"（发财梦），而另一个至关重要的抑制平衡因素，即"宗教冲动力"（自由梦）已经被科技和经济的迅猛发展耗尽了能量。一经失去了后者的约束，世上万物就被剥去了神圣的色彩，发展与变革就是唯一圭臬。①

2011 年 4 月，曾经宣称"历史的终结"的美国学者弗朗西斯·福山在美国《外交》杂志提出，当今世界进入后"华盛顿共识"时代。而早在 1852 年，马克思就曾预见到这种危机的发生，

> 新的社会形态一形成，远古的巨人连同复活的罗马古董……就都消失不见了。冷静务实的资产阶级社会把萨伊们、库辛们、鲁瓦耶－科拉尔们、本杰明·贡斯当们和基佐们当做自己真正的翻译和代言人；它的真正统帅坐在营业所的办公桌后面，它的政治首领是肥头肥脑的路易十八。资产阶级社会完全埋头于财富的创造与和平竞争，竟忘记了古罗马的幽灵曾经守护过它的摇篮。②

中国梦不应当重复今天的美国梦所面临的断裂与困境，面对大洋彼岸的这种危机，今天的中国梦的历史使命是什么？如马克思曾经期待的，中国人民在长期殖民地半殖民地的苦难经历和艰苦卓绝的革命与建设历程

---

① ［美］丹尼尔·贝尔：《资本主义文化矛盾》，赵一凡、蒲隆、任晓晋译，生活·读书·新知三联书店 1989 年版。
② 《马克思恩格斯文集》第 2 卷，人民出版社 2009 年版，第 471—472 页。

中，已经意识到超越"改朝换代"的"使命"。20 世纪的中国革命是世界民族解放运动的高潮之一，已经超越了"改朝换代"的"使命"。

以绵延 2000 多年之久的中华文明为根基，坚持马克思主义的科学学说，用不到一个世纪的时间，中国特色革命道路和社会主义建设道路突破启蒙运动以来的二元对立桎梏，具有高度的开放性和包容性，对包括西方文明在内的世界多种文明形态的优秀成果进行吸纳，根据自身客观实际进行革命与建设，改变了十几亿中国人民的命运。

中国的崛起被誉为走了"一条同西方制度迥然不同的成功道路"，德国前总理施密特说，中国的崛起以一种特殊方式改变了世界。21 世纪的中国梦，已经不仅仅代表"整个亚洲新纪元的曙光"，且不论西方殖民主义最终是否会像马克思所预言的那样随着其扩张而灭亡，也不论当代全球化垄断资本主义世界体系是否会如萨米尔·阿明所预测的那样出现内爆直至自我消亡，中国梦的过去、现在和将来显然在走一条不同于美国梦的道路，这种新的道路的探索突破了现有西方知识界的分析框架和分类方法①，也在为世界未来的发展提供一种新的可能，这是对曾经连绵数千年中国人民的"改朝换代"的"使命"的更高层次的超越。

但是，这种超越绝不是新的世界霸权的开始。世界不应当是单极或者多极的，也不应当是亨廷顿所说的文明冲突状态。尽管中华文化的传统在出发点上和西方文化有分歧，但是，目前经济上进入全球化的同时，也出现了文化的多元化。② 当前新兴国家的崛起和国际格局的变化已经证明：不只是西方（欧美）的，也是非西方的；不仅有亚洲（中国、日本、印度等）的现代性，也有非洲的、拉美的现代性，同时还有中东的、伊斯兰的现代性。开放过程中的现代性，必须"要维护世界文明多样性"和"尊重各国各民族文明"。因此，"中国这头狮子已经醒了，但这是一只和平的、可亲的、文明的狮子"。中国梦要牵手世界梦，实现持久和平、互利合作、共同繁荣。

世界秩序与人类不同文明的和谐发展，离不开文明形态的多样性与多元化。尽管连马克思都曾经把中国这个天朝帝国视为欧洲的直接对立面③，

---

① 魏南枝：《差异与合作——帕斯奎诺教授谈当今中国政治》，《求是》2013 年第 19 期。
② 费孝通：《文化论中人与自然关系的再认识》，载费孝通《中国文化的重建》，华东师范大学出版社 2014 年版，第 286 页。
③ 《马克思恩格斯论中国》，人民出版社 1997 年版，第 1 页。

对中国梦与美国梦二者关系的研判不应当再度陷入东方与西方的二元对立，而是跳出非黑即白的二元思维框架，打破由西方炮制中国国家形象的现状，同时降低外部世界对中国的各种忧虑和猜疑。不应当过分强调中国梦和美国梦二者之间的对立性，而是要看到二者在客观存在竞争关系的同时，有所交叉和互补。

中国共产党正式提出实现中华民族伟大复兴的中国梦，标示着中国在经济腾飞之后，寻求精神层面的伟大复兴。虽然中美双方都有过类似的表述，"宽广的太平洋足够大，容得下中美两国"；但是，经济全球化和资本力量推动的全球治理与民族政治国家利益之间的冲突日益彰显，社会现实与社会梦想之间的矛盾也日益复杂化。美国霸权力量的相对衰落和中国的崛起已经成为当今世界主导性的地缘政治问题。在中国看来，中国的发展道路将给世界提供一种另外的可能，而这又是主张普世论的美国意识形态所难于接受的。

尽管如此，"东方与西方的合作、南方与北方的合作、中国与美国的合作等等，支撑着人类社会的进步。承认并尊重制度文明的差异性，加强不同制度文明的沟通、理解与合作，可以催生新的思想与理论，也有助于推动世界的和平发展"①。

正是在这样的时代背景之下，本书旨在突破近现代以来对西方中心主义的迷信，不把中国当成例外或者把中国现有发展进程视为对美国模式的追赶或者复制，突破现有研究的"东方—西方""中国模式—西方自由民主模式"的固定框架，不停留于制度介绍和制度比较的层面，采用马克思主义历史唯物论的方法，通过对"中国梦"和"美国梦"所代表的价值体系和社会理想两个方面进行比较研究，总结中国复兴背后的理念支撑体系，从历史和现状两个方面进一步深化和拓展"中国梦"的内涵与外延、归纳"中国梦"所蕴含的中国理想和所体现的中国道路，梳理"美国梦"的发展脉络、剖析"美国梦"内部不同层面与不同价值追求之间的结构性矛盾，以探索新形势下马克思主义中国化所面临的新机遇与新挑战，进而加强我们的道路自信、理论自信和制度自信。

---

① 魏南枝：《差异与合作——帕斯奎诺教授谈当今中国政治》，《求是》2013 年第 19 期。

第一章

救国之梦与个人寻梦

与外界完全隔绝曾是保存旧中国的首要条件，而当这种隔绝状态通过英国而为暴力所打破的时候，接踵而来的必然是解体的过程，正如小心保存在密闭棺材里的木乃伊一接触新鲜空气便必然要解体一样。

——《马克思恩格斯文集》第 2 卷，人民出版社 2009 年版，第 609 页。

除了移居到那里去的个人而外没有任何其他的自发形成的前提，而这些个人之所以移居到那里，是因为他们的需要与老的国家的交往形式不相适应。

——《马克思恩格斯文集》第 1 卷，人民出版社 2009 年版，第 576 页。

中国梦源自于农耕部落的中华文明，而美国梦根源于欧洲文明，两种梦想的源头迥然相异。

有着数千年文明史的中国，曾经长期是世界上最强大的国家之一，中华文明以其独有的特色和辉煌走在了世界文明发展的前列，为世界文明进步作出过巨大的贡献。在 19 世纪被坚船利炮打开国门的时候，中国是一个自给自足的自然经济占主要地位、由多数民族结合而成的拥有广大人口的国家。帝国主义和中华民族的矛盾，封建主义和人民大众的矛盾，成为近代中国社会的主要的矛盾。[1] 因此，救国图存成为近代中国梦的基本内涵。

"没有传统的（宗教传统除外）、从民主共和国开始的"[2] 美国，将原

---

[1] 《毛泽东选集》第 2 卷，人民出版社 1991 年版，第 621—626 页。

[2] 《马克思恩格斯全集》第 36 卷，人民出版社 1974 年版，第 668 页。

住民印第安人杀戮和驱逐之后，由一批英吉利人迁移到北美大陆逐渐形成美利坚民族，美国的"资产阶级社会不是在封建制度的基础上发展起来的，而是从自身开始的……资产阶级社会本身的对立仅仅表现为隐约不明的因素"①。美国梦源自于对新世界的神秘感和对"希望之乡"的追求，它的历史比美国作为一个国家的历史都要悠久，发财梦和（宗教）自由梦是萌芽阶段美国梦的基本内涵。

第一节　中华文明与欧洲文明

绵延数千年的中华文明，自"大禹治水"开始为了抵御水患等天灾，自汉朝开始为了抵御游牧部落的侵袭，团结守纪成为必要的道德要求，因而中央集权式的"大一统"政治制度经历了数千年的发展。从游牧部落发展出来的欧洲文明崇尚丛林法则，弱肉强食，通过侵略其他部落攫取更多资源，由于其生存方式决定其崇尚自由与扩张。

两种文明都是经历人类历史进程考验发展至今，前者由于农耕方式而更体现为内敛性与包容性，后者由于其游牧部落特点而更具有好奇心和攻击性。两种文明历史上基本相安无事，直至近代，欧美列强从东部沿海地区侵略中国，使得中国变为半殖民地社会。

一　传统中华文明：农耕体系与家国同构

"中国"的称谓可以上溯到西周成王时期。《尚书》中有记载："中国在内，四夷在外。"《诗经·大雅·民劳》篇的"民亦劳止，汔可小康。惠此中国，以绥四方。"《战国策》中有一段话："中国者，聪明睿智之所居也，万物财用之所聚也，贤圣之所教也，仁义之所施也，诗书礼乐之所用也，异敏技艺之所试也，远方之所观赴也，蛮夷之所义行也。"自此，"中国"的概念不是一个地理、区域、血缘的概念，而是一个文化意识上的概念：只要是躬行仁义而尊崇圣贤的，都有资格成为中国人。《春秋·公羊传》里的"入中国则中国之"，直到康有为的"中国能礼仪则中国之，中国不能够礼仪，则夷狄之，夷狄如果能礼仪，则中国之"，表明"中国"的概念具有灵活和开放的外延，只要认同华夏文明的，并且愿意

①《马克思恩格斯全集》第30卷，人民出版社1995年版，第4页。

自我完善的，不管其血缘人种地域，都一律以中国视之。

> 在这四亿五千万人口中，十分之九以上为汉人。此外，还有蒙人、回人、藏人、维吾尔人、苗人、彝人、壮人、仲家人、朝鲜人等，共有数十种少数民族，虽然文化发展的程度不同，但是都已有长久的历史。中国是一个由多数民族结合而成的拥有广大人口的国家。中华民族的发展（这里说的主要地是汉族的发展）……以汉族的历史为例……①

这是 1939 年毛泽东等人在《中国革命和中国共产党》一文开篇对中华民族的形容。中华民族是一体，汉族、蒙古族、回族、藏族等多个民族单位是多元，将中国意义上国家和民族的关系进行了界定，而汉族是中华民族的凝聚核心。对于中华民族如何形成多元一体格局，费孝通在 1984 年曾经作出专门分析，他认为，

> 中华民族作为一个自觉的民族实体，是近百年来中国和西方列强对抗中出现的，但作为一个自在的民族实体则是几千年的历史过程所形成的……如果要寻找一个汉族凝聚力的来源，我认为汉族的农业经济是一个主要因素。看来任何一个游牧民族只要进入平原，落入精耕细作的农业社会里，迟早就会服服帖帖地、主动地融入汉族之中……②

由于中国地理环境的基本特点是背靠喜马拉雅山脉与西方几大文明区相对隔离、面向太平洋，地势西高东低，由汉族所主导的中华农耕体系形成了半封闭的东亚内陆文化，也因此形成了地理上的自我中心主义和相对封闭性。在工业革命发生前的几千年时间里，中国的文化体系平行于其他的世界体系，中国的经济、科技、文化一直走在世界的第一方阵之中，具有很强的包容性、吸纳性和一定的自我革新能力。

---

① 《毛泽东选集》第 2 卷，人民出版社 1991 年版，第 622—623 页。
② 费孝通：《中华民族的多元一体格局》，载费孝通《中国文化的重建》，华东师范大学出版社 2014 年版，第 30—32 页。

中国是人类历史上极少的数千年文明从未中断过的大国，虽然历经多次外来侵略和冲击，由于中国社会内部结构具有超稳定性，其宏观变迁主要取决于其内部结构的制约，其社会文化具有很强的延续性和内化能力。对于中华民族的古代史，毛泽东曾经这样形容：

> 在中华民族的开化史上，有素称发达的农业和手工业，有许多伟大的思想家、科学家、发明家、政治家、军事家、文学家和艺术家，有丰富的文化典籍。在很早的时候，中国就有了指南针的发明。还在一千八百年前，已经发明了造纸法。在一千三百年前，已经发明了刻版印刷。在八百年前，更发明了活字印刷。火药的应用，也在欧洲人之前。所以，中国是世界文明发达最早的国家之一，中国已有了将近四千年的有文字可考的历史。
>
> 中华民族不但以刻苦耐劳著称于世，同时又是酷爱自由、富于革命传统的民族。以汉族的历史为例，可以证明中国人民是不能忍受黑暗势力的统治的，他们每次都用革命的手段达到推翻和改造这种统治的目的。在汉族的数千年的历史上，有过大小几百次的农民起义，反抗地主和贵族的黑暗统治。而多数朝代的更换，都是由于农民起义的力量才能得到成功的。中华民族的各族人民都反对外来民族的压迫，都要用反抗的手段解除这种压迫。他们赞成平等的联合，而不赞成互相压迫。在中华民族的几千年的历史中，产生了很多的民族英雄和革命领袖。所以，中华民族又是一个有光荣的革命传统和优秀的历史遗产的民族。①

因而，"'中国'拥有一整套古老的（且不同于西方的）文明形态，这个文明里面包括很多种直到现在还活着的文化；中国还是由多个民族、多种文化组成的经济—社会—政治—文化集合体。所以，'中国'不仅在时间上远比现代英国早得多，在内涵上也比英国意义上的民族—国家丰富得多"②。

费孝通认为中国乡土社会结构是差序的同心圆，每个人都是圆心，人际关系是以己为中心、逐渐向外推移的，其结果就是"公"和"私"成了相对的道德化概念。传统的"礼法合一""德治"和关系网络等，将道德

---

① 《毛泽东选集》第2卷，人民出版社1991年版，第622—623页。
② 黄平：《从"中国特色"走向"小康"与"和谐"》，《江苏社会科学》2005年第6期。

伦理作为本体，使人们不能轻易逾越这种"差序社会"格局。一方面，中国传统社会结构表现为一种超稳定系统；另一方面，周期性的社会大动荡和朝代更替可以对这种超稳定的社会结构进行部分修正，遏制这种结构产生根本性的变化，使得中国传统社会能够长期延续。

中国古人"修身、齐家、治国、平天下"的个人理想，反映了中华农耕体系衍生出的"家"与"国"之间的同质联系，即"家庭—家族—国家"，体现出"家国同构"的社会政治模式。在中国传统的"个人—家庭/家族—国家"的社会结构中，个人基于其在家庭或者家族中的地位扮演着不同的角色，当然也承担着不同的责任。个人利益与国家利益之间很少有直接联系，而是通过家庭和家族作为中间组织。"国有国法，家有家规"，家庭或者家族还作为一个"小社会"而存在——这种结构使得个人价值被吸纳到家庭或家族利益之中。中国这种超稳定的传统社会结构持续了两千多年之久，直至 20 世纪才逐步发生根本性变化。

由于中国传统社会属于"家国同构"的社会历史模式，政治国家是社会的一个有机组成部分，反过来社会也与传统政治体制高度一体化。"（传统）中国的政治概念是社会性的而不是国家性的……关心的是共同幸福的社会条件，而不是个人自由的国家条件。中国传统政治是为了创造一个良好秩序的'社会'而不是一个西方意义上的'国家'，尤其不是一个现代意义上的民族国家。"①

伦理与政治一体化是中国传统伦理的基石，传统中国以"君权"为轴心的国家组织系统和以"父权"为轴心的社会组织系统所形成的"家国同构"的基石在于二者所共同奉行的传统伦理。数千年前，孔子曾说过，"大道之行也，天下为公"。正如钱锺书的《围城》所体现的，历史的积淀往往以其惯性力量影响后世，上述种种大同、平等、民本等传统伦理思想道德经历数千年历史已经渗透到中国社会生活的各领域和各层面。

"吏不畏吾严，而畏吾廉；民不服吾能，而服吾公；公则民不敢慢，廉则吏不敢欺。公生明，廉生威。"明朝郭允礼在《官箴》中的这句话阐述了明王朝的颓败原因。依据中国传统的"德化的政治"伦理，政治腐败导致统治皇朝不能恪守政治伦理，继而因为"无道"而失去民心，最终丧失统治地位——这既是朝代更替的重要原因，也是新皇朝替代腐败旧皇朝

---

① 赵汀阳：《天下体系的现代启示》，《文化纵横》2010 年第 4 期。

的正当性依据所在。

儒家的"柔性控制"思想和法家的"刚性控制"思想是传统中国有关社会调控的两条鲜明的主线，社会调控手段主要是道德规范或宗法人伦规范，但并不排斥法律尤其是刑法的作用，实际上礼法结合的二元法律传统在传统中国的历朝历代经历了一个演进过程。但在这一演进过程中，"敬德保民""为政以德"等思想都强调执政者的道德修养，以此作为德治的前提和基础。而传统德治通过"家"对"国"承担伦理义务的社会综合治理体系、德主刑辅的治理思想，用礼法并治的方式对社会进行管理。并且，熟人社会架构和王权统治情结的结合，使得无讼文化流行。传统中国的社会结构特点造成了一定程度的社会不信任，即缺乏契约信任和社会共同组织之间的信任，而倚重人际关系信任。因此，在中国传统的以血缘关系和地缘关系为基础的"熟人社会"中，较少存在社会信任危机。

中华法系是世界上几大主要法系之一，其法典编纂历史之悠久、内容之详尽严格等，为中外法制史学界所公认。中华法系以中国传统的法家思想为理论基础，摆脱了宗教神学的束缚，儒家的纲常名教代替了以神为偶像的宗教。"儒表法里"实现了德化的政治：一方面，统治者不是没有制度约束地滥用权力和鱼肉人民，而是需要遵循一整套成文制度体系，人民根据这套成文法体系被区分为"士农工商"等不同等级，得到不同等级的相应保障；另一方面，统治者和被统治者通过"仁政""忠诚""以孝治天下"等共同的道德规范对不同身份或者不同社会角色的人的责任进行规定，同时，"家国天下"等理念和实践构建了中国社会由此及彼、由里及外的"差序结构"。① 在这样的德化的政治体系之下，"法"不仅仅具有程序性和工具性，也就是说，并不仅仅具有维护统治秩序的功能，还具有代表和维护一整套价值体系的功能。

"天下之事，分合交替，分久必合，合久必分"，在以血缘为基础的宗法制度所形成的超稳定社会结构的背后，是周期性的社会大动荡和朝代更替。中国历经了多次朝代变更。其朝代更替原因，有研究表明是气候原因，也有研究证明是人口原因，而更为中国人所普遍认同的则是一句古语，"得民心者得天下，失民心者失天下"。这种周期性变化的推动因素主要有二：土地和社会流动性问题。

---

① 费孝通：《乡土中国》，北京大学出版社 2012 年版。

虽然传统中国长期坚持"重农抑商"的政策，但是，秦汉以降，土地私有制基础上的小农经济和商品市场相结合的经济形态，使得土地兼并和财富分化两个问题成为导致社会断裂乃至动荡的核心原因。尤以宋代以来，国家强力干预土地的自由买卖的自由度受到限制，非世袭大地主逐渐取代世袭性贵族，从而引起整个社会从身份等级分层向贫富分层转移的阶层变动，也加大了贫富对立的程度。因此，一旦统治阶层所具有的开放性丧失、社会阶层固化严重，而土地问题恶化、流民问题严重，社会动荡的出现就难以避免。

《尚书·夏书·五子之歌》说："民可近，不可下；民惟邦本，本固邦宁。"孔子的"民无信不立"（《论语·颜渊》），就是强调民众如果对为政者失去信任，国家赖以存在的基石就垮了。自两千年前的秦汉开始，中国便建立了以郡县制为基础的中央集权制、建立了户籍制度和较完备的税收制度等，奠定了现代国家的基础。

传统中国施行宗法等级身份制度；不过，无论是"举孝廉"制度还是考试取士制度都促成了相当程度的社会流动性，并存在一定的底层往上的民意渠道，在司法裁判中民意是非正式的法源，甚至自汉魏时代就有了民意评官等制度。纵观中国历朝历代，无论统治者和被统治者都认可这句古语，因而，这一句古语是亘古不变的民本主义定律，民意是"亦可载舟亦可覆舟"的关键砝码。

"流水不腐，户枢不蠹。"这句话准确地体现了中华文明几千年来得以延续的精髓——保持了社会流动性。回顾中国历史，隋唐以前，并未建立常规化的社会流动机制。春秋时期社会流动性差，出身决定一切。但是，随着春秋战国的战事频繁，大量公卿家族被消灭，新贵族涌现甚至贫民也参政其中，社会流动性增强。在这种社会背景之下，君主不再是"天命在身"。道家重民，老子提出："圣人无常心，以百姓之心为心"，并认为"民不畏死，奈何以死惧之？"儒家认为君命在民，例如孟子说过："民主贵，社稷次之，君为轻。是故得乎丘民而为天子；得乎天子为诸侯；得乎诸侯为大夫。"而对于如何实现社会稳定，孔子认为："丘也闻有国有家者，不患寡而患不均，不患贫而患不安。"这些思想，后来从另一个角度得到陈胜、吴广的诠释——帝王将相宁有种乎？

自汉代开始独尊儒术，根据董仲舒天人相应的思想，一个蕴含的思想就是人民对于不能践行"天命"的统治者可以"革命有理"，促使汉代的统治者开始认识到社会流动性问题的重要性。但无论是汉代的举孝廉还是三国两晋的九品中正制，都没有真正从制度化层面解决社会流动性问题，"豪门"保持大量社会资源而"寒门"难于置喙。一直到隋唐以降，科举制度逐渐成熟。在一个强调尊卑有序的小农经济社会，郡县制和隋唐定型的科举制的结合，建立了非血缘、非世袭的官僚制度和科层制政府，在形成官员和庶民对立的同时，也使得统治阶层具有一定程度的社会开放性和流动性。

科举制度载以儒家价值体系，给社会层级之间设置了一条相互穿越的通道，有才能的寒门子弟通过苦读和一系列的考试，就有制度性保障的实现向上流动的可能。于是，科举制度结合宗法制度，一方面通过制度化的社会流动机制有利于统治者选取人才；另一方面进一步稳定了"超稳定性"的社会结构。当统治者难于确保社会流动性的实现，其他人就不再"克己复礼"，而是"革命有理"，为了实现自己求生或者向上流动的愿望，发生起义、叛乱、战争……所以，孙中山先生所提出的五权宪法里面，就将考试权作为宪法性权利之一。

中华传统文明保持了数千年之久的"超稳定结构"，这种"超稳定结构"直至近代中国才有了根本性改变的可能。正如毛泽东等分析的，

中国历史上的农民起义和农民战争的规模之大，是世界历史上所仅见的。在中国封建社会里，只有这种农民的阶级斗争、农民的起义和农民的战争，才是历史发展的真正动力。因为每一次较大的农民起义和农民战争的结果，都打击了当时的封建统治，因而也就多少推动了社会生产力的发展。只是由于当时还没有新的生产力和新的生产关系，没有新的阶级力量，没有先进的政党，因而这种农民起义和农民战争得不到如同现在所有的无产阶级和共产党的正确领导，这样，就使当时的农民革命总是陷于失败，总是在革命中和革命后被地主和贵族利用了去，当作他们改朝换代的工具。这样，就在每一次大规模的农民革命斗争停息以后，虽然社会多少有些进步，但是封建的经济关系和封建的政治制度，基本上依然继续下来。

这种情况，直至近百年来，才发生新的变化。①

---

① 《毛泽东选集》第2卷，人民出版社1991年版，第625页。

"直到 19 世纪的中叶，由于外国资本主义的侵入，这个社会的内部才发生了重大的变化。"① 而这种不再是从西部草原或者山区而是从东部沿海地区的外敌入侵，迫使传统中国社会的内部发生重大变化的同时，也使中华民族进入了一个任人宰割、饱受欺凌的时代，中国逐步成为半殖民地半封建社会。中华民族遭受的苦难之重、付出的牺牲之大，在世界历史上都是罕见的。自此，救国图存成为近代以来中国梦的核心追求。

二　欧洲到北美："国家—个人"与丛林法则

诚然，美国梦的寻根需要到欧洲，美国文化也传承自欧洲文明；但是，美国梦不是欧洲文明的一部分。这种微妙的关系被费孝通短短几句话勾勒出来了，

> 他们是流动的人民，最初从别的大陆移到这个地方……在这些人，只有祖国没有家乡……攀登成了美国人特有的性格；上升，上升，不肯停留在一个地方或是一个地位上……凡是他父母失败的原因，他自己得很小心地予以避免，于是发生了美国孤立主义的心理基础……华盛顿是成功者的祖宗。别人的祖宗成了自己的憧影，这是美国保守心理的结症。②

"上升，上升"是美国人特有的性格，与美国人缔造"上帝之城"的梦想是紧密联系在一起的。这种"上升"，与中国的"家国情怀"是有显著区别的。这种缔造"上帝之城"的梦想与后来的普世主义情怀密不可分。"美国的经济发展本身就是欧洲特别是英国的大工业的产物"③，从欧洲被放逐的英吉利人对欧洲文明情感复杂，实际上直到 19 世纪中叶的美国仍被马克思视为欧洲的殖民地，

> 这里说的是真正的殖民地，即自由移民所开拓的处女地。从经济

---

① 《毛泽东选集》第 2 卷，人民出版社 1991 年版，第 626 页。

② 费孝通：《美国在旅程的尽头》，载费孝通《美国人的性格》，华东师范大学出版社 2013 年版，第 3—6 页。

③ 《马克思恩格斯文集》第 5 卷，人民出版社 2009 年版，第 520 页。

上来说，美国仍然是欧洲的殖民地。①

直到美国南北战争前，尽管美国已经发展成为世界第二工业大国，它经济上的殖民地性质并没有因此完全失去。这种发展经历使"美国例外"和"孤立主义"有着深刻的影响力。

中国虽然有"分久必合，合久必分"的说法，但是历史上大部分时间以"大一统"的形式出现。而欧洲始终没有出现"一统欧洲"的帝国，使欧洲无法形成统一霸权，造就了欧洲多中心的格局。并且，因为文化、经济、政治等原因，欧洲的边界总是不一样的，所以就有了多个"欧洲"的概念，也因此很难对欧洲文明的特点作出高度概括性的形容。

> 如果说欧洲是法律的欧洲，那它也是强权的欧洲。如果说它是一个民主的欧洲，那它也是压迫的欧洲。如果说它是崇尚精神的欧洲，那它也是追逐物质的欧洲。如果说它是有节制的欧洲，它也是无节制的欧洲……②

莫兰的这段话体现出欧洲文明在发展过程中非常纷繁复杂，他认为真正使欧洲一体化的是伊斯兰主义。因为这种纷繁复杂，各种思想家的不同观点对欧洲和后来美国的影响力是不同的。例如，康德关于"永久和平"的政治哲学构思并不为美国所认同，卢梭所理解的"社会契约"也和美国对此概念的认同存在差异。对于美国人而言，洛克所主张的"保护私有财产才是保护个人自由权利的第一基础"契合美国梦的追求，因而在美国具有高度的政治正确性。

以与美国在历史渊源上最接近的西欧文明为例，一般认为，其文明源头主要有三：希腊文明、罗马文明和基督教希伯来文明。这三种文明源头都对今天的美国梦有着不同程度的影响，但是，这三种文明源头本身的内涵也极其复杂。以基督教希伯来文明为例，尽管基督教让欧洲在历史上曾经统一，该文明的千年发展史上经历了多次裂变。虽然清教徒为最初的美

---

① 《马克思恩格斯文集》第5卷，人民出版社2009年版，第876页。
② ［法］埃德加·莫兰：《反思欧洲》，康征、齐小曼译，生活·读书·新知三联书店2005年版，第1—2页。

国梦打下了底色，犹太人自 20 世纪起对美国梦的影响力是不容忽视的，而随着拉美裔占美国人口比例的不断上升，天主教对美国社会的作用日趋重要，已有成为美国第一大宗教之势。

与中国的"家国同构"和"家国天下"不同，"西方政治思想的出发点是'国家'，西方现代政治又追问自然权利，于是又突出了'个人'，西方政治的问题都在'国家—个人'这一空间中展开"①。也因此，"政治"二字在传统中国的文化语境和欧洲的文化语境中有着不同的内涵。

孔子对政治的理解是"政者正也"，其意思是"摆正各种秩序和关系"，体现出政治和社会的关联与互动，"政治是达到道德的途径，道德是政治的目的，政治则是道德的制度条件"②。因此"国"与"家"是连接在一起的共同体，是一种"德化的政治"。

与基于中华文明的"孔子政治说"不同，基于欧洲文明的发展演进历程，韦伯对"政治"二字的理解是这样的，

> 因此对于我们来说，"政治"就是指争取分享权力分配的努力，这或是发生在国家之间，或是发生在一国之内的团体之间。③

韦伯所认为的国家是"完全专属于以政治为目标组织起来的团体"，它所特有的手段就是对正当使用暴力的垄断权。韦伯的这种定义和"国家—个人"的认知框架，与欧洲公民权概念的发展与演进有着密不可分的关系。

古希腊以降的公民概念，是人身和财产的集合：一方面是基于武力、血缘等因素而获得的具有政治资格意义的公民身份，另一方面是财产的拥有者或控制者。公民只不过是"自然人"群体中的一小部分，是一种特权身份，而非普遍适用的资格。"罗马的法理学，是一个从城邦国家上升为主宰世界地位的政治结构的产物——一个性质十分独特的产物。"④

基督教将所有"自然人"都视为上帝的子民，这是对古希腊、古罗马

① 赵汀阳：《天下体系的现代启示》，《文化纵横》2010 年第 4 期。
② 同上。
③ ［德］马克斯·韦伯：《以政治为业》，载马克斯·韦伯《学术与政治》，冯克利译，生活·读书·新知三联书店 1998 年版，第 55 页。
④ 同上书，第 74 页。

实质上基于身份制度的公民概念的突破。对于欧洲而言，中世纪晚期的宗教分裂和宗教战争等使得基督教既失去其唯一性也失去了神圣性；同时，现代意义的世俗国家开始成长。因此，欧洲在世界上最早摸索出民族国家这个"单位"。

在韦伯看来，近代民族国家通过暴力、政府和税收等方式进行统治，这种国家形式是史无前例的（韦伯这种看法实际上是针对欧洲史而言）。并非神法统治下的"人"，而是作为社会成员的"个人"成为现代世俗国家的成员。韦伯对正当性基础进行了理论梳理之后，执政正当性逐渐发展成为欧美现代政治的中心问题；并且，与之相伴而生的是为突破身份和财产双重限制而进行的公民权斗争，使得个人的权利斗争与政权的正当性较量犬牙交错在一起。

随着现代国家形态在欧洲萌芽和发展，尤其启蒙时代以来，围绕着统治者与被统治者、国家与公民、公民与非公民的自然人之间关系的斗争以及引发的各种战争就从未停止过：从反对教权到反对王权，从资本主义革命到社会主义运动，从普选权斗争到社会权争取……政治权威的当然地位受到质疑。经历了这样一个漫长的斗争历程，在民主理论上，公民被认为是民主权力的来源。现代西方大众民主制度相继建立，虽然各国政体有差异，但是，西方民主政治的核心是经由竞争性民主产生的代表民意的机关来行使国家主权的制度。

正如美国法社会学家庞德所分析的，西方世界社会调控的主要手段有道德、宗教和法律等。对于西方文明而言，在开始有法律的时候，道德、宗教和法律等社会调控手段是没有什么区别的。自近代以来，随着宗教组织逐渐丧失了对西方世界的绝对权力，社会调控的手段也就已经世俗化了；由此，法律成了社会调控的主要手段。

诚然，法律秩序自身是具有理想的，但这种理想会随着社会秩序的变化而变化：希腊城邦和中世纪时期的法律都排斥自由竞争式的自我主张；但是，16 世纪以来，随着近代经济的发展，自由竞争、个人主义等成为社会理想，"善的政治"演变为"理性国家"，对财产的追求不再如柏拉图而言具有最恶性而是自然权利。由此，发达的经济秩序和理性国家二者都要求社会调控必须具有确定性、一致性和稳定性。道德、宗教等柔性社会规范因其易变性和冲突性不能适应这一需要，而法律已经完全依赖政治组织社会的强力，成为社会控制的主要工具，这就必然产生"法律对强力的依赖"。于是，轻视道德和选择以人性本"恶"为前提的法治社会控制模式成为主流。

对于这种"人性本恶"的认知，是韦伯从他理解的宗教社会学的角度去理解欧洲政治的立足点，

> 早期的基督徒也很清楚，这个世界受着魔鬼的统治，凡是将自己置身于政治的人，也就是说，将权力作为手段的人，都同恶魔的势力定了契约，对于他们的行为，真实的情况不是"善果者唯善出之，恶果者唯恶出之"，而是往往恰恰相反。任何不能理解这一点的人，都是政治上的稚童。①

这种以人性本"恶"的认知背后是对"丛林法则"的认同。"中世纪末期孕育了已经成型并积聚的新力量，这就是：君主制国家、城市资产阶级、商业资产阶级、金融家和已经有的工业家……战争和民族国家共存。"② 西欧内部进行资本主义原始积累，用几百年的时间从手工业、工场慢慢积累到大工厂、大企业等；另外，其工业发展以外贸为基础、以军事力量优势为保障，不断用殖民、移民乃至侵略、战争等方式把内部矛盾向外转移。这两个方面相结合的时代，也是欧洲逐渐成为世界中心的时代。

从 15 世纪到 19 世纪，欧洲探险、殖民化与帝国主义形塑了全球化过程。欧洲国家以基督教文化为背景，基于"适者生存"的理念，进行全球性的殖民扩张，把"剩余"劳动力转到其他地方去搞开发搞殖民并重新建立家园（美国就是其产物）。将东方按照西方的需要和要求进行改造成为欧洲中心视野的一种自觉行为，其背后所遵循的法则是社会达尔文主义，究其根源就是"丛林法则"。

尽管马克思在《共产党宣言》和《资本论》中多处提到，"它（资本主义生产）的商品的低廉价格，是它（资产阶级）用来摧毁一切的万里长城……的重炮"，但是，马克思也清楚地看到了针对中国的鸦片战争对于摧毁中国经济的作用，导致"小心保存在密封棺材里的木乃伊一接触新鲜

① ［德］马克斯·韦伯：《以政治为业》，载马克斯·韦伯《学术与政治》，冯克利译，生活·读书·新知三联书店 1998 年版，第 55 页。
② ［法］埃德加·莫兰：《反思欧洲》，康征、齐小曼译，生活·读书·新知三联书店 2005 年版，第 10—11 页。

空气便必然要解体"。

对此，阿里吉曾经这样表述，

> 欧洲军事力量的优势，至少在三个世纪内，使欧洲人能够攫取到全球经济日益一体化带来的最大利益……至少在中国问题上，使东方屈从于西方的关键是军事实力，而不是隐喻的廉价商品重炮。①

与这种经济、军事手段并存的是文化手段，经历了三个世纪的对外扩张，曾经没有边界的欧洲文明在 1800 年产生了"欧洲主义"，到 1830 年以动词出现，一种认为欧洲文明凌驾于其他文明之上的傲慢情结日趋张扬。

> 19 世纪末叶，当殖民运动和欧洲的世界霸权达到最高阶段时，欧洲相信自己肩负着对野蛮后进民族进行教化启迪的历史使命。②

300 多年来，伴随着西方力量向全世界的扩张，肇始于西方的现代性被赋予所谓"普遍意义"。启蒙运动时期，启蒙本身在法语语境里面意思是"光明"，将传统定性为黑暗，将现代定性为光明；将专制、等级制等归于传统，将民主、平等和自由等归于现代。这种基于西方中心主义的现代性理念，首先将自己的历史区分为传统与现代两极，建立起一整套涵盖各个方面、以"传统＝落后"和"现代＝先进"二元对立为核心内容的价值体系。

伴随着西方军事、经济和政治力量的扩张，特别是殖民地扩张，西方人将世界区分为西方和非西方两极，将非西方世界自身的文明历史和文化渊源等定性为"黑暗的传统"，代表落后；将自己输出的一整套价值体系和制度模式等标榜为"光明的现代"，代表先进——这种二元区分方法实际上是文化优越主义的变种。为了与这种具有扩张性的意识形态相适应，西方世界对外扩张进程中需要强化西方中心主义。所以，19 世纪以来，西方世界的话语体系淡化了自身的"传统—现代"二元区分，而是以"现

---

① ［意］乔万尼·阿里吉：《亚当·斯密在北京：21 世纪的谱系》，路爱国、黄平、许安结译，社会科学文献出版社 2009 年版，第 65—69 页。

② ［法］埃德加·莫兰：《反思欧洲》，康征、齐小曼译，生活·读书·新知三联书店 2005 年版，第 25 页。

代"标签来定义自身，用一整套西方的发展逻辑和历史规律来诠释其他文明形态和文明体系的发展历程，规定其发展方向。在实现政治殖民、经济殖民和军事殖民的同时，力图实现更具根本性意义的文化殖民。

对于这种欧洲现代民族国家与资本主义的紧密关系所决定的国家暴力性，韦伯认为其显著区别于古老中国的情况，

> 没有若干互相竞争的独立国家彼此长期备战的武装和平及由此决定的种种资本主义的现象，战争借款和用于战争的国家供给。无论［（罗马）帝国之前］中世纪还是近代，西方分裂的各国政权都必须竞争流动资本。在罗马帝国和中国的大一统天下，却没有这种竞争，中国也没有海外及殖民关系。这阻碍了西方古代、中世纪和近代共通的形形色色的资本主义发展的阻力，它们都是掠夺的资本主义的变种，例如地中海国家与海盗行为有关的海外资本主义和殖民资本主义。①

作为英属殖民地出身的美国，在 20 世纪曾经反抗来自欧洲大陆的旧殖民主义。但是，欧洲文明作为"根"，已经将这种"西方—东方""先进—落后""文明—野蛮"的傲慢情结以及这种傲慢情结背后的"丛林法则"渗透到美国梦的方方面面之中。

第二节 华夏危亡与北美寻梦

曾经强大的古老中华文明的"天朝美梦"被西方文明的军事力量击破了，"接踵而来的必然是解体的过程"。因为寻求其个人的梦想从欧洲大陆移居到北美的人们，在形成一个个殖民聚集地的同时，逐渐"因彼此分工、交通发达等等而联成一个经济上的整体"②。古老中华文明面临数千年来最大的危机，华夏危亡使得"救国图存"梦想在 1840 年后成为中国梦的核心。北美寻梦的探险者们从个人的发财梦与自由梦，逐渐形成自己的集体直至后来的美利坚民族。

---

① ［德］马克斯·韦伯：《儒教与道教》，王荣芬译，商务印书馆 2003 年版，第 157—178 页。

② 《斯大林全集》第 2 卷，人民出版社 1953 年版，第 293 页。

一 救国图存梦想

"随着资本主义生产方式的兴起,随着近代工业革命脚步的加快,中国很快落伍了。固步自封的封建统治者仍然沉浸在往日的辉煌所造就的梦想之中,等待着'万国来仪'。不料,等来的却是西方列强的船坚炮利,等来的却是亡国灭顶之灾。"① 中国的落后是近代以来的事情,因为落后,一系列的侵略战争接踵而至,一系列的不平等条约被迫签订,中华民族遭受的屈辱与苦难世所罕见。这证明了一个铁律:"落后就会挨打,生存必须自强。"② 尽管在欧美列强看来,它们是在对非西方的"低劣"后进民族进行教化,"促使其实现现代化",但对于西方列强入侵中国的性质,毛泽东等曾作出判断,

> 帝国主义列强侵入中国的目的,决不是要把封建的中国变成资本主义的中国。帝国主义列强的目的和这相反,它们是要把中国变成它们的半殖民地和殖民地。帝国主义列强为了这个目的,曾经对中国采用了并且还正在继续地采用着如同下面所说的一切军事的、政治的、经济的和文化的压迫手段,使中国一步一步地变成了半殖民地和殖民地……③

如钱穆所分析,按照传统中国的天下观念,古代中国所持的是一种以中华文化为中心的普世主义。1840 年鸦片战争之后,中国沦为半殖民地,"华夷之辨"崩溃。历经一百多年丧权辱国的历史,中华民族的文化自信受到根本性的打击,迫于强大的外部压力,中国人被迫以陌生的民族主权国家观念部分取代了传统的天下观念,也逐渐形成了现代意义的"民族意识"。基于内在民族危亡意识,"救国"与"强国"成为 19 世纪末以来中国人的梦想,因而"雪百年耻辱"成为民族主义心态的主题。在西方世界反复以"西方=先进"和"东方=落后"的二元分割法来强化其扩张的正当性的压力之下,中国人进入前所未有的文化危机之中,渴望安居乐业的中国国民性增添了两大因素:一个是民族危机感,强调"落后就要挨打";

---

① 李捷:《从中国近现代历史看伟大的中国梦》,中国人大网 2014 年 5 月 13 日。
② 同上。
③ 《毛泽东选集》第 2 卷,人民出版社 1991 年版,第 628 页。

另一个是基于文化自卑感的强烈自我保护意识。

洋务运动、改良维新、君主立宪、辛亥革命、三民主义、新文化运动、马克思主义、社会主义革命……从改良失败到革命建国成功，救亡图存的历史使命基本完成。对于这段救国图存的历史，毛泽东曾经指出，

> "自从一八四〇年鸦片战争失败那时起，先进的中国人，经过千辛万苦，向西方国家寻找真理。洪秀全、康有为、严复和孙中山，代表了在中国共产党出世以前向西方寻找真理的一派人物。"
> "中国人向西方学得很不少，但是行不通，理想总是不能实现。"
> "十月革命一声炮响，给我们送来了马克思列宁主义。"
> "就是这样，西方资产阶级的文明，资产阶级的民主主义，资产阶级共和国的方案，在中国人民的心目中，一齐破了产。资产阶级的民主主义让位给工人阶级领导的人民民主主义，资产阶级共和国让位给人民共和国。"[①]

在这一过程中，尽管欧洲的个人主义、自由主义等思潮也随着"师夷长技以制夷"等而被引入，影响了中国社会特别是知识分子；但是，这一阶段中国梦的核心是救国梦，自启蒙时代以来西方世界所风靡的个人主义并未占据主导，体现出中华文明传统中的"家国情怀"对近代以来中国梦的价值追求所具有的深刻影响力。

面对中国一步步沦为半殖民地和殖民地的困境，以"中学为体、西学为用"为口号，晚清政府中的一部分有识之士曾经组织洋务运动，学习西方列强的船坚炮利，以实现富国强兵的梦想，但中日甲午战争使这种梦想破灭了。

封建君主的"维新新政"曾经被寄予厚望，希望效法俄国、日本等与中国国情比较相近的国家的成功道路，通过变法实行君主立宪体制，建立国会，制定宪法。康有为等维新派曾经大力宣扬西方近代资产阶级的自由、平等、博爱等，抨击中国封建社会制度和传统意识形态，在近代中国最先提出"人的解放"这一口号；又曾以儒家的"三世说"的根据，谓"升平世"为"小康"，"太平世"为"大同"，并由此演绎出一套大同社

[①] 《毛泽东选集》第4卷，人民出版社1991年版，第1468页。

会的社会空想体系。但是，戊戌变法最终失败了，后来试图建立的君主立宪制度的努力也失败了。

孙中山领导的近代民族民主革命是中华民族伟大复兴的一个新起点，在 1894 年 11 月《兴中会章程》中，孙中山第一次提出"振兴中华"的口号，标志着中华民族民族意识的觉醒。辛亥革命结束了统治中国两千年的封建君主专制制度，建立了中国历史上第一个资产阶级共和国。

但是，中华民国初年，不仅国家陷入军阀纷争，而且出现政党林立的混乱局面。据后人研究统计，民国初年的政治性党派有 312 个，仅北京和上海就分别有 82 个和 80 个。①"复辟帝制、议会制、多党制、总统制都想过了、试过了，结果都行不通。"② 例如 1909 年至 1949 年期间，尽管有多次议会选举，包括清末的咨议局及资政院议员选举、辛亥革命后的第一次国会选举和第二次国会选举、国民党败退大陆前的国民大会选举等，都并未真正建立起有效的议会政治制度。③ 正因为对多种救国路径进行尝试并告失败，孙中山作出了"联俄联共、扶助农工"的抉择，社会主义道路也开始成为中国诸多救国道路中的重要一支。

对于上述种种为了救国图存而作出努力的最终的结果，1939 年毛泽东等曾经这样形容，

> 封建时代的自给自足的自然经济基础是被破坏了；但是，封建剥削制度的根基——地主阶级对农民的剥削，不但依旧保持着，而且同买办资本和高利贷资本的剥削结合在一起，在中国的社会经济生活中，占着显然的优势。民族资本主义有了某些发展，并在中国政治的、文化的生活中起了颇大的作用；但是，它没有成为中国社会经济的主要形式，它的力量是很软弱的，它的大部分是对于外国帝国主义和国内封建主义都有或多或少的联系的。皇帝和贵族的专制政权是被推翻了，代之而起的先是地主阶级的军阀官僚的统治，接着是地主阶级和大资产阶级联盟的专政。在沦陷区，则是日本帝国主义及其傀儡的统治……④

---

① 李捷：《从中国近现代历史看伟大的中国梦》，中国人大网 2014 年 5 月 13 日。
② 习近平在布鲁日欧洲学院的演讲（2014 年 4 月 1 日），《人民日报》2014 年 4 月 2 日。
③ 张朋园：《中国民主政治的困境，1909—1949》，吉林出版集团 2007 年版。
④ 《毛泽东选集》第 2 卷，人民出版社 1991 年版，第 630—631 页。

因此，对于中国革命的任务，毛泽东将其区分为民族革命和民主革命两个互为区别但又有机组合在一起的任务，

中国革命的两大任务，是互相关联的。如果不推翻帝国主义的统治，就不能消灭封建地主阶级的统治，因为帝国主义是封建地主阶级的主要支持者。反之，因为封建地主阶级是帝国主义统治中国的主要社会基础，而农民则是中国革命的主力军，如果不帮助农民推翻封建地主阶级，就不能组成中国革命的强大的队伍而推翻帝国主义的统治。所以，民族革命和民主革命这样两个基本任务，是互相区别，又是互相统一的。①

对于中国的革命道路，毛泽东认为应该分两步走，

中国革命的历史进程，必须分为两步，其第一步是民主主义的革命，其第二步是社会主义的革命，这是性质不同的两个革命过程。而所谓民主主义，现在已不是旧范畴的民主主义，已不是旧民主主义，而是新范畴的民主主义，而是新民主主义……中国现时社会的性质，既然是殖民地、半殖民地、半封建的性质，它就决定了中国革命必须分为两个步骤。第一步，改变这个殖民地、半殖民地、半封建的社会形态，使之变成一个独立的民主主义的社会。第二步，使革命向前发展，建立一个社会主义的社会。②

而对于第一步的革命，他从宏大历史叙事的角度出发进行了分析，

自从一八四〇年鸦片战争以来，即中国社会开始由封建社会改变为半殖民地半封建社会以来，就开始了的。中经太平天国运动、中法战争、中日战争、戊戌变法、辛亥革命、五四运动、北伐战争、土地革命战争、直到今天的抗日战争，这样许多个别的阶段，费去了整整一百年工夫，从某一点上说来，都是实行这第一步，都是中国人民在

---

① 《毛泽东选集》第2卷，人民出版社1991年版，第637页。
② 同上书，第663页。

不同的时间中和不同的程度上实行这第一步，实行反对帝国主义和封建势力，为了建立一个独立的民主主义的社会而斗争，为了完成第一个革命而斗争。而辛亥革命，则是在比较更完全的意义上开始了这个革命。这个革命，按其社会性质说来，是资产阶级民主主义的革命，不是无产阶级社会主义的革命。这个革命，现在还未完成，还须付与很大的气力，这是因为这个革命的敌人，直到现在，还是非常强大的缘故。孙中山先生说的"革命尚未成功，同志仍须努力"，就是指的这种资产阶级民主主义的革命。①

而对于中国资产阶级民主主义革命，毛泽东认为，

自从一九一四年爆发第一次帝国主义世界大战和一九一七年俄国十月革命在地球六分之一的土地上建立了社会主义国家以来，起了一个变化……在这以后，中国资产阶级民主主义革命，却改变为属于新的资产阶级民主主义革命的范畴，而在革命的阵线上说来，则属于世界无产阶级社会主义革命的一部分了。②

毛泽东对于中国资产阶级民主主义革命这一性质变化的定义，将资产阶级和资本主义范畴的世界革命与无产阶级的社会主义的世界革命进行了区分，将中国的资产阶级革命与美国、法国等其他西方国家的相关资产阶级革命进行了区分，也为当时中国实现救国图存梦想明确了方向。

在世界资本主义战线已在地球的一角（这一角占全世界六分之一的土地）崩溃，而在其余的角上又已经充分显露其腐朽性的时代，在这些尚存的资本主义部分非更加依赖殖民地半殖民地便不能过活的时代，在社会主义国家已经建立并宣布它愿意为了扶助一切殖民地半殖民地的解放运动而斗争的时代，在各个资本主义国家的无产阶级一天一天从社会帝国主义的社会民主党的影响下面解放出来并宣布他们赞助殖民地半殖民地解放运动的时代，在这种时代，任何殖民地半殖民

---

① 《毛泽东选集》第2卷，人民出版社1991年版，第665页。
② 同上。

地国家，如果发生了反对帝国主义，即反对国际资产阶级、反对国际资本主义的革命，它就不再是属于旧的世界资产阶级民主主义革命的范畴，而属于新的范畴了；它就不再是旧的资产阶级和资本主义的世界革命的一部分，而是新的世界革命的一部分，即无产阶级社会主义世界革命的一部分了。这种革命的殖民地半殖民地，已经不能当作世界资本主义反革命战线的同盟军，而改变为世界社会主义革命战线的同盟军了。

这种殖民地半殖民地革命的第一阶段，第一步，虽然按其社会性质，基本上依然还是资产阶级民主主义的，它的客观要求，是为资本主义的发展扫清道路；然而这种革命，已经不是旧的、被资产阶级领导的、以建立资本主义的社会和资产阶级专政的国家为目的的革命，而是新的、被无产阶级领导的、以在第一阶段上建立新民主主义的社会和建立各个革命阶级联合专政的国家为目的的革命。因此，这种革命又恰是为社会主义的发展扫清更广大的道路。这种革命，在其进行中，因为敌情和同盟军的变化，又分为若干的阶段，然而其基本性质是没有变化的。

这种革命，是彻底打击帝国主义的，因此它不为帝国主义所容许，而为帝国主义所反对。但是它却为社会主义所容许，而为社会主义的国家和社会主义的国际无产阶级所援助。

因此，这种革命，就不能不变成无产阶级社会主义世界革命的一部分。①

抗日战争之后，中国共产党领导全国范围的反帝反封建斗争发展到了新的人民大革命的阶段，期间中国共产党发表了包括《将革命进行到底》等一系列檄文。1949 年 10 月 1 日，中华人民共和国成立了。经过逾百年前赴后继的不屈抗争，中国人民付出几千万人伤亡的巨大牺牲，终于实现了建国梦，掌握了自己的命运。

在中国人民政治协商会议第一届全体会议上的开幕词中，毛泽东豪情万丈地宣布，

----

① 《毛泽东选集》第 2 卷，人民出版社 1991 年版，第 667—668 页。

我们有一个共同的感觉，这就是我们的工作将写在人类的历史上，它将表明：占人类总数四分之一的中国人从此站立起来了。中国人从来就是一个伟大的勇敢的勤劳的民族，只是在近代是落伍了。这种落伍，完全是被外国帝国主义和本国反动政府所压迫和剥削的结果。一百多年以来，我们的先人以不屈不挠的斗争反对内外压迫者，从来没有停止过，其中包括伟大的中国革命先行者孙中山先生所领导的辛亥革命在内。我们的先人指示我们，叫我们完成他们的遗志。我们现在是这样做了。我们团结起来，以人民解放战争和人民大革命打倒了内外压迫者，宣布中华人民共和国的成立了。我们的民族将从此列入爱好和平自由的世界各民族的大家庭，以勇敢而勤劳的姿态工作着，创造自己的文明和幸福，同时也促进世界的和平和自由。我们的民族将再也不是一个被人侮辱的民族了，我们已经站起来了。我们的革命已经获得全世界广大人民的同情和欢呼，我们的朋友遍于全世界。①

二 发财梦与自由梦

"这个组织起来的国家耳聪目明，关心大众疾苦。她不是为自己而生，而是作为上帝管理人类的长官，为了维护人类的共同权利和自然法则而生。正如罗马人西塞罗所说，我们做的事情是为了保护这个世界，而不是要成为世界帝国。"1656 年，詹姆士·哈灵顿在他的《大洋国家》里这么形容清教徒们建立"山巅之城"的美国化背后的使命。尽管华盛顿的"告别演说"一再重申美国的孤立主义，直到进入门罗主义时期，"不卷入""中立"等词汇都是美国政府常用的；但是，欧洲大陆的很多国家认为美国是一个很危险的国家。为什么？尽管都是资本主义国家，但是美国资本主义和欧洲资本主义一向各自为政。回顾美国历史，追求与实践清教徒理念是美国梦的思想之源，而以个人主义为核心的经济自由主义和自由资本主义是美国梦诞生的政治和经济基础，美国梦可以从欧洲文明找到其来源，却又扎根于美利坚这块土地。由此，可以从美国梦在北美大陆生根发芽的历史进程进行探究。

北美大陆的原住民是印第安人。"处于野蛮时代低级阶段的印第安人（凡是在密西西比河以东看到的都是属于这种印第安人），到他们被发现的

---

① 《毛泽东选集》第 5 卷，人民出版社 1977 年版，第 4—5 页。

时候，已经知道在园圃里种植玉蜀黍，可能还有南瓜……西班牙人的征服打断了他们的任何进一步的独立发展。"① 1492 年美洲新大陆的发现，是一个具有划时代意义的历史事件，自此，欧洲文明踏上了北美的大地。

最早的美国梦主要表现为发财梦：哥伦布发现美洲大陆后的第二年在现在的圣多明各建立第一个西班牙殖民地。西班牙展开了对美洲的征服和殖民运动，在极短的时间内消灭了印第安人所建立的各个帝国，建立起极其广大的殖民地。在西班牙王室和教会②的合作之下，印第安人被西班牙殖民者驱逐、奴隶化和屠杀③；从美洲运来的大量黄金等使西班牙一夜暴富，揭开了西班牙帝国兴盛的序幕。④

但是，欧洲的其他国家拒绝接受西班牙所宣称的对这个新大陆所拥有的权力。在致富梦想的驱动下，来自英国、法国和荷兰的探险者也陆续来到了北美洲，欧洲众多国家开始殖民美洲。由于殖民者对印第安土著的残酷统治与屠杀⑤，自 16 世纪初开始，因劳动力紧缺，欧洲殖民者不得不从非洲寻找新的劳动力来源，贩卖黑奴的历史从此开始。⑥ "正因为奴隶制是一个经济范畴，所以奴隶制从世界开始存在时起就在各个民族中存在。现代各民族无非是善于在本国把奴隶制掩饰起来，而在新大陆则公开地推行它……"⑦

1588 年英国击败西班牙无敌舰队后，逐步赢得了对北美洲殖民的主导权。一些大商人和资本家成立了伦敦公司和普利茅斯公司，并从英国国王那里得到了到北美新大陆进行殖民开发的"特许状"⑧。1607 年，英国商

---

① 《马克思恩格斯文集》第 4 卷，人民出版社 2009 年版，第 35—36 页。

② 西班牙人将天主教带给印第安人，取代印加宗教，形成了一批信奉天主教的印第安人部落。Mark S. Clatterbuck, *Searching for Souls in a Twice-foreign Land: An Analysis of Catholic Indian Missions Through The Indian Sentinel* (1902 – 1962), ProQuest Information and Learning Company, 2008.

③ Carl Waldman & Molly Braun, *Atlas of the North American Indian*, New York: InfoBase Publishing, 2009, pp. 207 – 209. 由于西班牙和法国的殖民，北美的印第安人受到了罗马天主教的影响。

④ Robert A. Williams, Jr., *The American Indian in Western Legal Thought: The Discourses of Conquest*, New York: Oxford University Press, 1992, pp. 81 – 95.

⑤ Thomas M. Magstadt, *Nations and Government: Comparative Politics in Regional Perspective*, pp. 357 – 359.

⑥ Edward L. Ayers, Lewis L. Gould, David M. Oshinsky & Jean R. Soderlund, *American Passages: A History of the United States*, Boston: Wadsworth, Cengage Learning, 2007, p. 21.

⑦ 《马克思恩格斯文集》第 10 卷，人民出版社 2009 年版，第 49 页。

⑧ 这些公司取得了英国同世界某一特定地区进行交易的垄断权，还有权全面控制不论什么地方它认为宜于设立的贸易据点或殖民地。

人为了寻找赚钱的机会，英国的伦敦公司输送的殖民者在弗吉尼亚建立了第一个殖民地。第一批殖民者去新大陆的目的主要是冒险和致富，而开垦殖民地的历程非常艰苦；但通过"人头权利"所建立的土地私有制刺激了一批批欧洲移民怀抱着"发财梦"来新大陆建设殖民地。① "发财机会放大了人们的贪婪欲望，生产出来的是少数人的财富，多数人的苦难"，当然也是"走向将人看成物的劳动制度的"最初步骤。②

除了这些基于发财梦而来到北美大地的探险者，1620 年，由于不信奉英国国教而受到宗教迫害、一群后来被称为朝圣者的英国政治避难者③，乘"五月花"号，在北美的马萨诸塞登陆，建立了普利茅斯城。④ 与西班牙殖民者奴役原住民印第安人进行劳动的方式不同，英国殖民者对土地具有强烈的渴求：他们大体以家庭为单位移居到北美，在这里开垦土地，不断从沿海向内陆扩展，寻求在此长期居住。⑤ 在马萨诸塞湾公司⑥资助下，1630 年至 1640 年的十年间，有 2 万左右在英国受迫害的清教徒航行来到新英格兰。在 1649 年到 1660 年清教徒统治期间，也有数千名信奉英国国教的自耕农被遣往北美。

吉尔伯特认为，美国思想中的理想主义和孤立主义的独特结合植根于清教徒的"乌托邦"愿望，需要与腐烂陈旧的欧洲"分割"开来，同时切断"可能将欧洲疾病传播到美国的纽带"⑦。这代表了早期美国梦的精神追求，被默克形容为"理想主义"和"自我否定的……是一种为制止各种侵略者扩张而战的力量"⑧。与此相反，米勒认为，"清教徒移民并不是要从

---

① Martha W. McCartney, *Virginia Immigrants and Adventurers*, 1607 – 1635: *A Biographical Dictionary*, Baltimore: Genealogical Publishing Com. , 2007, pp. 33 – 37.

② Edmund S. Morgan, *American Slavery*, *American Freedom*: *The Ordeal of Colonial Virinia*, New York: Norton, 1975, p. 129.

③ 这些人被称为朝圣者，因为"朝圣"这个名字是送给那些为了其宗教信仰而旅行的人的。

④ 由于一直没获得英国国王的特许状，法律地位不明朗，1691 年，普利茅斯殖民地被合并到马萨诸塞殖民地。

⑤ Carl Waldman & Molly Braun, *Atlas of the North American Indian*, 2009, p. 210.

⑥ 马萨诸塞殖民地建立后，一群有钱的清教徒和普利茅斯公司的部分员工为了接管这片殖民地，并且把它变成一个商业教会的联合企业，在 1620 年组成马萨诸塞湾公司。在 1629 年得到英国王室特许后，该公司委托英国萨福克地区的庄园主约翰·温斯罗普安排移民计划。

⑦ Felix Gilbert, *To the Farewell Address*: *Ideas of Early American Foreign Policy*, Princeton, N. J. : Princeton University Press, 1970, p. 4.

⑧ Frederick Merk, *Manifest Destiny and Mission in American History*: *A Reinterpretation*, New York: Knopf, 1963, pp. 261 – 262.

欧洲撤退：这是一个迂回进攻"。①

　　具体到不同清教徒的理想固然有着种种不同，但他们理想主义的追求与殖民者抵达北美这片土地后的实践出现了偏差，马瑟对此感慨："那么自称是基督徒的人却抛弃了教会和圣餐仪式，他们所做的一切都是为了在新世界得到尽可能多的土地和行动自由。"② 也就是说，现实主义在实践中比理想主义更有吸引力。

　　不管是出于发财梦还是出于（宗教）自由梦来到北美，移民们的涌入为这片土地的工农业发展和资本积累提供了有利条件，也释放了新教徒们的自由主义和唯物主义的力量。清教徒前辈们最初的神学使命被韦伯所称的"新教伦理"（Protestant ethic）所击败，个人主义、进步、致富和现代化等严重冲击甚至部分取代了"天空之城"在道德层面的吸引力。

　　"……在煤炭、水利、铁矿和其他矿藏、廉价食品、本土生产的棉花以及其他各种原料方面，美国拥有任何一个欧洲国家所没有的大量资源和优越条件……"③ 后来的北美殖民地基本上由有钱的领主所建立。直到1775 年爆发北美独立战争之前，英国在北美大西洋沿岸的现美国境内先后建立了13 个殖民地。④ 这些殖民地不断扩张的过程，也是来自英国的殖民者们不断对印第安人进行屠杀的过程，基于以先进文明的名义对落后民族行使征服权的信念，他们相信在新世界为自己和家人寻求独立和财富是绝对正确而自然的事情，赋予了这种屠杀以正当性。他们也认为自己优于其他欧洲殖民者，因为西班牙人嗜血成性，而法国天主教徒们虚伪奸诈，相较之下，代表盎格鲁文明的英国殖民者更为人道。⑤

　　这些殖民地都处在英国王室的统治下，各自为政，彼此之间并没有什么政治联系。⑥ 但是，它们共同形成了盎格鲁—北美地区的"新兴的世俗

　　① Perry Miller, *The New England Mind: From Colony to Province*, Cambridge, Meaa.：Harvard University Press, 1953, p. 25.

　　② Ibid. , p. 25, pp. 36 – 37.

　　③ 《马克思恩格斯文集》第4 卷，人民出版社2009 年版，第338 页。

　　④ 这13 个殖民地主要指马萨诸塞、新罕布什尔、罗得岛、康涅狄格、纽约、宾夕法尼亚、新泽西、特拉华、马里兰、弗吉尼亚、北卡罗来纳、南卡罗来纳和佐治亚。

　　⑤ Jill Lepore, *The Name of War: King Philip's War and the Origins of American Identity*, New York：Knopf, 1998, p. 9.

　　⑥ 其中宾夕法尼亚和马里兰仍由领主统治，罗得岛和康涅狄格则享有一定的自治权，而其他殖民地由英王直接控制。

和商业文化"。并且，不断扩张的领土制造了可供定居和建设新生活的看起来无限的土地供应，也因此反过来满足了殖民者们之前所期待的自由与致富两个梦想，使得殖民者们"人人通过努力可以获得成功"在当时具有相当的物质基础。这种个人财富和自由度的扩张、殖民地领土的扩张等，为在新世界的殖民者们面对英国政府和北美本土教会权威的时候提供了必要的保持相对自由的基础。

进入 18 世纪，北美殖民地发生了一系列变化：政治方面，1619 年弗吉尼亚立法会议①，尽管对选举权资格进行了苛刻限制，北美各殖民地相继建立了资产阶级代议制，但殖民者因政治上被英国所控制而缺乏真正的自主权；经济方面，仍以农业为主，但进口替代工业的迅速发展超出了欧洲宗主国对它的安排，反过来培养了殖民地人民的民主共和思想，希望建立能够有效组织与掌握自身经济命运的民主政体；社会思潮方面，随着新移民的到来，欧洲大陆的启蒙运动提倡理性与科学，其所宣扬的资产阶级政治思想，例如洛克主义、三权分立、"天赋人权"和"法律面前人人平等"等思想，相继在北美被广泛流传，构成公民共和主义和美国 1787 年宪法的重要思想渊源；宗教方面，大觉醒运动（The Great Awakening，1720—1740 年）是新教徒对抗宗教上形式主义和理性主义的福音运动，标志着清教主义的失败，导致了更广泛的宗教自由和宗教生活的民主化，强化了美利坚民族作为"上帝选民"命运一体化的概念，为美国独立所需的世俗化民主氛围创造了条件。②

然而，政治上，当时的北美殖民地在英国议会中并没有议员代表；经济上，英国对北美殖民地的发展设定了种种限制，例如压制北美殖民地制造业、禁止自行发行纸币、限制向西扩张殖民地土地等。并且，1763 年取得英法七年战争胜利后，英国为转嫁战争军费负担，掠夺北美殖民地的各种资源、对其征收印花税等，对殖民者所寻求的发财和自由的梦想构成了威胁甚至伤害，追求自由和自治的梦想逐渐成为 18 世纪下半叶北美人民的梦想，并通过一系列抗争和革命逐渐形成了美利坚民族意识，进而使得民族独立与自立成为共同诉求。

---

① 1619 年弗吉尼亚议会是世界上最早的代议制机构，它和《五月花号公约》被并称为美国政治制度的两大奠基石。

② Ann W. Duncan & Steven L. Jones（eds.），*Church-state Issues in America Today*：*Religion and government*，pp. 68 – 70.

　　在寻求自由的梦想鼓舞下，北美殖民地各州一致行动，通过抵制印花税运动加强了团结。后来的波士顿倾茶事件让双方冲突升级，殖民地各州召开了第一次大陆会议，发表了《权利宣言》，指出北美殖民地人民理应享有"生命、自由和财产"的权利。① 1775 年爆发了北美独立战争，美利坚民族的整体意识和独立意识迅速成长。最初阶段的美国独立战争带有保守色彩，寻求与宗主国英国之间建立一种理性、合理和互惠的关系。但是，1776 年 7 月 4 日第二次大陆会议通过了《独立宣言》，正式宣布 13 个殖民地独立；到 1783 年美国取得完全胜利，实现了追求民族独立的美国梦。正是在这样一个寻求独立的战争过程中，美国人逐渐形成了对美利坚民族的认同，带有民族认同意义的内涵才逐步融入美国梦之中，成为其核心内容之一。

---

　　① 第一届大陆会议的目的不在于争取独立，而是在于争取美利坚人所理解的自由。这届会议的成员包括了来自各殖民地的极端主义者、温和派分子和保守派代表。

第二章

社会主义道路与"为什么没有社会主义?"

人们提出这样一个问题,如果中国不搞社会主义,而走资本主义道路,中国人民是不是也能站起来,中国是不是也能翻身?让我们看看历史吧。国民党搞了二十几年,中国还是半殖民地半封建社会,证明资本主义道路在中国是不能成功的。中国共产党人坚持马克思主义,坚持把马克思主义同中国实际结合起来的毛泽东思想,走自己的道路,也就是农村包围城市的道路,把中国革命搞成功了。

——《邓小平文选》第 3 卷,人民出版社 1993 年版,第 62 页。

资产阶级的长期统治,只有在像美国那样从来没有经过封建制度、社会一开始就建立在资产阶级基础之上的国家中,才是可能的。

——《马克思恩格斯文集》第 3 卷,人民出版社 2009 年版,第 518 页。

"一个国家发展道路合不合适,只有这个国家的人民才最有发言权。"① 每个国家的历史与现状决定了这个国家选择怎样的道路、建立怎样的制度,而每个国家今天所走的道路和所实行的制度又对这个国家的未来产生深远的影响。因此,无论是看待今天的中国特色社会主义道路,还是分析美国"为什么没有社会主义",都离不开对其国家发展历程的回顾。

毛泽东曾将中国革命的胜利称为"万里长征走完了第一步"。时隔六十多年,习近平表示,"道路决定命运,找到一条正确道路是多么不容易"。"中国特色"这四个字,是在中国社会主义革命与建设过程中,经历

---

① 习近平:《莫斯科国际关系学院的演讲》,《人民日报》2014 年 3 月 24 日。

了反复的成功与挫败之后总结出来的。因此,中国梦的实现有赖于选择正确的道路和不断朝着正确的方向继续发展其道路。

经历了短短近百年沿着中国特色革命道路和社会主义建设道路的艰苦奋斗,中国共产党领导着十几亿中国人民朝向共同富裕迈进。因此,不能简单化地将中国道路仅仅定义为一个"例外"或者"特殊"。不是在形式上和数量上对西方的追赶,也不仅仅限于经济领域,而是包括政治、社会和文化等多个领域,中国已经在实践层面实现了不同于西方现代性的道路。

和自然界的可持续发展需要物种的多样化和均衡化相似,人类文明进步需要有多种可能和不同模式的并存与交流,而中国道路正是一种重要的对"另一种可能"的积极探索,这无疑是对人类文明进步作出的重大贡献。

对于仅有两百多年历史,迅速从"被垦荒"的新大陆发展为世界头号资本主义强国的美国来说,美国梦塑造了美利坚民族的认同感。从强调机会平等的个人发财梦到自由梦,发展为强调美国国家利益的民族建国梦和强国梦,美国梦的核心就是成功者有资格坐享其成。美国梦对于美国奇迹的出现、发展和辉煌发挥了重要作用,对推动人类社会进步也发挥了积极作用,而今天,美国梦所面临的种种困惑成为一个全球性议题。

第一节　中国特色社会主义道路的两次回归

实现中华民族伟大复兴的中国梦,应当坚持中国特色社会主义道路。那么,这条道路的起点在哪里? 自 2008 年前后以来,围绕中国道路的三十年与六十年之争已经成为中国思想理论界一个具有显著分歧的焦点辩题。习近平认为,"中国的社会主义建设事业可以分为两个历史时期,虽然两个时期的思想指导和方针政策有很大差别,但相互之间不是根本对立的,不能用改革开放后的历史时期否定改革开放前的历史时期,也不能用改革开放前的历史时期否定改革开放后的历史时期"。[①]

无论是毛泽东时代还是邓小平领导开启的改革开放时代,都是与同期所处的世界大格局紧密联系在一起,探索实现中华民族自立、自强和复兴的道路。只有将中华人民共和国的历史作为一个整体,才能清楚准确地回

---

① 习近平:《在新进中央委员会的委员、候补委员学习贯彻党的十八大精神研讨班开班式上的讲话》,2013 年 1 月 5 日。

答"我们从哪里来"和"我们将向哪里去"的问题。

一 从苏联道路到延安道路的回归

从苏联道路到延安道路的回归，在中国共产党的历史上发生过两次。第一次是在革命时期，中国共产党之所以能够取得革命胜利，其中一个重要的因素是摆脱了对苏联革命道路的迷信，根据中国的具体情况走出一条具有中国特色的革命的道路，即以农村包围城市，最后夺取全国革命胜利的道路。中国特色革命道路既尊重苏联的革命和建设的经验，而又不迷信苏联的主张和经验，成功地实践了从"苏联道路"到"延安道路"的回归。第二次则是在新中国成立之后，以毛泽东发表《论十大关系》一文为标志，中国共产党再次从"走苏联所走过的道路"转变到"走自己的道路"、走"中国特色"的社会主义建设道路。

1939 年，毛泽东等曾经对中国革命胜利后究竟走哪条道路作出了分析，

> 在革命胜利之后，因为肃清了资本主义发展道路上的障碍物，资本主义经济在中国社会中会有一个相当程度的发展，是可以想象得到的，也是不足为怪的。资本主义会有一个相当程度的发展，这是经济落后的中国在民主革命胜利之后不可避免的结果。但这只是中国革命的一方面的结果，不是它的全部结果。中国革命的全部结果是：一方面有资本主义因素的发展，又一方面有社会主义因素的发展。这种社会主义因素是什么呢？就是无产阶级和共产党在全国政治势力中的比重的增长，就是农民、知识分子和城市小资产阶级或者已经或者可能承认无产阶级和共产党的领导权，就是民主共和国的国营经济和劳动人民的合作经济。所有这一切，都是社会主义的因素。加以国际环境的有利，便使中国资产阶级民主革命的最后结果，避免资本主义的前途，实现社会主义的前途，不能不具有极大的可能性了。①

中国特色革命道路的路径选择决定了中国共产党强调独立自主、自力更生；毛泽东等在革命期间形成的对于资本主义和社会主义两种前途的判定，

---

① 《毛泽东选集》第 2 卷，人民出版社 1991 年版，第 650 页。

决定了中国共产党采取原则性与灵活性相结合的工作方法，上述因素都直接影响到了 1949 年中华人民共和国成立后中国社会主义建设的路径选择。

舒曼认为，自 1949 年以后，中国共产党在如何实现工业化和现代化的道路问题上，面临"苏联道路"和"延安道路"的抉择。"苏联道路"高度依赖技术专家来贯彻中央计划经济指令，强调技术性和知识分子政策；"延安道路"具有强烈的群众路线色彩，强调发动群众依赖群众、尊重"人民群众的首创精神"。[①]

实际上，这种抉择不仅受到中国国情和中国共产党自身革命经历的影响，也受到新中国成立初期中国所处的世界格局的影响。世界自第二次世界大战结束以来发生了多次大变局，这些大变局本身也体现为在不同的价值追求之间的徘徊。中国的发展既受到这种大变局的极大影响，也曾经并且正在对世界变局的形成与发展发挥着作用。也就是说，中华人民共和国自成立以来，既保持了其独立性和自主性，也是世界的一个有机组成部分。

第二次世界大战结束后，亚非拉各大洲的殖民地和半殖民地普遍寻求民族独立和民族自主，中华人民共和国的成立是与 20 世纪中后期这种世界大背景融合在一起的。通过抗争实现了民族独立的前殖民地半殖民地国家与地区都在寻找适合自己的发展道路，并且这种道路探索绝非一蹴而就，1949 年后中华人民共和国的建设历程也出现各种艰难、挫折甚至反复。

经历了两次世界大战的欧洲满目疮痍，随着丘吉尔的铁幕演说揭开了长达四十多年"冷战"的序幕，欧洲被逐渐分割成东、西两个部分。被分别纳入美苏两个阵营而居于从属地位的欧洲在通过马歇尔计划、莫洛托夫计划等的帮助下获得迅速重建的同时，也陷入迷惘、失落和反思之中。广大亚非拉国家的道路选择与发展实践也深受"冷战"格局的影响。

尽管美苏对峙之下，两大集团在经济、军事、外交、文化、意识形态等各个领域都进行了各种对抗和敌对活动，形成了两个基本隔绝的经济体；但是，建设强大的政治国家、政府对经济和个人空间实施有效干预却是两个集团在第二次世界大战结束到 20 世纪 70 年代中期的共同特点——美国推行"伟大社会"福利计划、欧洲（不包括东欧国家）广泛建立福利资本主义国家、苏联和东欧普遍建立计划经济等——追求平等特别是经济

[①]　Franz Schurmann, *Ideology and Organization in Communist China*, Berkeley: University of California Press, 1966.

平等是当时两个集团占据主流的价值追求，尽管这种价值追求的具体内涵以及其所依赖的经济、政治和意识形态等基础迥然不同。基于上述国际大环境，中国共产党依靠工农力量夺取了政权，其革命党性质、革命口号、依靠力量等多种因素决定了中华人民共和国在成立初期对平等特别是经济平等这一价值的严重倾向性。

中华人民共和国成立之初，以《别了，司徒雷登》为代表作，毛泽东选择与苏东集团合作，没有与美国领导的西方世界建立合作，后来被一些人解读为"闭关锁国"。但是，这种所谓的"闭关锁国"并非中国共产党主动实施的单向行为，而是与当时美国等西方国家的冷战思维和铁幕战略有着莫大关系。在当时美苏两大集团的对峙格局之下，意识形态的异同对国家间关系有着决定性影响，以美国为首的西方国家对中华人民共和国持敌视的态度。中国共产党没有意愿也没有可能领导中国融入以美国为首的西方集团，也就是资本主义的世界经济体。

尽管与苏东集团建立了广泛合作，"什么是社会主义、如何建设社会主义"，对于中国共产党人来说是一个全新的课题。苏联模式是当时世界上唯一可供选择和借鉴的社会主义模式，先于中华人民共和国成立的其他东欧国家也纷纷效仿苏联模式。中国当时的国际国内形势决定了只能学习苏联的工业化道路，1949年毛泽东赴苏联访问，主导了中国对苏东的开放，试图融入以苏联为首的社会主义世界经济体。此后，中国模仿苏东模式试图建立中央计划经济体系，并接受了苏联和东欧国家的资金、技术和设备援助等。① 20世纪50年代建设集中式计划经济的各方面改造，使中国迅速完成了最基础的工业化原始积累过程。

1956年，中国基本上完成社会主义改造，面临着如何进行社会主义建设的问题。苏联模式的弊端已经在社会主义改造阶段体现出来，加上苏联霸权主义的凸显、中苏意识形态方面的争论等形成中苏多方面的冲突，两国关系趋于恶化，促使中国共产党人从思想上不再以"苏联道路"为蓝本，而是从"走苏联所走过的道路"再次回归到"走自己的道路"。1956年，毛泽东还提出要研究一个问题，就是斯大林严重破坏社会主义法制，这样的事件在英、法、美这样的西方国家不可能发生。这些都说明，当时在"以苏为鉴"思想的指引下，探索适合中国国情的社会主义建设道路的

---

① 毛泽东：《最伟大的友谊》，《人民日报》1953年3月9日。

许多思考已经触到问题的核心。①

在修改中共八大政治报告时，毛泽东提出，

> 不可能设想，社会主义制度在各国的具体发展过程和表现形式，只能有一个千篇一律的格式。我国是一个东方国家，又是一个大国。因此，我国不但在民主革命过程中有自己的许多特点，在社会主义改造和社会主义建设的过程中也带有自己的许多特点，而且在将来建成社会主义社会以后还会继续存在自己的许多特点。②

1956 年，毛泽东在《论十大关系》一文中提到，

> 我们的方针是，一切民族、一切国家的长处都要学，政治、经济、科学、技术、文学、艺术的一切真正好的东西都要学。必须有分析有批判地学，不能盲目地学，不能一切照抄，机械搬运。他们的短处、缺点，当然不要学。对于苏联和其他社会主义国家的经验，也应当采取这样的态度。③

与这种"走自己的道路"的探索同时存在的是，中国不得不同时与美苏两个大国对抗、与广大发展中国家建立联系和合作，以寻求一条更适合中国国情的社会发展路径，这被舒曼认为是重新回到了中国共产党自己的"延安道路"。沿着这条道路，中国建立起了自己完整的国民经济体系、工农业体系、科教文卫体系等，"从官僚决策、经济计划、社会动员、公共教育、政治参与、科技等各方面建立起现代国家体制"④。

20 世纪 60 年代初，和苏联交恶后的中国经济陷入困境。如毛泽东在《论十大关系》中指出的，"提出这十个问题，都是围绕着一个基本方针，就是要把国内外一切积极因素调动起来，为社会主义事业服务"⑤。中国共

---

① 李捷：《从中国近现代历史看伟大的中国梦》，中国人大网 2014 年 5 月 13 日。

② 毛泽东修改的中共八大政治报告稿。

③ 《毛泽东选集》第 5 卷，人民出版社 1977 年版，第 285 页。

④ Vivienne Shue, "Power of State, Paradoxes of Dominion China 1949－1979", in *Perspectives on Modern China：Four Anniversaries*/ed. by Kenneth, Lieberthal, New York：M. E. Sharpe, 1991, p. 206.

⑤ 《毛泽东文集》第 7 卷，人民出版社 1999 年版，第 23 页。

产党通过全民动员机制，特别是发动地方建设各自的工业化体系，使中国得以艰难地走出了经济困难时期。这种经过这样的地方分权改变，苏联式的中央—地方的垂直结构变为中国式的"纵向与横向相结合的矩阵"，因此，"中国的权威结构已经分散，决策过程的中心环节是在体制内的横向和纵向都达成共识，因此只能是渐进的"。① 根据这种结构变化，谢淑丽认为，邓小平后来领导的中国经济改革事实上是在毛泽东奠定的"分权化"（decentralization）的轨道上进行的，由于毛泽东的"大跃进"和他的"文化大革命"，使得中国的中央计划经济从来没有真正建立过，实际导致了中国在改革以前的经济结构已经完全不同于苏联东欧的计划经济结构。②

　　中苏交恶时期，也是国际格局大变化的时期。20 世纪 60 年代的中苏大论战导致国际共产主义运动的分裂，西方国家认为，苏联领导的社会主义阵营形成了苏联主义和毛泽东主义的分野。在美国领导的资本主义世界里，旧殖民体系正在崩溃，在 20 世纪 60 年代的经济危机冲击下，从战争中恢复过来的西方国家爆发了社会危机。1968 年法国爆发五月运动，德国、英国、美国、日本等西方国家都被追求公平、公正的左派理想主义的狂潮所席卷，反对美苏霸权的毛泽东主义成为这股理想主义浪潮的旗帜之一。

　　在这个充满理想主义的 20 世纪 60 年代，中国"现实地"大力发展同亚、非、拉国家的关系，邓小平之所以能够代表中国去联合国大会发言，是毛泽东时代与亚、非、拉国家进行亲密合作等外交努力的结果，被称为由第三世界兄弟国家"抬进了"联合国。毛泽东提出了"三个世界"理论，并逐步开始同包括美国在内的西方国家建立起正常的外交关系；1972年的尼克松访华等标志着中国与美国领导的西方世界经济体开始交往，也通过一系列方式和法国等西方国家建立起大使级外交关系。上述史实说明，毛泽东在 20 世纪 70 年代向美国所领导的西方世界打开了"窗口"，为后来中国全面实施对外开放奠定了基础。

　　从 1953 年 "一五" 计划开始到 1976 年的二十多年，是中国的工业体系和国民经济体系"从无到有"的时期，是为现代化建设后三十年的跨越

---

　　① Kenneth Lieberthal, Micheal C. Oksenberg, *Policy Making in China: Leaders, Structures, and Processes*, New Jersey: Princeton University Press, 1988, p. 23.

　　② Susan L. Shirk, "Playing to the Provinces: Deng Xiaoping's Political Strategy of Economic Reform", *Studies in Comparative Communism*, Vol. 23, No. 3/4, 1990.

式发展奠定基础的关键时期。尽管经历了"大跃进"和"文化大革命"的严重挫折，这个时期中国经济的发展速度与同期的其他国家相比仍然是比较快的。

按照不变价格计算，中国的国内生产总值从1952年的679亿元人民币增加到1976年的2943.7亿元人民币。人均国内生产总值从1952年的119元人民币增加到1976年的316元人民币。1952年到1978年，工农业总产值平均年增长率为8.2%，其中工业年均增长11.4%。主要工业品的生产能力有了飞跃的发展，例如钢产量从1949年的16万吨发展到1976年的2046万吨，发电量从1949年的43亿度发展到1976年的2031亿度。在铁路、交通运输等基础设施建设方面，同样得到较快的发展，到1976年，中国的铁路达到4.63万公里，公路达到82.34万公里，初步形成了全国的路网骨架。这一时期进行了大规模的农田基本建设和水利建设，粮食总产量从1949年的2263.6亿市斤增加到1976年的5726.1亿市斤，全国总人口从1949年的5.4167亿增长到1976年的9.3717亿，同期粮食的人均占有量从418市斤增加到615市斤。同期增产的粮食不仅多养活了新增的4亿人口，而且使全国人均占有的粮食增加近200市斤。全国居民的人均消费水平，农民从1952年的62元增加到1976年的125元，城市居民同期从148元增加到340元，初步满足了占世界四分之一人口的基本生活需求。这在当时被世界公认是一个奇迹。全国人口的死亡率从1949年的20‰下降到1976年的7.25‰。人均预期寿命，1953年为40岁，1975年提高到63.8岁。1964年10月16日，中国成功地爆炸了第一颗原子弹。1967年6月，爆炸了第一颗氢弹。1970年1月，第一枚中远程导弹发射成功。同年4月，第一颗人造地球卫星发射成功。1975年，可回收人造地球卫星试验成功。这些成就表明，中国在尖端科技领域的某些方面正接近世界先进水平。[①]并且，中国普通民众受教育水平大幅提高，注册中学生人数在1978年达到顶峰，培养了大量健康的、有文化的优秀劳动者。

任何大厦不可能建设在沙地上，往往打地基的时间更漫长也更艰难复杂，中华人民共和国成立后前三十年的上述建设成就的取得为后来邓小平领导的改革开放奠定了基础。

20世纪70年代，以美国为首的西方国家陷入滞胀时代，左派理想主

① 李捷：《从中国近现代历史看伟大的中国梦》，中国人大网2014年5月13日。

义狂潮在这些国家和地区迅速陷入低迷、新自由主义思潮迅猛崛起。与此同时，长期依靠"自力更生艰苦奋斗"的内向型原始积累以实现工业化发展的中国，在经历了"文化大革命"十年的过高的社会生活政治化之后，对"以阶级斗争为纲"的社会不满情绪日益普遍化，"求变"的心态成为当时的社会主体思潮。

二　从华盛顿共识到北京共识的回归

> 我们将改变，我们将接近现代世界，但是将采取不同于西方世界所采取过的路线。①

邓小平领导中国进行改革开放之时，正值里根革命和撒切尔改革，新自由主义所定义的市场经济在西方世界赢得了绝对霸权地位。这一阶段的美国在经历了"伟大社会"建设、欧洲国家在经历了福利资本主义国家建设之后，尽管经济增长一度乏力，但是社会贫富差距与20世纪初相比已经大为缩小，中产阶级的比重与生活水平都得到极大改善，这给主张"贫穷不是社会主义"的邓小平等中国领导人留下深刻印象。

20世纪80年代，中国一方面大力倡导"学习西方先进经验"，另一方面明确将"和平与发展"作为对外政策的基石。如果说1949年毛泽东领导的对苏开放面临"苏联道路"和"延安道路"的矛盾，1978年邓小平领导的改革开放也面临"对外开放是否等于全盘西化"的理论论争，并且，这一论争几乎始终贯穿了改革开放后的三十多年，并且，也经历了一个从"华盛顿共识"到"北京共识"的回归历程。

1978年，"实践是检验真理的唯一标准"大讨论和邓小平在中央工作会议闭幕式上作的题为《解放思想，实事求是，团结一致向前看》的思想报告，开启了中国改革开放三十多年来系列思想大论战的序幕。后来，围绕着姓"资"还是姓"社"、姓"公"还是姓"私"以及改革本身，都形成了中国共产党内外的广泛讨论。

邓小平在中国共产党的十二大开幕词中郑重指出：

---

① 费孝通：《中国文化的重建》，华东师范大学出版社2014年版，第1页。

照抄照搬别国经验、别国模式，从来不能得到成功。这方面我们有过不少教训。把马克思主义的普遍真理同我国的具体实际结合起来，走自己的道路，建设有中国特色的社会主义，这就是我们总结长期历史经验得出的基本结论。①

从此，"中国特色"这四个字清晰地写在中国共产党的纲领性文件上。1990 年前后的苏东剧变等，一方面使美国领导的西方世界赢得了"冷战"胜利，另一方面使中国共产党对西方世界的政治警惕性大增。但是，这种警惕并未阻碍中国在经济上进一步向西方开放的脚步，自邓小平的系列南方讲话之后，中国大规模实施对外开放、融入资本主义全球化浪潮之中。并且，随着改革开放的逐步深入，对于中国所实施的制度也逐渐从"有中国特色的社会主义"发展为"中国特色社会主义"，这些字眼的变化背后都体现出中国对于自己所走的道路的认识过程的发展与变化。

在这样一个进程中，中国实现了蛙跳式的技术革新，中国经济赢得了迅速增长，大部分中国人口也逐步摆脱了绝对贫困。但是，正如毛泽东时代需要交学费认识过于僵化的计划经济的弊端，邓小平时代对如何平衡"国家—市场—社会"三者的关系特别是对新自由主义主导下的市场力量对社会的破坏力认识不够。自 20 世纪 90 年代以来，在 GDP 主义的指挥棒之下，贫富差异的日益扩大、贪污腐败的凸显等，使社会公平问题日益尖锐，普通民众通过各种形式的抗议，主张实现"共同富裕"的价值追求，而不是片面追求"效率优先"导致"少数人先富起来"的结构化和固定化，希望能够兑现改革开放之初"先富帮助后富"的诺言。因此，21 世纪之初中国共产党开启社会改革，强调注重社会公平。2012 年以来，习近平等新一代领导人提出中国梦，强调人民幸福，并坚称，"我们就是要有这样的道路自信、理论自信、制度自信，真正做到'千磨万击还坚劲，任尔东西南北风'。"

国家统计局《2015 年国民经济和社会发展统计公报》显示，中国国内生产总值（GDP）由 1978 年的 3645 亿元迅速跃升至 2015 年的 67.67 万亿元，占世界 GDP 总量的比重从 1.8% 攀升至约 15.5%。经济发展协调性和可持续性不断增强，门类齐全、布局合理的产业体系逐步建立，商品和服务供给能力大为增强，主要工农业产品产量跃升到世界前列。基础设施

---

① 《邓小平文选》第 3 卷，人民出版社 1993 年版，第 2—3 页。

和基础产业发展取得质的飞跃，能源、交通、通信等瓶颈制约不断缓解，逐步建立较为完善的基础设施和基础产业体系并形成比较优势。中国经济总量的快速发展，使得各项人均指标也快速提升。根据世界银行数据，中国人均国民总收入由 1978 年的 190 美元上升至 2012 年的 5680 美元，按照世界银行的划分标准，中国已经由低收入国家跃升至上中等（即中等偏上）收入国家。人民生活大改善，实现了从温饱不足到总体小康并向全面小康迈进的历史性跨越。改革开放极大地提高了中国人民的文化水平和文明素质，科教文卫等各项社会事业取得长足进展，经济社会发展协调性不断增强。[①]

三十多年的改革开放历程，中国经历了一个"从华盛顿共识到北京共识"的回归历程，也不断赢得对自己道路的自信。今天，"三个自信"的提出大大丰富了"中国特色"这四个字的内涵。为了坚持道路自信，既需要破除对西方中心主义的迷信，也需要破除对发展主义的迷信，在不断调整中把握方向、坚守原则，才能走出一条符合国家、民族与人民利益的正确道路。

（一）破除西方中心主义迷信

西方中心论是西方文化一个不自觉的前提。不可否认的是，过去几百年以来，西方一直是现代国际体系的中心。如汪晖所说，在过去三十年的中国，从国家到知识领域，与西方的关系是中轴。[②]

中国共产党在自上而下推动改革、强调学习西方推动经济发展之初，其预设的改革范畴的确限定为经济改革。但是，超出"总设计师"设想的是，追求现代化的努力，尤其是市场经济在中国的发展（姑且不论是否属于福山所认为的局部市场化经济）必然带来意识形态和社会结构的变化，也必然对政治与社会生活产生影响。

从中国内部来看，自 20 世纪 80 年代历经多次党内外思想大辩论，发展与改革逐步成为一个基本共识。那么，怎样进行改革呢？如官方所言，"通过对外开放，学习国外先进的科学、制度，通过改革来发展生产力、提高人民生活水平、发展社会主义"。此后，无论官方还是民间，"学习西

① 国家统计局：《改革开放铸辉煌，经济发展谱新篇——1978 年以来我国经济社会发展的巨大变化》，《人民日报》2013 年 11 月 6 日。
② 汪晖：《上升期的矛盾、体系性危机与变革方向》，《国外理论动态》2011 年第 12 期。

方先进经验"成了一个最时髦的用语。

从外部环境来看，在中国开始进行改革开放之际，主张采取市场作用和奉行市场利益最大化的新自由主义盛行于欧美。"学习西方先进经验"的政治话语使新自由主义为代表的西方思潮迅速涌入中国。

在中国内部，改革派已经取得了政治正确性的话语权。不仅仅是市场经济，其他领域，包括意识形态领域，多多少少都赢得了来自中国官方的对于西方文明"先进性"的认定。从外部而言，美国为首的西方国家强力推进西方中心主义，将它们所持的价值观作为普世价值进行大肆推广。对西方理论与实践的引进和崇拜，使得西方的价值观被众多中国精英人士普遍推崇为"普世价值"。这种内外结合的力量，在相当程度上使得关乎政治正确性的定义权不再被政治国家所垄断。

市场经济体制的引入和发展、计划经济结构的基本瓦解等，形成了不同的社会利益群体，带来了中国社会的"重组"，导致了中国社会的思想多元化，也形成了对包括政治体制改革在内的各改革领域的不同要求和主张。

当改革进入深水区，尤其自 20 世纪 90 年代改革从"正和游戏"（positive sum game）变成"零和游戏"（zero sum game）以来，中国社会阶层差异的不断加剧，对是否需要改革和怎样改革这个问题的思考，不再局限于"体制内"人士和知识分子群体。随着互联网的迅速发展，网络结社与现实社团的交融发展，各种网络论坛方兴未艾……形成了网络政治空间，并与现实政治生活中的公民参与活动等紧密相连。

与此相反的是，在黄宗智看来，在今天的中国，新自由主义很大程度上已经具有维护既得利益的保守性。[①] 部分经济、政治和知识精英逐渐结成巩固的联盟，依附于新自由主义经济政策所形成的既得利益集团，已经通过各种制度建设将其利益逐渐固化。他们不仅把持着巨大的经济资源，更拥有强大的政治能量。中国共产党目前的全面深化改革正在遭受日益分化的社会利益特别是既得利益格局的掣肘，反过来说明，一方面，社会经济利益的多元化导致了党内利益主体呈现多元化的趋势；另一方面，中国社会在三十多年的改革开放进程中越来越具有相对独立性和多元性，对政

---

① 黄宗智：《我们要做什么样的学术？——国内十年教学回顾》，《开放时代》2012 年第 1 期。

治与经济权力结构在不同程度上具有反作用力。

这种独立性和多元性导致，虽然自新文化运动以来，中国知识精英们多次努力与传统中国进行切割，数千年的中华传统文明仍然深刻影响着今天的中国社会。这种深刻影响决定了，纵然深受工业化、城市化、信息化、市场化、全球化等多种力量的综合作用，中国的现代化道路显著区别于西方各国曾经走过的历程。

然而，上述多重力量的冲击下，传统的血亲组织日趋瓦解、市场化改革也基本结束了毛泽东时代的单位制度对社会所进行的全面掌控，中国社会正在以前所未有的速度与中国的政治体制逐步剥离，在体制内就业的人口比重也急剧下降，私营部门事实上成为吸纳就业的主体。与此同时，社会的急剧转型带来的负面效应也在彰显，社会风险的加剧、社会阶层的趋于固化、社会利益的冲突等形成了中国社会的各种新矛盾和社会治理所面临的诸多新挑战。

社会是由不确定的多个人所组成的某种特定的群体，是独立于个人和国家的独立实体。今天，无论是强大的外部压力还是内部政治或经济权力都无法改变中国社会自身的相对独立性和多元性，因为构成社会的个人有各自不同的认知和价值观：尽管来自中国内部和外部的多种吸引力、推动力甚至压力都在中国推动西方中心主义，但是并不是所有的社会主体都当然地会受到这种力量的驱使。中国不少地区的村民自治至今仍存在两个体系的自治，即传统的宗族自治与村民民主自治；这两种自治在各自的轨道上按照各自的逻辑运转。20 世纪 90 年代以来文化民族主义复兴，各种国学热体现了中国社会一种内生的对西方中心主义的反作用力。因此，社会生活的运行本身是各种社会力量，无论是一致的还是对抗的，相互作用或者妥协的产物，并不是强大政治国家、"现代"经济力量或者"主流"意识形态所能够完全左右的。

在西方政治本身陷入危机的今天，曾经被中国奉为学习对象的西方制度模式的"权威性"和"先进性"受到了巨大冲击，反过来进一步增强了中国社会对未来发展道路的迷惘和争议。因此，中国特色社会主义道路的探索与发展，首先就要突破价值取向方面的迷信，主要指对西方中心主义的迷信。中国梦将"民族复兴"视为现阶段中国社会的共同理想、共同意志和共同利益所在，既强调了坚持中国特色社会主义道路的重要性，也阐述了中国梦所蕴含的整体利益与个人利益之间的有机互动关系。

现代化并不等于西方化，中国社会的现代化更不能说是中国社会的西方化。正如马丁·雅克所说，中国模式是中国历史和文化的独特产物。对中国社会的认识也不能将国家与社会、本土与全球化、现代与传统等从二元对立的角度进行过于简单化的思维。实际上，这些所谓的对立并非截然相对的两极；相反，在中国的现实中曾经、正在也将要以各种复杂的方式相互作用，紧密联系在一起。

纲举目张，一个现代国家（政府）需要做的就是要建立符合基本公平正义原则的社会治理方式，维护对个人正当权益具有基本保障的社会环境。换而言之，就是要在个人利益（或者群体利益）和社会共同利益之间、在个人意志和普遍意志之间维持一个平衡，在各种矛盾中寻求一个"动态的共识"，建立一个为全民所认同的基本价值体系，中国梦的意义与追求就在于此。

（二）破除发展主义迷信

> 问题不在于要不要发展经济和改善生活，而在于所谓"发展"是在什么话语和模式下展开的，它的代价是什么……如果说，二十一世纪人类所面临的最大的风险，也包括生态的和伦理的，那么，还必须去仔细分析，这些风险是不是被人自己制度性地制造出来的（institutionally manufactured），它们是不是与我们的"发展主义"话语有关，在这种话语下，人类总是摆脱不了一个又一个的悖论。[①]

20世纪80年代，基于贫穷不是社会主义的思想，邓小平所界定的小康社会与国民生产总值和中国式的现代化等联系在一起，并由此确定了建设小康社会的"三步走"发展战略。可以说，一直到邓小平时代，"小康社会"仍是一个经济概念。然而到了江泽民时代，中国共产党提出全面建设小康社会，从经济、民主、科教、文化、社会和人民生活等六个方面来进行界定，将经济概念拓展到了一个全面建设的目标。胡锦涛时代则进一步细化了全面建成小康社会的目标，明确提出居民收入要比2010年翻番等指标。

"仓廪实而知礼节，衣食足而识荣辱"，当中国物质建设的各种成就已

---

① 黄平：《误导与发展》，中国人民大学出版社2006年版，第168页。

经使全面建成小康社会不再遥遥无期之际，习近平进一步提出，要在第二个一百年建成富强民主文明和谐的社会主义现代化国家。除却物质文明，民主、精神文明与和谐等都是"软指标"；那么，联系到康有为改造过的公羊三世说，中国似乎正在沿着"据乱世——升平世——太平世"的轨道向前发展，而这第二个一百年的目标也似乎要向《礼记》所描绘的大同世界迈进。

根据两个阶段的两个目标，在中华民族复兴之路上，发展始终是主旋律，而"富强"等硬实力总是优先项。尽管一直有声音认为中国只有先施行西方式民主政治制度，才有可能实现富强；但是，今天中国的国民生产总值已经居全球第二，中国经济占全球经济的比重达到15%，是全球最大的资本和商品输出国。

有一种相当具有影响力的说法认为，作为后发国家，中国把经济发展当成自己的使命，而中国共产党自改革开放以来更是将其政治正当性建立在经济的高速增长的基础之上。① 姑且不论这种观点是否完全正确，过去六十多年来中国的曲折发展历程已经表明，作为硬实力的重要指标——经济发展的确易于界定，无论是国民生产总值还是居民收入等都可以通过具体的数据来表明其增长、体现其发展。换句话说，最有可能发展并且实现追赶的领域是经济领域，在经济发展起来为国家提供强大的物质基础之后，科技领域也能够得以迅速发展。

相较于经济、科技等领域，后发国家的政治与社会变革往往更为艰难复杂，其社会所具有的相对独立性使其文化也很难被简单化地改变，并且，某些方面也不需要甚至也不可能改变。由于缺乏可以量化的标准，即使政治、文化和社会领域处于改变之中，也难于对此进行清晰的界定。然而，如果上述各领域不能协调发展，就会陷入结构性矛盾之中，使经济发展的辉煌容易成为昙花一现。

关键的问题在于，既不能把发展等同于发展主义，也不能将发展限定为经济发展。为了发展而不惜牺牲其他价值，为了追求效率而不惜以公平和正义为代价，这绝非可持续发展方式。"全球现代性就是发展主义的最新范式，全球范围内不同社会肆无忌惮地追求发展带来了空前的社会不平

---

① 龙太江、王邦佐：《经济增长与合法性的"政绩困局"——兼论中国政治的合法性基础》，《复旦学报》（社会科学版）2005年第3期。

等、政治的边缘化、环境的恶化、意识形态和制度领域的冲突等诸多矛盾。"① 刚性的国家实力数据增长可以带来一国的成就感，却并不必然赋予人民个人以幸福感：只有物质丰富不足以解决作为社会性动物的人的幸福感，更何况还存在因为分配制度的不合理导致物质财富高度集中于部分人、另一部分人有强烈的被剥夺感。这种国家成就感与个人幸福感之间的差距甚至反差，往往会招致社会、文化等对经济发展的反噬，最终危及政治本身。

因此，在全面建设小康社会的进程中，中国不应当陷入发展主义的迷信之中，绝不能因为对财富的崇拜而失去理想和道德。如果中国发展的唯一目的在于不断获取丰富的物质财富，那么，中国政治本身就失去了存在的意义，其实质就变为一个用公权力支撑的巨型营利性公司。而这种政治公司化与经济市场化的结合，本质上是政治权力和经济权力的结合，就会导致社会顶层极度权贵化。社会顶层越权贵化，社会基层越倾向民粹主义，社会必然走向分裂，这种分裂与矛盾所引发的政治危机就难于避免。

一个社会的物质财富的积累是社会前进的基础，而绝非唯一目标。但是，回头看中国经济突飞猛进的这几十年，在追求脱贫、小康、中等发达等各种具体发展目标的同时却忽视了对社会理想的追求，这就使发展本身不可避免地对中国数千年的社会伦理、社会秩序和社会理想形成了冲击，也必然使得"社会价值的缺失"成为一种共同不满。"中国梦"，不再以发展为基调，而是以梦想为追求，这对中华民族复兴所最急需的软实力具有重大意义。

三　中国特色社会主义道路的历史完整性

在一个社会生活日益复杂多元的时代，社会思潮的多元化是必然的。但是，一个社会如果只有多元思想，而全无共同意志，也必然趋于一盘散沙甚至冲突频发。六十多年来，中国历史发展的进程虽然整体向前，但是其细节往往呈现为在不同的价值追求之间的徘徊，体现出社会力量对政治力量、经济力量的反作用力：过分强调经济平等，甚至用国家机器对经济活动和社会生活进行强力干预以确保绝对的经济平等，就会使经济易于失

---

① ［美］阿里夫·德里克：《发展主义：一种批判》，赵雷译，《马克思主义与现实》2014 年第 2 期。

去竞争活力，社会转而倾向于主张经济自由；过于崇尚自由市场经济，甚至因资本力量的过分膨胀侵占了公共领域，就会导致贫富悬殊和经济、社会危机的爆发，社会倾向于主张社会平等——尽管中国传统政治文化崇尚中庸之道，但中国数千年的历史和近现代以来世界各国的发展史都表明，绝对正确与恒定的中庸之道几乎从未长期存在过，历史进程的细节总是在不同的价值追求之间进行大调或者微调，进而追求实现动态平衡。

太过于笼统的定性与结论，往往针对的是不同历史阶段的某个侧面，而非其全貌。选取哪一历史时期的具体某个侧面，这一选取过程本身，就表明选取者不同的价值取向：效率、公平、正义、自由、平等、民族性、世界性……这些价值取向还可以进一步细分：平等性存在政治平等性与经济平等性、社会平等性之分，正义也存在实质正义与程序正义之别等。也就是说，上述种种被赋予了高度正确性和美好性的价值取向，它们相互之间甚至自身内部在某种程度上或者某些情境下是存在矛盾的，并不能自然地实现互洽。

不同的人，根据其自身的或者家庭、家族在不同历史阶段受损或者受益的经历，会形成不同的认知和不同的价值观。既然自由、平等、正义等价值取向是互有区别甚至一定程度上是存在矛盾的，那么不同的人根据其自身的理解和价值观，会更关注不同历史时期的不同方面。即使同一历史时期的同一方面，不同的人对此也会有其不同的理解。因此，中国社会内部对中国道路究竟是六十年还是三十年、对前三十年和后三十年有着不同认识、对二者的关系有着不同的观点等，都是应有之意。尽管今天的"中国变成了全球化的主要动力和倡导者、'全球工厂'的战略中心和全球资本主义的中心，在经济、社会和文化上全面地融入了世界。但是，中国并未放弃它的社会主义信念或者革命的意识形态遗产"①。

有关三十年和六十年、前三十年和后三十年关系的争论并不仅仅是对中国道路如何进行断代的问题，更核心的是，对这个社会主义道路的政治正确性的选择权和评判权掌握在谁的手上的问题，进一步说，上述在不同价值追求之间进行的种种调整，是由谁来调整和如何进行调整的问题。

中华文明浩浩荡荡数千年。如果说自周礼以降，中国古代历朝历代大

---

① ［美］阿里夫·德里克：《重访后社会主义：反思中国特色社会主义的过去、现在和未来》，吕增奎译，《马克思主义与现实》2009 年第 5 期。

都"以史为鉴"，那么，自鸦片战争以来，中国在西方列强的大炮军舰之下，被迫地但也历史性地开始了与西方世界的直接广泛接触。二百年来，在这"数千年未有之大变局"之下，中华民族的古老文明与西方文明进行了前所未有的交锋、碰撞、冲突以至交汇、融合。中国为了"知耻而后勇"，逐步转向"以西为鉴"，"以史为鉴"的传统方式被以具有"先进性"而自居的"以西为鉴"的现代方式所低视，传统的"夷夏观念"逐步转变为崇洋观念。经历了近二百年的"知耻"心态之后，"中国不同于西方"的观念受到"中国不如西方"的观念的冲击，形成了对中国发展成效的判断存在"内冷外热"区别的思想基础。

在这种西方强势文化的巨大冲击之下，"以西为鉴"的方法论自身也存在不同的认知：有认为中国文化遭遇将中华传统连根拔起的挑战，需要"知己知彼"乃至"师夷长技"以保护中国文化；有认为需要将积垢已深的落后的中华传统连根拔起，以实现中国文化的再造和赶超。基于不同的认知，对中国的发展有着不同的判断：前者主张道路说，认为中国和其他不同文化体所走的是各自平行的轨道，有所交叉和交融，但从整体来看是各自有其主体性和独立性的；后者主张阶段说，认为人类历史的发展在同一轨道之上，西方发达国家已经发展到先一阶段，中国作为发展中国家在后一阶段，最终的发展目标是一致的。

尽管有各自不同的判断，历尽种种内忧外患的中国作为一种文明形态并没有被完全肢解，反而具有了深重的民族和主权国家危机意识。也正因此，中国共产党迅速建立了强大的政治国家，通过强有力的政治设计对中国的传统社会结构进行了改造，为后来中国现代社会的形成奠定了基础。20 世纪 50 年代的抗美援朝战争改变了亚洲乃至世界的战略格局，更使得中国极大地恢复了民族自信，如新加坡的李光耀所说，中国人走向民族复兴，是从跨过鸭绿江那一刻开始的。①

此后，"强国梦"成为中国共产党的首要任务。无论是毛泽东时代还是 20 世纪 80 年代以来邓小平领导的改革时代，虽然在手段上存在差异，目的都是为了建设现代化国家，为了寻求国家的发展。但是，"从哪里来、向哪里去"，对此中国共产党一直处于"摸着石头过河"的进程之中：从学习苏联到强调自力更生，从"以阶级斗争为纲"到"以经济建设为中

① 徐焰：《朝鲜战争对中国及其他各方的影响》，《文史月刊》2010 年第 12 期。

心"……虽然经历了很多曲折，但这一过程本身也体现出了中国共产党强大的适应能力和学习能力。学习能力背后的一个深层次问题就是，学习什么以及学习谁的问题。

中国共产党成立、发展、执政等所依赖的政党性质是群众性政党（Mass Party）。西方世界的政党政治的发展经历了从权贵党到群众性政党到全方位党（Catch-all Party）的转变。第二次世界大战后，政党在西方世界转变为全方位党，充当公民社会与政治国家之间的经纪人。其结果是，西方世界政党的核心工作目标是赢得选举，而这一目标与拓展政党的社会基础、强化政党组织建设之间存在相互冲突，导致党组织对政党领袖和党员都不能形成强有力的制约。①

不少西方媒体根据它们自身的发展路径，对中国的预测要么走向纳粹，要么固化为毛主义政党，要么如苏联一样分崩离析，要么被它们改造为西方世界所认同的政治模式。因此，将中华人民共和国成立后的前三十年解读为群众性政党，将改革开放后的三十年解读为群众性政党的退化，向精英政治和权贵政党转型。

不从西方世界研究中国的老套路入手，在承认改革开放前的历史时期和改革开放后的历史时期二者存在区别的前提下，如果将二者贯通起来进行考察，就会发现，中国共产党基于其群众性政党的性质，具有本能的纠偏意愿、强大的纠偏能力和灵活的纠偏机制：从对苏联道路的迷信，到回归延安道路；从"文化大革命"期间的极"左"路线，到回归拨乱反正；从对市场经济的膜拜，到回归社会改革；从强调学习发达国家先进经验，到回归总结自身发展道路……这种反复的纠偏，体现出对不断发展变化的社会要求的回应能力、探索满足社会要求的学习能力，以及动员能力极强的现代政治国家体制的优势。

而这种回应能力、学习能力和动员能力都是建立在政党广泛的社会基础和有力的政党组织建设的基础之上的。既然中国没有施行西方世界的多党制或两党制，竞争性选举政治没有成为中国政治生活的最主要组成部分，中国共产党的核心任务就不在于竞选，而是如何稳固和扩大自身的执政基础，并且如何加强自身的建设使其有能力稳固和扩大其执政基础。也

---

① 岑树海：《政党类型学研究的三种基本范式转换——从群众型政党、全方位型政党到卡特尔型政党》，《北京行政学院学报》2014年第2期。

就是说,中国的政治体制本身决定了执政党不仅仅不能犯程序性错误,更不能犯实质性错误——因为如果在西方,某一任政府的执政党执政不力,其结果可能是在下届选举的时候失去其执政地位,但还可以为再下一次选举作出努力;而对于中国共产党而言,这种结果则是失去"民心",也就是中国传统政治文化的政治正当性来源,最终"失去江山"。

上述压力决定了对中国道路必须打通不同历史阶段之间的隔膜,对中国道路有着各种不同的认知是正常的,但是,如果将道路的历史进行割裂,实际上也就是对中国共产党的政党基础进行分裂。中国道路的历程总是前进与挫折并存,将改革开放前后的历史进行互相否定,实际上是某种对中国共产党自身发展历程的一致性的否定,对中国共产党始终保持的纠偏能力和学习能力的否定。

中国特色社会主义道路的实质内涵是寻求适合中国自身特点的发展路径和发展模式。只有将中国共产党建党以来的历史连贯起来,将中华人民共和国的历史作为一个整体,才能确保中国共产党保持其群众性政党的性质,才能确保中国共产党保持其自信心与自主性,才能确保中国共产党保持其纠偏能力和学习能力。

第二节 美国:资本主义发展的巅峰?

美国人对物质财富的追求,在美国能够迅速后来居上、其资本主义的发展速度和高度被列宁赞扬为"举世无匹"的进程中,具有极大的推动作用。清教徒对自由的追求,对美国独立、美利坚民族意识和美国各项制度的形成与发展至关重要。经历了大觉醒运动等宗教运动后,美利坚民族对把世界从"苦海"中拯救出来的政治神学使命的追求,是美国与外部世界的关系中坚持其强权政治和霸权主义的国民意识形态根源。①

一 从建国梦到强国梦的奇迹

美国的发展历史是历史上强大工业国形成和发展的三条道路交织而成的。对于这三条道路,斯大林曾经如此阐述,

---

① 魏南枝、何建宇:《美国梦的辉煌与困惑》,《党政干部论坛》2013 年第 8 期。

到现在为止，在历史上强大工业国的形成和发展有过三条道路：

第一条道路是侵占和掠夺殖民地的道路。……

第二条道路是一个国家对另一个国家实行军事破坏和索取赔款的道路。……

第三条道路是资本主义落后的国家在奴役性的条件下把经营权租让给资本主义发达的国家并且在奴役性的条件下向这些国家借款的道路。……

在个别国家的历史中，这几条道路往往是相互交错、互为补充的，并且有过交织在一起的范例。例如美国的发展历史就是这种几条道路交织在一起的例子。①

从建设一个怎样的新国家到建成一个强大的国家，这三条道路的交织运用是美国在建国后短短一百多年时间成为资本主义强国这一奇迹的主要原因所在。

"美国独立战争开创了资产阶级取胜的新纪元。"② 宣布独立和赢得独立战争并不是追求民族独立的美国梦的结束，建国梦远未完成。建设一个怎样的新国家？新国家与组成国家的公民之间的关系如何界定？国家权力由谁掌控？如何建设这个新国家？上述问题成为美利坚合众国的国家制度形成过程中需要迫切解决的任务。

1776 年，由杰斐逊执笔起草了《独立宣言》，该宣言被马克思评价为全人类"第一个人权宣言"。当时，它虽然激发了美利坚民族的爱国热情，但进一步分裂了而不是团结不同殖民地和不同政治主张的美国人的意见。主张用革命解决问题的爱国党人（亦称辉格党人）和希望通过渐进方法来解决体制问题的效忠党人（亦称托利党人）之间的斗争、英国国教派与主张信教自由者之间的斗争越发激烈。

美国独立战争不仅仅是一场独立于英国的或者与法国、西班牙等国合作反对英国的战争，也是一场为了保护自己的财产和自由而进行的非阶级斗争性质的内战。③ 虽然美国独立战争并非以民主为目标，但美国建国后

---

① 《斯大林全集》第 7 卷，人民出版社 1958 年版，第 163—164 页。

② 《马克思恩格斯全集》第 16 卷，人民出版社 1964 年版，第 21 页。

③ Elliot H. Goodwin（ed.），*The New Cambridge Modern History*：Volume 8，*The American and French Revolutions*，1763 – 1793. CUP Archive，1976，pp. 483 – 495.

的宪政制度设计,建立了联邦制兼共和制的政体,在个人自由(财产自由)和公权力绝对统治之间作出了一定程度的调和,使民主主义成为美国生活中的一个重要力量。相对宽松的政治与社会环境、美国式民主政治对机会平等的保护和新大陆发财致富机会的诱惑等,吸引了大批新移民来到美国,美国的领土也在不断扩大。①

从平民到富翁的富兰克林等成功者的经历是证明追求机会平等的美国梦的可行性的典型范例。如富兰克林在其自传中写道,美国是一个充满机会的国家,任何人都可以通过努力工作、艰苦奋斗来达到成功。而作为政治家的富兰克林进一步树立了通过物质和道德的共同进步、实现个人梦想的典范。美国梦的形成与发展还有其自然与地理优势,并且,这种优势极大地促进了自18世纪末开始的美国工业革命的迅猛发展。

从美国独立直至19世纪中期,广大的土地尤其西部地区无人居住和拥有,任何美国人都可以加以占据并进行投资和开垦。②西部丰富的自然资源,北美大陆两侧漫长的海岸线和优良的港口等,为美国的工业化和农业发展都提供了良好的基础性条件。

一方面,"美国棉花生产是以奴隶制为基础的"③;另一方面,"黑奴制——纯粹的产业奴隶制——必然随着资产阶级社会的发展而消失,它是和资产阶级社会的发展不相容的"④。北方工商业资本主义和南部种植园经济在对西部新拓展土地的争夺、奴隶制的存废和国会议席的增加等问题上矛盾的激化,导致了美国内战(南北战争,1861—1865年)的爆发。但是,"开始进行这次战争并不是为了消灭奴隶制度,美国当局自己也不辞一切烦劳来否认任何这类看法"⑤。

林肯在美国历史上的特殊性在于他既代表工商利益,又是忠于《独立宣言》、解放黑奴的民主代表,本人更是从平民到政治家的典范;也就是说,林肯相当程度上实现了民主梦和精英梦的调和,成为当时美国

---

① 从1803年到1867年间,美国先后以极其低廉的价格从法国、英国、墨西哥和俄罗斯手里购买到路易斯安那、北达科他、阿拉斯加和阿留申群岛等处的大批土地,又从西班牙手中夺取了佛罗里达,使美国的版图由宣布独立时的400万平方公里扩大到了930万平方公里。

② 仅1860年以后的40年内,美国西部的新开垦土地就达到了2.52亿英亩。

③ 《马克思恩格斯全集》第7卷,人民出版社1959年版,第504页。

④ 《马克思恩格斯全集》第46卷(上),人民出版社1979年版,第174页。

⑤ 《马克思恩格斯全集》第15卷,人民出版社1963年版,第321—322页。

梦的象征。① 林肯签署的《太平洋铁路法》② 和《宅地法》③ 利用政府的力量推动在西部殖民，《莫里尔法》促进了大学教育发展。但林肯遭刺杀后，南部黑人由于总统和国会的主导权之争和党争等，再度陷入种族歧视和压迫。④ 战后重建期间制定的三个宪法修正案，虽然后来在长达一个世纪的时间里并没有获得真正的执行，但毕竟为 20 世纪 50 年代至 60 年代所发生的美国黑人民权运动奠定了宪法性基石。

北方赢得内战胜利后，经历了长达十四年的重建过程（1863—1877年），重新批准了南部十一个叛乱州返回联邦，也重新定位了黑人摆脱奴隶制后的政治地位问题。内战和战后重建通过结束奴隶制、扩大联邦政府权力、创造总统的战争权、稳固共和党与民主党构成的两党制等方式，对美国的政府和政治进行了重新塑造，大众参与的政党政治替代了精英政治，工商业与农业的冲突以全面工业化结束，自由主义资本主义得到确定和强化，促使美国迅速成为工业化强国。⑤ 也就是说，美国人的建国梦在内战结束后才基本完成。

工业的成长与移民潮的膨胀是美国镀金时代（1865—1900年）的特征。美国庞大的自然资源和先进的工业技术的结合，使快速向上的社会和经济流动成为可能。特别是当时的西进运动充满机遇，由于商业，重工业，铁路以及重商主义经济政治学的发展，一批美国平民因为金矿油田的开采而跻身于富翁一族，而一大批成功的经济人士后来又相继成为政界要员。

美国工业革命的蓬勃发展需要更多的劳动力和资金，西进运动和工业革命所造就的洛克菲勒、卡内基等人的成功范例，让更多的欧洲以及其他

---

① Jim Cullen, *The American Dream: A Short History of an Idea that Shaped a Nation*, New York: Oxford University Press, 2003, p. 8.

② 联邦政府通过铁路立法支持修建一条横跨大陆的铁路，将太平洋和大西洋连接在一起。这一巨大的工程，以修建铁路的方式去加速推动吸金拓荒运动，对于整合美国的经济和文化发挥了关键作用。

③ 《宅地法》规定，凡是成年的美国公民只要没有持械反抗过美利坚合众国，只需交纳 10 美元的登记费，就可以获得一块 160 英亩的土地，耕种 5 年后还可以成为土地的拥有者。这个法案直接把西进运动推向了高潮，形成了美国的"小麦王国"、"棉花王国"和"畜牧王国"三大农业专业区，并且使美国的人口、农业和工业中心全面西移。

④ 战后重建应由总统主导，还是国会主导的问题凸显。由于党争，共和党为了换取民主党对其总统候选人的承认，终止了对南部的军管，也就是所谓的"1877 年的妥协"，使南部黑人再度受到种族歧视与压迫。

⑤ Michael Kazin, Rebecca Edwards & Adam Rothman, *The Princeton Encyclopedia of American Political History*, New Jersey: Princeton University Press, 2009, pp. 145 – 151.

地区的移民对"美国梦"深信不疑,从而吸引大量移民和资金来到美国。随着美国国内经济、政治和社会等各种制度的不断成熟,美国对外部资源、资金和人才的汲取能力的不断增强,"美国梦"的内容也得到不断的丰富和发展,"美国梦"成为美国文化不可或缺的一部分。

美国这段黄金时期可以从马克思和恩格斯对美国的描述中找到影子:

> 如果说北美的工资高于欧洲的工资,那末,这绝不是由于北美的捐税较轻,而是由于北美的地理位置及其工商业的缘故。在那里劳动力求过于供的情况远远超过欧洲。①
>
> 过剩的人口很容易流入农业地区,国家政治不可避免地迅速而且日益加快地繁荣,因此他们认为资产阶级制度是美好的理想等等。②

充足的土地和丰富的自然资源使美国人相信所有人通过辛勤劳动都会占有土地和拥有财富,普遍的土地所有权被杰斐逊视为美国政治和经济力量的一个源泉。针对 19 世纪的美国社会,德国学者桑巴特认为,美国资本主义为工人提供了丰厚的物质报酬,美国社会具有较高的社会流动性,加上美国普选制等政治制度对公民可以进行有效整合,使美国"没有社会主义"。③ 但是,"信用制度和投机等等引起的冲突在北美比任何地方都更为尖锐。同样,社会的不平等在北美东部各州也表现得比任何地方都突出,因为在这里社会的不平等不象在别的地方那样为政治的不平等所掩盖。"④

由于华盛顿确立了孤立主义的外交原则,美国立国后的上百年间,除了对法国大革命表示支持,几乎从不对任何国外大事进行明确表态。随着美国国力增强,1823 年美国发表了"门罗主义"(Monroe Doctrine),自动将其在政治上和外交上的活动半径划定在西半球,宣告美国开始作为大国在国际舞台独立地发挥作用,开创了美国新的外交传统,也开启了国家层面美国梦的外交事务。

---

① 《马克思恩格斯全集》第 4 卷,人民出版社 1958 年版,第 343 页。
② 《马克思恩格斯全集》第 27 卷,人民出版社 1972 年版,第 592 页。
③ [德] W. 桑巴特:《为什么美国没有社会主义》,社会科学文献出版社 2002 年版,第 106—214 页。桑巴特认为丰富的物质报酬使工人阶级丧失激进主义动力,社会流动性抑制了工人阶级的阶级意识的发展,而美国的政党制度可以有效地提升公民整合度。
④ 《马克思恩格斯全集》第 4 卷,人民出版社 1958 年版,第 335—336 页。

1898 年，美西战争揭开了"美国世纪"的大幕，美国击溃了衰老的西班牙帝国，接管了菲律宾、关岛及波多黎各，从自由资本主义发展为垄断资本主义。此后，随着奥匈帝国、德国、俄国、英国、法国以及日本等竞争对手相继衰落或者被击败，美国在世界秩序中开始占据主导地位。第二次世界大战后，世界上只剩下美国和苏联两个超级强国。这是美国从经济强国变成政治强国和军事强国的过程，进步时代（1890—1920 年）为这一过程奠定了制度基础和财政基础。

19 世纪末，美国已成为全球最富裕的国家；但同时面临工业资本主义、自由市场经济和迅速的城市化所带来的各种问题和危机：西部地区的大部分土地已经被开发，大城市和垄断企业迅速地改变了杰斐逊曾设想的人人都有产权的理想国，更多的美国人沦为受雇者；贫困问题、巨大的贫富差距和社会分化问题等引起了广泛关注，工人阶级劳动状况恶劣、农业发展困境、食品安全等各种社会问题的激化都要求进行相应的改革。同时，农民先后发起了"格兰其"运动等社会运动、工人组织全国劳工同盟等工会抗衡剥削、女权运动和消费运动等也相继兴起。

因此，个人层面的美国梦面临各种危机和挑战，国家缺乏能力保护个人梦想，甚至国家治理结构本身成为危害个人权利和破坏个人梦想的一部分，例如政府效率低下、腐败问题严重等。美国社会在如此短暂的时间内发生如此迅猛的变化，使很多美国人不再对美国梦抱有充分信心。于是，美国人开始反思，长期信奉个人权利至上[①]和有限政府的美国文化，是否能够在这一时代继续促进社会融合。经过反思与激烈的辩论，美国人逐渐认识到，需要有一个强有力的政府、特别是一个强大的联邦政府，保护和复兴个人与国家两个层面的美国梦。[②]

但是，如何进行制度重构？在进步时代实际上主要存在两种倾向：一种借鉴汉密尔顿的精英梦思想，代表人物有共和党的罗斯福[③]；另一种坚

---

① 19 世纪的美国有一句著名的话形容当时国家与个人的关系，即"国家与社会什么都不是，个人就是一切"（the state and society were nothing, the individual was everything）。

② Faith Jaycox, *The Progressive Era*, New York: Facts On File, Inc., 2005, pp. iv – x.

③ 代表老罗斯福思想的经典代表著作是赫伯特·克罗利（Herbert Croly）在 1909 年出版的《美国生活的希望：政府在实现国家目标中的作用》（*The Promise of American Life*）一书。在该书中，他批评反对政府行使行政管理权来干预社会经济生活的观点，主张增强行政部门的权力，协调行政机关与立法机关之间的紧张关系，支持司法审查。并且引入"国家利益"这个概念，呼吁在美国提倡一种新的国家主义，要承认国家利益高于一切。

持杰斐逊的民主梦思想，代表人物为民主党的威尔逊。① 两种思潮在坚持自由与保护平等、精英政府与大众政府之间展开辩论。② 经历了精英梦和民主梦这两种不同梦想的相互作用，美国进步时代进行了一系列深刻的制度建设：反垄断、反腐败、改善农民工人和妇女的政治与经济生活、加强环境保护和发展教育等措施与制度相结合，"重建了一度被大企业和腐败的政治机器所破坏的经济自由和政治民主"③，宏观干预体制初步建立，从根本上完成了国家治理结构转型，造就了一个更强有力的政府④，奠定了美国现代国家的基础，被称为"美国的二次建国"，也实现了个人层面的美国梦与国家层面的美国梦的再次契合。

20 世纪上半叶，美国左派学者萨姆森对美国的资本主义进一步阐述，他认为美国无疑是一个资本主义国家，但其对资本主义的定义实际上是资本主义的社会主义形式，"美国精神在意识形态上替代了社会主义"⑤。长期以来，"所有阶层的公民"与精英阶层之间的利益博弈被认为可以通过自由市场经济得以规范、调整和正当化，因而，美国的政党政治和劳工运动、工会之间的联系先天不足。

对于进步时代于何时结束，史学界莫衷一是。主要认为，该时代随着第一次世界大战这场被称为"结束所有战争的战争"而结束。这次大战也是国家层面美国梦的外交政策的转折点。美国利用其积累起来的强大国力，在扩张主义思潮影响下，也参与了瓜分世界剩余殖民地的狂潮，例如兼并夏威夷，取得菲律宾、关岛和波多黎各等殖民地等。

在美国的自由主义传统和政治神学使命理念影响下，传统帝国主义者和自由主义者之间发生了激烈的争辩：前者将对外战争视为教化野蛮民族

---

① 代表威尔逊的思想的著作是沃尔特·韦尔（Walter E. Weyll）在 1912 年出版的《新民主主义》（*The New Democracy*）一书。该书认为，中产阶级是实现新民主的阶级基础，而工业化创造的巨额财富是实现新民主的物质基石；摒弃旧有的个人主义，致力于共同利益，强调社会伦理与社会责任，则是实现新民主的关键。因此，他强调普通民众对经济尤其是工业具有一定的发言权与决策权，并能够分享经济收益。

② John F. Manley, "American Liberalism and the Democratic Dream: Transcending the American Dream", *Review of Policy Research*, Vol. 10, Issue 1, 1990, pp. 94 - 95.

③ R. Hofstadter, *The American Political Tradition*, New York: Vintage, 1954, p. 5.

④ 通过进步时代的国家治理结构的改革，美国政府的财政汲取能力大大增强，为后来参与两次世界大战和罗斯福新政奠定了坚实的国家财政能力基础。

⑤ Leon Samson, *Toward a United Front: A Philosophy for American Workers*, New York: Farrar & Rinehart, Inc., 1935, p. 17.

的责任，后者认为拥有殖民地不符合美国的共和政体和民主自由的神圣原则。后来，这场道德论战发展为现实国家利益问题的论战，政治神学使命之外的现实主义思想萌生，美国的国家利益成为影响美国外交的根本因素。

基于自由主义的传统，美国没有模仿或延续欧洲的老帝国主义路线，但为了实现美国的国家利益又需要进行世界扩张。因此，20世纪初，美国从门罗主义发展为威尔逊主义：美国业已积累的巨大财富提供了经济基础，进步时代建立的强大政府体制和积累的社会治理经验等提供了政治和社会基础，美国人长期以来的"上帝的选民"政治神学使命感和自由主义传统提供了思想基础。在上述基础之上，美国成功地卷入了第一次世界大战，并在凡尔赛会议上向世界宣告美国的理想主义，被称为美国梦向全球扩张的表现，威尔逊总统为建立国际联盟而做的努力是这种全球性扩张的力证。①

威尔逊主义提倡民族自决，主张经济向全球开放、集体安全等思想，其本质在于，以美国的价值观和制度标准作为国际秩序的原则，把美国塑造成国际正义的化身和担当者。自此，传播美国的价值观、确立美国在国际政治中的道德领导地位，成为美国梦在对外关系方面的明确目标。②

由于技术革命使工业生产高涨、战争帮助美国控制了国际金融并且打开广阔的国内外市场，美国在第一次世界大战获取大量利益，并在战后经济得到飞速的发展，被称为"柯立芝繁荣时期"。繁荣的背后，一方面美国政府基本上恪守自由放任政策，大企业对社会经济生活的控制能力日益增强；另一方面产能膨胀的同时并未适时进行财富再分配以促进消费能力的增长，加上大量投机资本的破坏力，埋下了经济危机的隐患。例如经济繁荣的同时出现土地价格疾升的泡沫，使得普通民众拥有住房的美国梦陷入虚幻。③

1929年开始的资本主义危机，触发了著名的经济大萧条，资本主义的

① John Milton Cooper, *Breaking the Heart of the World*：*Woodrow Wilson and the Fight for the League of Nations*, New York：Cambridge University Press, 2010.

② Lloyd E. Ambrosius, *Wilsonianism*：*Woodrow Wilson and His Legacy in American Foreign Relations*, New York：Palgrave Macmillan, 2002.

③ Hamilton Cravens, *Great Depression*：*People and Perspectives*, California：ABC – CLIO, LLC, 2009.

正当性在经济大萧条中受到了沉重打击，大量美国民众破产和失业，其就业或生存后来只能通过罗斯福新政得以解决。① 在保存资本主义制度和美国民主制度的前提下，美国采纳了以凯恩斯主义为代表的实用主义路径解决危机，实施了以复兴、救济和改革为主要内容的罗斯福新政。罗斯福新政改革金融体制、调节农业和工业、加大公共事业的政府投资、开展失业救济、建立社会保障制度，并且对三权分立制度进行了调整、加大了总统的权限，开创了国家干预经济发展的新模式，也使国家开始对社会福利承担保证责任，有利于稳定社会经济的长期发展。

但是，美国的经济大萧条并不是完全依靠罗斯福新政得以恢复，第二次世界大战对美国经济的恢复发挥了极大的促进作用。② 1919 年的巴黎和约并未彻底形成和平格局③，世界经济发展失衡与政治失衡导致多重危机并发，"凡尔赛—华盛顿"体系难于维系。第一次世界大战后，各国经济特别是发达国家的经济相互依存的格局已经形成，美国爆发的经济大萧条迅速引发了全球性的经济危机。在上述种种原因刺激下，第二次世界大战爆发。第二次世界大战增加了国际市场对美国的武器、军火和食品等产品的需求，也相应增长了对劳动力的需求，促使美国经济迅速复苏。并且，由于战时劳动力缺乏，妇女和黑人的大量就业，为后来的妇女解放运动和黑人平权运动提供了机遇。第二次世界大战后，美国国力迅速发展，成为超级大国。

二　从世界霸权到霸权危机的转变

1945 年，欧洲死了，死于战败国或被解放的国家的废墟之下。此后，胜利者和解放者变成了世界的两个超级大国。④

---

① John F. Manley, "American Liberalism and the Democratic Dream: Transcending the American Dream", *Review of Policy Research*, Vol. 10, Issue 1, 1990, p. 91.

② Eric Rauchway, *The Great Depression and the New Deal: A Very Short Introduction*, New York: Oxford University Press, 2008, p. 5.

③ Patrick O. Cohrs, *The Unfinished Peace after World War I: America, Britain and the Stabilisation of Europe*, 1919 – 1932, New York: Cambridge University Press, 2006.

④ ［法］埃德加·莫兰：《反思欧洲》，康征、齐小曼译，生活·读书·新知三联书店 2005年版，第 79 页。

经历了两次世界大战，特别是第二次世界大战，美国终于成为世界头号资本主义大国，欧洲中心主义随后逐步演变为美国中心主义。

第二次世界大战结束后，尽管经济迅速复苏和再度繁荣，美国现代社会的整个价值观念体系发生了严重的动摇并产生危机，悲观情绪开始进入美国社会，资本主义和美国梦特别是个人层面的美国梦二者之间的关系需要再次进行调和，杰斐逊曾经面临的两难境地再次出现：在资本主义体制下，如何调和不平等与民主二者之间的关系？如果无法调和，美国又如何能够自称为民主国家？从世界格局来看，资本主义与社会主义两种制度的竞争随着冷战时期的美苏对峙而全面展开，为了对苏联阵营进行有效遏制，美国自身的制度建设是否有效成为关键性前提。

在这样一种内外压力相结合的历史背景下，美国首先应当实现对个人层面的美国梦的有效保护。美国政府制定了一系列政策以鼓励充分就业和完善社会保障制度，并且在民权运动的推动下逐步改善了长期以来的种族歧视和隔离问题。

既然第二次世界大战是反对种族屠杀和宗教残杀之战，那么作为战胜国的美国理应推动本国内部的平等性，特别是种族之间的平等。美国的种族问题显然是美国的政治理念和政治实践相脱节的证据，已经成为其与亚非拉国家外交关系中的困难所在。并且，苏联充分利用美国的这一弱点进行反美宣传。因此，促进种族平等成为美国实施冷战战略的一个重要部分。1964年的《民权法》和1965年的《选举权法》为代表的一系列法令和法规的颁布使得事实上的种族隔离制度被废除。20世纪70年代，美国黑人在法律上的不平等地位已经基本消除。①

第二次世界大战后到20世纪60年代末，奉行凯恩斯主义的美国政府对经济进行较积极的干预以促进充分就业。与此同时，公共救助的覆盖面和程度都有所提高。美国政府通过提高穷人的教育水平和工作机会而降低贫困率，20世纪初的严重贫富差距问题在相当程度上得到了缓解，也使"美国梦"重新具有强大的吸引力。

但是，这一阶段的扶贫减贫的社会政策并没有和经济政策有机地联系起来，美国政府面临严重的财政赤字。并且，越南战争、"水门事件"、能

---

① Mary L. Dudziak, *Cold War Civil Rights: Race and the Image of American Democracy*, New Jersey: Princeton University Press, 2011, pp. 7 - 10.

源危机等，使"美国梦"曾经的基础——对美国自然资源丰富性和对美国政治正确性的乐观自信等都遭受了破坏。

遏制苏联阵营是冷战时期国家层面的"美国梦"的核心目标。1947年，美国提出杜鲁门主义。从威尔逊主义向杜鲁门主义的转变，被认为是美苏之间"冷战"开始的重要标志。杜鲁门主义的实质就是要遏制共产主义，以抵御"极权政体"为理由宣布干涉别国内政，控制其他国家的纲领和政策。此后，美国在经济方面推行了援助西欧的马歇尔计划，在军事方面建立了北大西洋公约组织。

由于在各项经济指标上都占据绝对优势地位，美国基于罗斯福新政的基本理念，主导设计了第二次世界大战后西方世界的国际经济秩序：自由贸易规范、布雷顿森林会议确立以美元为中心的货币金融体系和以美国为中心的国际贸易体系、成立世界银行和国际货币基金组织贸易体系等，促进了西方世界普遍采用凯恩斯主义的国家积极干预经济的方式，确保了战后西方经济的稳定恢复。[1]

20世纪70年代，美国经济陷入滞胀阶段，反对凯恩斯主义思想开始在美国盛行，积极干预经济的政府被认为阻碍了经济发展。越南战争使美国财政赤字连年扩大，不得不大量发行美元，美国因此陷入财政困难。1971年美国政府被迫宣布停止履行对外国政府或中央银行以美元向美国兑换黄金的义务，也就是结束了布雷顿森林体系的稳定汇率，布雷顿森林体系彻底崩溃。与此同时，日本和德国的经济迅速崛起。[2]

20世纪80年代，美国以新自由主义的理念和方式，对国际国内经济秩序进行重构，也对国内的社会经济政策进行了重新定位：用促进就业代替救济，迅速缩减了扶贫减贫政策以避免所谓的"福利陷阱"。与此同时，以跨国公司和私人金融机构为代表的资本力量本能地支持和推动新自由主义，使其赢得霸权地位。

政府所代表的政治国家拥有合法使用暴力的正当性地位，也可以运用公权力对市场的力量进行规制，所以，仅有市场的力量，即使强大的跨国资本力量施压，也无力实现新自由主义在世界的统治地位。但是，在美国

---

① Eric Rauchway, *The Great Depression and the New Deal: A Very Short Introduction*, New York: Oxford University Press, 2008, p. 6.

② 然而，美国用浮动汇率制为基础的新国际货币制度击败了日本和德国。20世纪90年代，由于高科技部门的迅速发展，美国赢得了新的经济增长点，美国模式击败了日本模式和德国模式。

的里根主义和英国的撒切尔主义的推动下，政治权力与资本权力二者得以结合。通过政治上推行美式民主、经济上奉行新自由主义，华盛顿共识被推行为全球共识，新自由主义在世界上大部分国家获得了政治正确性，迅速占据统治地位。也就是说，美国政府和跨国资本力量共同推动了新自由主义统治下全球性市场的形成与发展。①

冷战结束以后，美国确立了自己的全球首要地位，西方国家全面获得全球领导权，西方中心主义再次确立，并且其核心理念为美国中心主义。正如美国历史学家方纳所认为的，许多美国人相信美国的政策和体制代表了一个应为其他国家所仿效的榜样。对于世界上很多国家，美国的诸多方面已经成为现代化的标尺，占据了意识形态、经济发展和社会进步的"主流"地位。

自此，市场力量的统治地位打破了战后美国的政治国家与市场经济之间的平衡②，将自由市场经济奉为推动经济增长和繁荣的唯一正确路径，"美国梦"与跨国资本的全球性扩张紧密联系在了一起。美国着力于向世界推动建立华盛顿共识，把"美国梦"所代表的价值观作为一种普世的行为准则与衡量标准进行宣传。借助大众文化的传播和扩张，结合自己在政治、经济、军事以及科技等方面的综合霸权地位，通过各种渠道向其他国家和地区积极渗透和大力推行"美国梦"，使各地各国文化不同程度地呈现"美国化"的趋势，以削弱其他国家的意识形态甚至政权的正当性基础，维护以美国为主导的世界政治经济秩序。

与新自由主义捆绑在一起，加入了保卫自由世界、拯救地球等口号，为了追求物质财富可以放弃道德、信仰等精髓的当代"美国梦"，曾经促进了美国高效配置资本、优化社会资源分配，也曾经创造了前所未有的巨大财富，带来了无可比拟的物质进步。但是，在全球化浪潮不断推进的过程中，随着新自由主义的肆意发展，缺乏有效监管的过度自由最终恰恰葬送了自由所赖以存在的社会根基。

和任何国家一样，美国的国家制度本身应当处于不断改革和演进之中，并非完美和静止的。由于其局限在过于狭隘的目标以及实现这些目标

---

① James L. Richardson, *Contending Liberalisms in World Politics: Ideology and Power*, Boulder: Lynne Rienner, 2001, pp. 155 – 163.

② David Harvey, *A Brief History of Neoliberalism*, Oxford: Oxford University Press, 2005.

的过于狭隘的工具上，华盛顿共识自身的教条化就是今日其走向失败的肇始——正如福山所言，"自由市场模式受审判"，"资本主义制度存在内在的不稳定性"等。即使在过去处于全球主流发展理念的阶段，华盛顿共识也受到来自"欧洲价值观"和"后华盛顿共识"等思想价值理念的挑战。

2008 年国际金融危机爆发已经好几年了，至今仍然看不到危机的尽头。有评论认为这标志着美式经济全球化的终结，资本主义世界体系面临周期性的根本重构。今天以美国为代表的西方世界已经为质疑资本主义的声音提供了一定空间，这一点从法国经济学家皮克提的《21 世纪资本论》在美国的人气值之高可见一斑。根据皮克提的分析，两次世界大战造成世袭资本主义时代的结束，西方资本主义世界的人们可以凭借自己的勤奋学习、努力工作和个人才华过上富裕的生活。但是，20 世纪 70 年代之后，社会阶层的重趋稳定使得世袭资本主义时代再次来临。皮克提强调不平等是资本主义的大势所趋，揭开了资本主义给社会带来自由、平等、民主等面纱背后的不平等实质。

曾经在很大程度上是全世界共同的梦的"美国梦"，首先因为本土遭遇恐怖袭击使其失去基于美国地理优势的安全感，其次因为社会贫富悬殊日益拉大、失业严重、社会流动性减弱等使其降低社会幸福感，再次自 2008 年爆发因次贷危机引爆的 20 世纪初大萧条以来最严重的金融危机使其经济增长能力萎缩，最后美国政治经济体制的结构性缺陷使其被金融资本主义所捆绑而缺乏有效应对能力。

为了追求物质财富和个性自由，个人层面的"美国梦"可以放弃道德、信仰等传统价值追求，并且逐渐沦为实现美国国家利益的工具。随着社会不平等性的加大和社会流动性的降低，机会不平等也成为美国社会的痼疾，经过个人奋斗就可以获得更好的生活的"美国梦"遭遇前所未有的危机。

实际上，所谓的强大国民财富中真正为国民所共有的是美国巨额国债，而经济信用则被金融资本和政治精英所形成的利益集团所垄断——这就形成了美国的经济信用和国家信用之间的矛盾，意识形态上的个人自由至上和政治国家利益至上之间的矛盾。在垄断金融资本的冲击下，美国政府应对经济危机的能力大为缩水，反而陷入政治极化的困境。因利益集团的影响力不断加大，美国的政治、经济和社会格局日益固化。"美国梦"今天所面临的种种挑战，使其相当程度上丧失了突破现有极化僵局的能力。

美国推动全球化的梦想实质上是美国中心主义的再拓展：政治上，美国政府被夸大的与整个非民主世界作战的意识形态所左右，倾力于输出美国价值观和反对恐怖主义等战略，却忽视了美国公众公共精神的消退和政治参与的缩水，政治权力日益被金融资本主义所把持，美国民主政体实质上在空洞化；经济上，推行"去工业化"战略，构想将低端、高污染和劳动密集型的生产环节放到发展中国家，而自己掌控高端和高利润的生产环节，却因为政治国家机器对资本尤其是金融资本的实际控制能力下降，导致国内经济结构失衡、失业率居高不下、贫富悬殊增大。从占领华尔街运动到占领华盛顿运动，经济上的困境、社会运动的兴起等必然对美国的政治生活形成压力，当下美国的现实社会矛盾已经敲响了现行美国民主政体危机的警钟。

对此，美国专栏作家鲍勃·海波特曾在《纽约时报》发文认为，"无论怎么定义，美国梦都已所剩无几"。虽然"美国梦"深陷危机，但是，当下乃至未来相当长的一段时间内，在军事、经济、意识形态（软实力）和政治实力等各方面，美国无疑将占据着压倒性的优势地位。[1] 美国所面临的国内国际种种危机，将通过美国各项制度的再次调整与适应得以解决？还是美国梦所蕴含的内部结构性矛盾将进一步恶化以至无法调和，最终导致美国梦的衰败？需要在未来的历史发展中得到验证。

第三节 "一国两制"与道路自信

中华民族的伟大复兴，并不仅指 GDP 概念的复兴，也不停留于制度层面的优劣问题，而主要指中华精神与理念的自信与复兴。基于这种自信，中国创设了"一国两制"。"一国两制"在不断实践中得以丰富和发展，是对人类和平发展的制度性创造，既符合包括香港、澳门和台湾人民在内的中国人民的共同利益，也符合人类追求和平、发展与共赢的共同利益。

一 "一国两制"的制度探索

用一国两制的和平方式而非军事手段解决领土问题是对人类历史的伟

① Michael Mann, *The Sources of Social Power* (Vols. 1 and 2), Cambridge University Press, 1986 and 1993.

大制度贡献。邓小平针对"一国两制"曾经如此解读,

> 我们的政策是实行"一个国家,两种制度",具体说,就是在中华人民共和国内,十亿人口的大陆实行社会主义制度,香港、台湾实行资本主义制度。①
>
> "一个国家,两种制度"的构想是我们根据中国自己的情况提出来的,而现在已经成为国际上注意的问题了。中国有香港、台湾问题,解决这个问题的出路何在呢?……如果不能和平解决,只有用武力解决,这对各方都是不利的。实现国家统一是民族的愿望,一百年不统一,一千年也要统一的。怎么解决这个问题,我看只有实行"一个国家,两种制度"。世界上一系列争端都面临着用和平方式来解决还是用非和平方式来解决的问题。总得找出个办法来,新问题就得用新办法来解决。②

香港与澳门都是"一国"前提下的"两制",都是爱国者治理前提下的港人治港/澳人治澳、高度自治的特别行政区。所谓爱国者,根据邓小平的定义是,

> 什么叫爱国者?爱国者的标准是,尊重自己民族,诚心诚意拥护祖国恢复行使对香港的主权,不损害香港的繁荣和稳定。只要具备这些条件,不管他们相信资本主义,还是相信封建主义,甚至相信奴隶主义,都是爱国者。我们不要求他们都赞成中国的社会主义制度,只要求他们爱祖国、爱香港。③

"一国两制"在实践过程中,遇到了这样那样的困难与问题,对此,可以香港为例进行分析。

1949 年以后,香港长期是中国内地与外部世界进行经济往来的"桥头堡"。香港的成功关键在于走了一条背靠中国内地、面向世界的独特经贸

---

① 《邓小平文选》第 3 卷,人民出版社 1993 年版,第 58 页。
② 同上书,第 59 页。
③ 同上书,第 61 页。

发展之路，被形容为"背靠内地、前店后厂，实现腾飞"。所以，香港能够成为国际金融航运中心是以内地作为巨大腹地为支撑的，其迅速发展和国际环境尤其是中国、亚太地区的经济发展状况和政治形势有着巨大的关系。

结合世界资本主义发展的大趋势和大周期来审视香港的发展历程，香港经济腾飞的20世纪50年代正逢西方世界较少受到世袭资本主义垄断的美好时期，个人通过奋斗可以向上流动是当时资本主义世界的共同特征。随着全球资本主义再次向世袭资本主义方向发展，在回归中国之前，香港的社会阶层已经趋于固化，已经逐步陷入了世袭资本主义和裙带资本主义的泥沼之中。

2014年5月，英国《经济学人》杂志发布的一份名为"全球裙带资本主义指数"的榜单显示，香港已成为全球裙带资本主义最严重的地方，财富集中度接近80%。所以，去除感性的悲情，从理性的角度综合上述两个方面进行判断，今天香港社会的贫富悬殊等诸多经济社会问题在相当程度上是全球资本主义结构性矛盾的产物。

曾经背靠中国内地实现腾飞的香港，却在中国崛起过程中多少陷入了迷惘，错失了及时进行阶段性战略调整的契机。原因何在？香港立法会主席曾钰成的一句话颇有深意，"香港回归前经济太乐观，政治太悲观"①。

经济腾飞时期的香港社会并不是一个西方意义上以竞争性选举政治为核心的社会，作为"亚洲四小龙"的成功典范，香港的管治体系被誉为香港成为"东方明珠"的重要原因之一，以法制社会为基础、通过行政吸纳政治被视为当时香港管治体系成功的奥秘所在。20世纪80年代起草《香港基本法》的时候，正值西方国家主导世界话语权、新自由主义占据霸权地位，因此"小政府、大社会"的管治模式具有高度的"政治正确性"。

由于"政治上太悲观"，中央政府当时以保持原有制度不变为由，并未对香港特区政府的政治制度进行前瞻性设计，而是继承过去港英政府的管治理念，就是奉行新自由主义的放任型政府。并且，一定程度上将资本主义制度与资本家治理等同起来。但是，这种管治理念与体系在回归后的实际运行中陷入了重重危机，使其缺乏足够意愿、自信、能力和知识储备

---

① 《香港立法会主席曾钰成：未来三年是香港最关键时期》（http://www.thepaper.cn/www/resource/jsp/newsDetail_forward_1253292_1）。

进行及时战略调整。

第一，香港回归之前，港英政府对香港进行民主化改造，立法会的议员都变成由选举产生。回归后，精英政治路线主导下的竞争性选举政治成为香港议会的核心内容，使得秉承放任管治理念、具有浓厚政商结合色彩的香港行政主导体系面临制度性障碍。

第二，香港特区政府拥有行政管理专才但是缺乏政治人才，难于满足"一国两制"框架下特区政府政治职能的要求，对香港社会进行有效行政主导管治的能力有限，特别是由于"经济太乐观"，应对资本主义结构性矛盾的意愿和能力有限，缺乏也并未及时培养相应人才，构成了香港管治体系的"先天不足"。

第三，香港人曾经对改造"政治上太悲观"的中国内地政治具有雄心，认为自己的价值体系和管治体系等所具有的先进性可以带动整个巨大母国的变化和发展。但是，回归之初在中央政府帮助下，香港才得以渡过了亚洲金融危机和SARS等危机，让改造母国的雄心所具有的现实基础受到怀疑。随着国际势力的此消彼长，香港人和欧美世界一样，发现自己"经济上太乐观"，香港经济不得不越发依赖于体量迅速增大的内地经济，这种失落感使得香港人增强了自我保护意识，成为"悲情本土意识"的来源之一。

第四，一国两制本身处于不断完善之中，中央政府对香港的繁荣与稳定负有最终责任，但中央政府未对香港进行直接管治，主权与治权的关系、中央政府与香港特区政府的职责权利的界定与区分长期处于摸索和调适阶段，使得香港管治机制的不确定因素增加。

第五，香港的部分大资本家族因为与内地经济的融合而迅速膨胀，香港本土产业空心化和结构单调凸显，并导致房价暴涨、社会运行成本过高、中产阶级萎缩和贫富差距扩大等问题。香港现行精英政治背后的大资本家治港实质，事实上阻碍着香港的民主化。建制派打着爱国爱港旗号，但以商界人士为主导，在政治光谱中本能地偏右、维持既得利益格局，使其民族主义和本土道德大旗的号召力下降。老左派由于既要符合爱国爱港要求不与特区政府发生直接冲突，又要代表中下阶层利益，使其代表能力事实上也在下降。

第六，香港自身的种种"先天不足"和国际政治格局的大重组、资本主义经济结构性危机大爆发等"环境不利"相结合，使得原本复杂的香港去殖民化过程增加了更多不可控因素，特别是越来越直接的外部力量干预，让艰难的人心回归过程变成了中西两种价值体系和制度体系对峙的"前线"。因为这种对峙，原本模糊的"爱国爱港"口号变成了亲近中国与反对中国的壁垒分明。①

从上可知，香港在回归后经历着三重博弈：第一个是全球范围内资本力量与政治国家之间的博弈；第二个是香港大众民主化与精英政治之间的博弈；第三个是国际势力与中央、特区政府之间的博弈。香港社会的悲情，某种意义上说明，香港整体性的发展陷入停滞、社会流动性降低等，使香港人的自信受到了打击。

中央政府强调三个自信，具体到香港问题，应该体现为在坚持"一个中国"和法治社会的前提下，对香港不同意见的广泛听取，在此基础上对包容与互鉴香港的各种利益群体，并逐步理顺主权与治权的关系。绝大部分香港人其实深知，香港繁荣的继续离不开中国内地。那么，不要刻意让"两制"淡化了"一国"所具有的强大能量，让香港发展战略融合到中国整体发展的大战略之中，让香港梦成为"中国梦"的有机组成部分。

二 "一国两制"的道路自信

如何让不同制度在同一国家内部的不同地区得以和平共处？这本身就是人类制度史上极为罕见的探索与实践。既然是探索，出现各种问题与不足是应有之义，重要的是有改正问题的决心与能力。在改正问题的过程中，往往容易被少数人的更大声音所包围，所以更应当注意主动去倾听沉默的大多数的心声。被少数人牵着鼻子走，实际上也是对大多数人利益的漠视乃至侵犯，而能够坚定这种正确立场的基础就在于道路自信。

尽管中国领导人一再强调自己不会施行霸权主义，但从文明源头和制度体系两个方面考量，中国都与西方具有太多的异质性，这种异质性决定了，中国的崛起本身，即使不和霸权政治发生直接冲突，也是对西方文明所主张的西方中心主义的普世性的变相否定。能够不通过战争，用一国两制的办法收回香港和澳门，这是中国对世界的创新性制度贡献，体现了中华文明的包容性；也因此，一国两制的成功与否对中国的崛起具有重要意

---

① 徐晓迪：《"一国两制"框架下推进香港的人心回归》，《中央社会主义学院学报》2015 年第 1 期。

义。然而，对于坚持"非我族类，其心必异"的普世价值论而言，这种包容性制度创新无疑是一个新的威胁与挑战。因此，港澳台地区各种社会运动背后外部势力的影子越来越明显是大势所趋。

由中国大陆、香港、澳门和台湾共同组成的中国，其体量之大、其民意基础、其政治传统决定其发展不能被外力所左右，必须是以完全主权为前提的。虽然两岸四地在政治体制方面各不相同，但是，追求更美好生活的诉求却是共同的。基于"包容"与"团结"，进行广泛而深入的交流，有利于推动各方民众从政治层面、经济层面和社会层面立体地了解和理解对方，形成良性互动。

正如中国香港经济的腾飞是由于中国内地以香港为窗口与西方世界进行交流，那么，中国台湾经济曾经的辉煌也与美国援助、越南战争等紧密相关。中国台湾和香港都并非完全源自内生力量而获得腾飞，中国大陆的实力不断增强、中国台湾作为曾经的"亚洲四小龙"却一路走低：面对今天体量越来越大的中国大陆经济，中国台湾能够作出的选择只能是融入整个大中华经济圈之中。

如果说陈水扁当年以炒作"蓝"、"绿"意识形态作为上位之道，那么十几年来的蓝绿恶斗已经让台湾民众心生厌倦。中国台湾经济的委顿不前、台湾 GDP 增长和台湾民众收入之间的差距等，让"经济平等"越来越成为台湾民众在选举中的主要诉求。台湾的选民结构发生了变化，年轻人占据的比例上升，而年轻人对就业的关注与失望、对前途的经济平等问题的关注和反感等，都成为台湾地区政治走向的决定性因素。

自李登辉时代以来，随着陈水扁的"台独"努力和马英九的"独台"态度，近二十年来有关统独问题的讨论，已经从采用何种方式实现统一变成是否统一的问题。蔡英文担任台湾地区领导人之后，两岸关系的各种不确定与不稳定因素都在增加。在这样一种"台独"势力事实上不断增强的过程中，一方面，中国大陆对台湾从经济上不断加大"供血"力度，如台商在中国大陆享有各种优惠、大陆游客访台等；另一方面，台湾政治在统一已经具有绝对政治不正确性的情况下，无论"蓝"、"绿"已经只不过是"独台"与"台独"之分，台湾人民深陷各种拟制的争吵议题之中：省籍、蓝绿、统独……这就形成了两岸关系与岛内政治、经济力量与政治力量的各种复杂纠缠。

与上述两岸关系、政经利益复杂纠缠同时存在的是，反中和反权贵两种情绪矛盾地结合在一起，使得中国大陆对台湾的经济支持变相成为对台湾权贵、资本力量的支持，反过来更强化了台湾民众特别是台湾年轻人的反中情绪。仰仗蓝营、依靠台商的思路，已经与台湾本土社会内部利益诉求之间发生了冲突，这是值得反思和警惕的一个重要问题。

有很多学者认为中华文化圈有自己独特的社群文化条件，"贤能政治"长期是中华文明的政治制度基石；但是也有人相信，台湾的民主化能够成为中国大陆政治转型的参照模式，甚至是可以借鉴与采纳的社会与政治模式。对于两岸四地而言，台湾的民主实践以及由此形成的"东亚政治发展模式"具有一定的参考意义。

在探讨台湾民主政治向和平理性发展的积极意义的同时，应当打破对西方民主政治竞争式选举的迷信，应当打破对西方理论普世性的迷信，并应当重视对中国大陆政治自身的民主探索与实践的分析和总结。在资本主义制度和西方民主政治面临种种结构性困境的今天，民主是目的还是手段这个老问题被再拾，因而，对中国大陆民主发展路径和文化价值的理论总结尤为具有时代意义。

如何基于中华文明的传统与现实，审视两岸四地各自发展路径的异同，走出全球化和现代化背景下政治国家的普遍治理困境，避免陷入资本自由限制个人"公平的自由"的西方民主政治结构性矛盾，探索中华文明的当代民主模式，赢得两岸四地人民的基本认同，才是两岸得以和平统一、"一国两制"得以稳步发展的基石所在。

第三章

中国共产党的领导与美国两党政治

领导中国民主主义革命和中国社会主义革命这样两个伟大的革命到达彻底的完成，除了中国共产党之外，是没有任何一个别的政党（不论是资产阶级的政党或小资产阶级的政党）能够担负的。

——《毛泽东选集》第 2 卷，人民出版社 1991 年版，第 652 页。

中国共产党是全中国人民的领导核心。没有这样一个核心，社会主义事业就不能胜利。

——《毛泽东选集》第 5 卷，人民出版社 1977 年版，第 430 页。

……美国人早就向欧洲世界证明，资产阶级共和国就是资本主义生意人的共和国；在那里，政治同其他任何事情一样，只不过是一种买卖。

——《马克思恩格斯文集》第 10 卷，人民出版社 2009 年版，第641 页。

"无论一个人是否喜欢，实际上都不能完全置身于某种政治体系之外。……处处都会碰到政治。"[1] 但是，不同社会有着各自的政治体系，并且在不同发展阶段不同的政治体系会有各自的发展与变化，中国和美国也概莫能外。

随着西方话语体系霸占世界话语权，自 1942 年熊彼特发表《资本主义、社会主义和民主主义》之后，民主在理论上日益被限定为多党（两

---

① ［美］罗伯特·A. 达尔：《现代政治分析》，王沪宁等译，上海译文出版社 1987 年版，第1 页。

党）之间进行的自由的竞争性选举。实践中，威权主义和民主国家的对立，由于"威权"和"民主"两个概念本身的模糊性和不确定性，已经逐渐演变为"坏政府—好政府"的对立。民主在感性认识上等同于"好政府"和在理论上等同于"竞争性民主"的狭隘界定，使得对60多年来中国共产党领导下的中国政治的变化与发展，总是以"威权主义"一叶障目，看不到其内部政治资源的分布方式所发生的巨大变化。①

中华人民共和国成立以来，在中国共产党领导下，根据自己的基本国情建立起了中国特色的现代政治制度。"中国难于理解，因为她的政治制度是全然不同于西方文化和西方文明的结果。"② 过去60多年来，西方世界倾向于用威权主义来形容中国政治制度，却不得不承认中国在过去60多年来所取得的发展成就，这就给"坏政府—好政府"和"非竞争性民主—竞争性民主"这两对具有对立性的预设是否成立构成了疑问。

美国实行三权分立与制衡相结合的政治制度和两党制的政党制度，西方式民主并非只有美国的联邦政治体制这一种类型，"'民主'涵盖了从古代雅典大众政府到现代代议制政府的多种政权形式。即使在现代西方所谓民主中，也存在着熊彼特的多数原则民主理论和凯尔森的宪政民主理论为代表的理念冲突与制度竞争"③。随着政治极化问题在今天的美国日益凸显，参与式民主与以政党政治为基础的竞争性民主、大众民主与精英民主等的对立也日益强化。

因此，用"威权/专制—民主"的二元区分法不足以界定中国共产党领导下的中国政治和两党政治为核心的美国政治二者的性质差异，反而应当从不同政治制度本身的治理能力、调整与适应能力等多个维度进行审视，对中国特色社会主义制度所具有的独特优势与面临的挑战进行深入思考。

第一节　政治传统与政治正当性

"民主"一词源于古希腊文，意为人民的统治或权力，以与由一人

---

① 王绍光主编：《选主批判：对当代西方民主的反思》，欧树军译，北京大学出版社2014年版，第1页。
② 《突破西方政体类型学的当今中国政治制度——国际知名学者帕斯夸里·帕斯奎诺谈中国政治制度》，《光明日报》2013年8月20日。
③ 同上。

掌权的君主制和少数人掌权的贵族制相区别。卢梭的人民主权论与"民主"的原意更接近,但在西方民主制度发展实际中,精英民主论的影响更大。例如熊彼特认为,"民主并不是指,也不可能指,按照'人民'和'统治'这两个词的明显意义说的人民是确实在那里统治的意思"。[①]塞缪尔·亨廷顿在其《第三波——二十世纪后期民主化浪潮》一书中则直接强调,竞争性选举是民主的唯一本质。[②] 而针对中国的民主发展路径,王绍光认为:"真正的民主是个好东西,人民当家作主是真正的民主,因此人民当家作主是个好东西。"[③]

丹尼尔·贝尔曾经说过:"社会群体鉴别一个政治制度是否合法的依据,是看它的价值取向如何和它们相吻合。"[④] 作为政治的一个价值判断,政治正当性是源自近代欧洲的概念,被认为是一个政权存在、持续、稳定与发展的基础和前提。按照西方政治学的观点,执政正当性问题的实质是一个国家的人民承认并接受一个政权的管治。从对其实质的分析可以看出,主要有三个关键点:第一,国家;第二,人民;第三,这个国家的人民对这个政权的承认和接受管治的意愿,换而言之,民意。

有研究称,正当性思想最早出现在古希腊的政治思想中,例如亚里士多德对于政体的分析,尽管被统治者的自愿认可在亚里士多德的理论体系中的地位并不重要。马克斯·韦伯将其区分为"价值正当性"和"工具正当性",前者是分析社会的政治系统和政治伦理的参照基点,后者是人类在"价值正当性"的基础上对政治发展做出的制度创制和组织创制。[⑤]

无论怎样对民主进行界定,无论是追求实质还是形式的正当性,都由其所属的社会群体根据其价值取向来判定。诚然,自熊彼特之后,西方的"民主"完成了从"人民统治"向"人民选择统治者"的转型。但是,19

---

① 〔美〕约瑟夫·熊彼特:《资本主义、社会主义和民主主义》,绛枫译,商务印书馆1979年版,第337页。

② 〔美〕塞缪尔·亨廷顿:《第三波——二十世纪后期民主化浪潮》,刘军宁译,上海三联书店1998年版。

③ 王绍光:《超越选主——对现代民主制度的反思》(http://wen.org.cn/modules/article/view.article.php/1088/)。

④ 〔美〕丹尼尔·贝尔:《资本主义文化矛盾》,赵一凡等译,生活·读书·新知三联书店1992年版,第232页。

⑤ 〔德〕马克斯·韦伯:《社会与经济》,林荣远译,商务印书馆1997年版,第56、239页。

世纪末大众民主在欧洲萌芽之时，欧美知识界对于民主危机的各种哀叹，印证了西方精英民主的根基深厚。相反，人民主权的概念因为和中国的民本和大同等思想更为接近，所以在中国得以广泛接受。这说明一个社会群体的价值取向是历史与现实相结合的产物，因此，政治传统与政治正当性之间的联系是"中国梦"和"美国梦"都绕不开的话题。

一 政治传统与政治建设

中国现行政治制度包括人民代表大会制度、民族区域自治制度、基层群众自治制度及中国共产党领导的多党合作和政治协商制度等，其中，坚持中国共产党的领导是其制度的核心。1787 年美国宪法规定：美国是联邦制国家，政权组织形式为总统制，实行三权分立与制衡相结合的政治制度和两党制的政党制度。美国政治制度的理论基础是"天赋人权"学说和"三权分立"原则，政权体制实行分权制衡和法治原则。

两个国家不同的政治传统决定了今天不同的政治制度，而今天各自的政治制度是否能够加强自身的政治建设，决定了现行政治制度的存续与发展与否。

（一）打铁还需自身硬

1840 年以来，真正对传统中国的政治治理、经济组成、社会结构和意识形态进行根本性改造的是中国共产党。

从怎么治理国家的角度，王绍光将中国共产党对中国的领导分为三个阶段：第一阶段是 1956 年前，解决了治国能力的问题，也就是解决了中国共产党作为一个政治力量统治中国这片国土的问题；第二阶段是从 1956年到 1990 年，解决了政府管理的问题，也就是由中国共产党领导的中国政府全面管理国家、不让其他力量参与的问题；第三阶段是从 1990 年到现在，要努力解决国家治理的问题，一方面，政府要放权，让其他力量参与国家管理；另一方面，还要保持和巩固国家能力。两者结合才能真正做到政府该管的管好，不该管的不管，避免国家出现乱局；才能实现国家治理体系和治理能力现代化。①

在这三个阶段中，中国共产党为何具有对中国的强大领导能力？原因

---

① 王绍光：《国家治理与国家能力——中国的治国理念与制度选择》（上），《经济导刊》2014 年第 6 期。

很多。这种强大领导力与中国政治制度的民主性是否有关联？王绍光认为，"从政体的角度看，民主与否的关键在于，政府是否有代表性（representativeness）？但从政道的角度看，民主与否的关键在于，政府能在多大程度上回应人民的需求（responsiveness）？"①

对政府的回应性构成影响的因素有很多，其中政府自身的廉洁与效能是重要因素。"打铁还需自身硬"，目前腐败问题是中国共产党自身政治建设面临的一个重大挑战。从中国共产党如何将中国政治传统与自身建设相结合，进行反腐败的角度，可以对中国共产党如何保持自身的回应性进行解读。

中共十八大报告提出了坚定中国特色社会主义的道路自信、理论自信、制度自信。这种自信不仅仅来自于中国共产党自身提出的口号，更应当来自于中国共产党所具有的强大代表能力而形成的底气，还来自于基于这种底气而具有的对话语体系和价值体系所具有的掌控能力和创新能力。对于这种底气和能力的形成与巩固，反腐能否成功是关键所在——这也是习近平对腐败问题所具有的强烈危机意识的原因所在。"打铁还需自身硬"目前遇到的最大挑战之一就是腐败问题。

晚清以降，各种西方思潮在中国纷至沓来，为何以马克思主义为旗帜的中国共产党会夺取政权并且对中国社会有如此强大的改造能力，对此众说纷纭。其中一种观点认为，中国传统文化积淀中的大同思想是马克思主义与中国传统文化的一个重要的契合点②；另有观点认为，马克思主义强调人民群众是历史的创造者与中国传统文化中的"民本"思想之间存在互通性③；也有观点认为，马克思主义观念中"平等"思想与中国传统"均平"意识之间有着紧密联系④……回顾战争年代中共提出的"打土豪、分田地"等口号，毛泽东所力主的"全心全意为人民服务"等要求，这些观点不无道理。自 1921 年中国共产党成立到 1949 年中华人民共和国成立，中国共产党与共产国际和苏联等的复杂关系表明，中共经历了各种挫折与反复后摸索出了"马克思主义中国化"的道路与话语体系，也是对中国人

①　王绍光：《政体与政道：中西政治分析的异同》，《理想政治秩序：中西古今的探求》，生活·读书·新知三联书店 2012 年版，第 75—124 页。

②　吴雁南等：《中国近代社会思潮》第 2 卷，湖南教育出版社 1998 年版。

③　张岱年、程宜山：《中国文化与文化论争》，中国人民大学出版社 1990 年版。

④　李振宏：《中国古代均平文化论纲》，《学术月刊》2006 年第 2 期。

民自己的需要进行回应。

反腐败机制具有关乎中国共产党和中华人民共和国"生死存亡"的重要性，而中国的政治传统、中共建国的政治正当性基础等因素构成了这一重要地位的政治基础、思想基础与社会基础。以史为鉴，为了让中国共产党建立的新政权有能力改造与建设中国社会，实现政治清明是其重要使命。因此，新中国成立初期，中共通过道德宣传教育、结合政治运动、构建监督体系和发挥典型作用等方法，例如被称为"共和国反腐败第一案"的刘青山、张子善贪污腐败案，建立起反腐倡廉机制。可以说，反腐败是毛泽东领导中共建立的新政权获得中国社会群体对其合法性与正当性认可的重要来源之一。这一阶段，基本靠政府来进行强制性的积累，把各种人力、物力、财力资源集中起来，能够集中力量办大事。

邓小平将经济发展和物质生活水平的提高作为政治参与的经济前提，废除了以阶级斗争为纲的路线。这种对政治参与的经济前提的设定，使得经济发展成为头等要务，也就是"以经济建设为中心"。"让一部分人先富起来"和政府大力宣传的各种发财致富的范例使得逐利成为一场全民运动，一定意义上，构成对中国民众突破"士农工商"社会传统、接受市场经济意识的启蒙。

中国与西方世界的巨大差距、美国倡导的普世主义的全球战略、学习西方先进经验以求发展的急切心情等的结合，"以西为鉴"的思潮在改革之初再度涌起，而这次的西方主要指以美日欧为代表的西方资本主义发达国家。经历了毛泽东时代和邓小平时代从不同方面的改造，中国的传统文化所具有的影响力式微，"中国不如西方"的声音具有强大的力量。

1997 年之后，中国的所有制结构发生大规模变化，中国社会逐步形成了利益多元化的社会格局，政府不用全面管理经济、经营经济了，政府只需要进行规划和审批等。同时，政府对推进经济发展所发挥的主导作用，使得权力寻租行为普遍出现，官员腐败现象日益严重，甚至"权钱结合"开始普遍化，被批评为"像癌症一样侵害我们社会"，中国社会的丛林化使得相当部分民众尤其是工人和农民具有强烈的不平衡感甚至被剥夺感。

2008 年在西方世界爆发的国际金融危机使西方经济体陷入泥沼，中国的发展更令人瞩目。英国《金融时报》专栏作家吉迪恩·拉赫曼在其《为

什么有的国家会衰落?》一文中指出,美国各界不假思索地认为美国体制
具有优越性,欧洲也遇到了类似的问题,所以导致其衰落。该文也指出中
国体制"具有腐蚀性的腐败问题"。①

中国的经济发展成就在客观上已经是难于否认,甚至被联合国认定为
"中等偏高收入国家";中国的政治活力也被福山等西方学者在不同程度上
认可。这说明"以西为鉴"相对"以史为鉴"的优势地位有所动摇。近年
来,在廉洁指数、幸福指数等各种新指数的指导下,腐败问题被"西方中
心主义者"上升到证明中国现行政治体制具有原罪、必须接受普世主义改
造的高度,从另一个角度被援用来印证"中国不如西方"。

如果仅有外部利用腐败议题进行炒作,其影响力是有限的。关键在
于,中国目前所面临的腐败问题,已经成为中国民众所高度关注和严重不
满的弊病。腐败问题不仅仅与中国的政治传统相悖、与中国共产党的政治
正当性基础相悖,还危及中国共产党的代表能力与对话语权的掌握能力。
这一方面导致了对中国发展成就评价的"内冷外热",另一方面也形成了
腐败问题成为关乎中国共产党"生死存亡"的现实基础。

中国的整体改革现已进入攻坚期和"深水区",由于利益的多元化,
掣肘改革的力量也在增强,招致利益受损的既得利益者的阻碍和反对。改
革既然已经不再可能使所有人受益,那么,在有着数千年"不患寡,患不
均"传统的中国,任何改革举措都无法赢得满堂喝彩。尽管腐败问题已经
是众矢之的,如何治理腐败是又一场利益博弈和理念博弈的开始。

2012 年以来,中国共产党打出一系列反腐"组合拳",反腐力度是改
革开放以来最强的。反腐败斗争形势依然严峻复杂,引向深入必然会遇到
各种阻挠和反弹。但是,反腐败是符合中国政治传统、政治现状和中国共
产党自身根本利益的要求的。从这个意义上说,反腐败既是中国共产党自
身建设的重要环节,也是其对人民需求的回应。

(二) 个人梦到国家梦

1620 年,"五月花"号上的朝圣者们由于该船没有在英国政府建立
的弗吉尼亚殖民地登陆,内部又存在着宗教信仰上的分歧,所以自己起
草并通过了一份被称为《五月花号公约》(*Mayflower Compact*) 的协议。

---

① [英] 吉迪恩·拉赫曼:《为什么有的国家会衰落?》 (http://www.ftchinese.com/story/
001049139)。

该公约要求移居到新大陆的人们秉承清教徒的宗教信仰，同意创建并服从一个基于被管理者的同意而成立并且按照多数人的意愿依法进行治理的政府。① 这是北美大陆的第一个社会契约性质的政治文件，奠定了新英格兰各州自治政府的基础，也构成了后来美国宪政民主的雏形。②

清教徒将财富视为上帝恩宠的象征，以富裕为荣。但发财梦是英国殖民者们的梦想之一，他们主要的动力是，致力于在新大陆建成一个以清教徒理论和政治原则为指导的基督教联邦。清教徒思想中的否定当然权威、追求平等与民主、强调勤奋精神等促进了理想主义美国梦的形成。清教徒们建立"山巅之城"的各种实践在很大程度上与欧洲的种种历史积怨进行了切割，致力于再建一个负有神圣使命的新基督教文化：布拉福德和温思罗普等殖民者精英都把宗教，特别是基督教精神，作为政治活动的基础——为了促进神圣意志，教会和政治二者的目标被融合到了一起。这种清教徒的"上帝的选民"的使命感，为彼此相对独立的殖民地形成集体认同，最后形成美利坚合众国提供了思想基础。③

就清教徒的宗教自由梦对美国历史的影响，有两种不同学说。阿尔斯特罗姆（Sydney Ahlstrom）认为美国的宗教故事是新英格兰清教徒主义的扩大，真正影响美国历史的是新英格兰所代表的清教徒运动。④ 另一种学说以米德（Sidney Mead）为代表，他认为清教徒与后来的福音运动对美国主流政治无关紧要，美国真正的宗教是"共和国宗教"。⑤

但是，尽管清教徒们首创了"美国梦"中自由、民主和个人主义的传统，在新英格兰所代表的清教徒运动内部，清教徒们就宗教与公共生活的

---

① 该公约创立了后来美国的一个重要思想，即在同一个社会里的所有公民有自由结社的权利，并建立民治的政府，可以通过制定对大家都有利的法律来管理自己。

② 《五月花号公约》（*Mayflower Compact*）是前往北美洲新英格兰殖民地的 102 名英国清教徒在上岸之前，其中的 41 名成年男子于 1620 年 11 月 11 日在"五月花"号船上签订的政治声明。该公约称："……我们在上帝面前共同立誓签约，自愿结为一民众自治团体。为了使上述目的能得到更好地实施、维护和发展，将来不时依此而制定颁布的被认为是对这个殖民地全体人民都最适合、最方便的法律、法规、条令、宪章和公职，我们都保证遵守和服从。"

③ Ann W. Duncan & Steven L. Jones (eds.), *Church-state Issues in America Today: Religion and Government*, Westport: Praeger Publishers, 2008, pp. 107 – 110.

④ Sydney E. Ahlstrom, *A Religious History of the American People*, New Haven, Yale University Press, 1972.

⑤ Sidney Mead, *The Nation with the Soul of a Church*, Harper & Row, 1975.

关系、个人的价值取向等并未达成完全一致。① 而新英格兰之外不同地区的殖民者由于其来源的多元化，受到更多不同宗教派别的影响，例如荷兰加尔文主义、英国国教、路德主义、天主教、犹太教等。北美大陆成为各种不同教派教徒的宗教避难所，这一阶段"美国梦"在价值追求方面的多元化播下了美国宗教多元主义、宗教宽容以及后来保守主义与自由主义之间政治分立的种子。

美利坚合众国的成立，把美国人的梦想政治化和法律化，并获得宪政联邦共和制的保护。个人层面的"美国梦"是国家层面的"美国梦"的基础：移民们对物质财富的追求，在美国资本主义高速大规模的发展中具有极大的推动作用；清教徒对自由的追求，在美国独立和美利坚民族意识的形成过程中发挥了关键性作用；对把世界从"苦海"中拯救出来的政治神学使命的追求，是美国与外部世界的关系中坚持其强权政治和双重标准的意识形态根源。回顾美国历史，追求宗教自由的清教徒们是"美国梦"的思想之源，资本主义则是"美国梦"诞生的政治和经济基础。

18 世纪的美国独立战争是国家层面的"美国梦"的开始，是寻求民族独立之梦。而从《独立宣言》到南北战争后的重建过程，则是近一个世纪的实现美国建国梦的艰难过程。

深受共和主义、启蒙运动的自然法和洛克的社会契约论思想的影响，由杰斐逊起草、历经多次辩论和妥协才得以宣告的《独立宣言》是阐述个人层面的"美国梦"（保护个人自由）和国家层面的"美国梦"（建立民主政府）二者关系的第一个宪法性文件。首先，该宣言宣告了美国的独立，以求赢得其他欧洲国家的认可和获得平等的国家地位，这是国家层面的"美国梦"。其次，该宣言认为美国政府立足于保卫"天赋人权"，从根本意义上否定了政教合一政权的可能。再次，该宣言对"天赋人权"的内涵界定为生命权、自由权和追求幸福的权利，这宣告了政府对保护个人梦想的责任。

但是，对上述三种"由人民平等地享有的不可让与的权利"，该宣言

---

① 走中间道路的"五月花"号领导者布拉福德总督和坚持严格清教统治建设"山巅之城"的温思罗普罗总督之间就民主之梦和精英之梦存在分歧。此外，杰·威廉斯（Roger Williams）坚决反对政教合一政策，反对清教徒施行的宗教专制，建立了罗得岛的新殖民地，并在那里推行政教分离的政策。威廉·佩恩（William Penn）建立了费城，他所施行的宗教自由政策吸引了大量来自德国的新教教徒。

并没有明确，美国政府到底应该把保障人们追求生命权、自由权等自然权利当成义务，还是应该把帮助人们获得具有强烈个人主义色彩的幸福权作为自己的责任，只有转而将机会平等视为美国与欧洲旧大陆的不同之处。最后，《独立宣言》所称的人生而平等的理想，局限于部分白人男性；杰斐逊所主张的谴责奴隶交易的文字由于与当时的奴隶制相冲突也被删除。当然，《独立宣言》所宣扬的追求平等的理想给美国未来改善种族平等和促进社会阶层之间的流动等奠定了基础。整体而言，《独立宣言》将抽象的理论思维和价值追求，上升到了具体的政治权利和原则的高度，这是支撑"美国梦"的重要精神支柱之一。

美国独立战争并非社会革命，因为其既没有改变北美殖民地社会的阶级结构，也没有改变其经济结构。对美国人来说，一方面要赢得这场内外相互作用的独立战争；另一方面，需要创立新的政治制度，将殖民地转变为共和州，建立起有足够能力的联邦政府来代替松散的邦联以维护其共同利益。尽管《独立宣言》和各州相继修改的宪法都承认人民是主权拥有者，但实际上获得选举权有财产资格、性别等各种严格限制，所谓的人民代表性存在巨大局限性。因此，制宪会议、成文宪法和公民批准（人民批准）等使这个新生国家赢得其合法性地位的民主历程，其全民性遭到批评，被比尔德认为是"希望从中获得利益的一个经济集团的产物"。①

经历了联邦党人和反联邦党人之间的激烈斗争，1787年通过的美国宪法开篇就表明美国政府乃是人民为了保护自己权利而立约组建的。不可否认的是，该宪法确立了美国的中央政府在其有限的权力范围内对美国全体公民具有全面的和强制性的效力。为了平息反联邦主义者对一个过于强大的中央政府的恐惧，美国只能通过制定宪法来建立一套监督和制衡的分权政权体制，以建立一个联合国家。并且，美国的开国元勋们认为政党是欧洲旧政治的产物，力图将政党及政治派别排除在政府管理制度之外，希望通过分权、制约和平衡原则以及由选举团间接选举总统等各项宪法规定来安排美国的政治制度。②

这套分权体制表现为横向与纵向两个方向的分权：横向是立法权（议

---

① Charles Austin Beard, *An Economic Interpretation of the Constitution of the United States*, New York: Dover Publications, Inc., 2004, p. 17.

② 徐斌：《政党在美国政治生活中的作用和影响》，《当代世界》2010年第3期。

会）、执法权（总统）和司法权（最高法院）之间的分权，纵向是联邦政府和州政府之间的分权。① 虽然麦迪逊等制宪者希望依靠这样一套"利益制衡利益"的机制来保护少数人的权利，但是，由于对奴隶的法律定位的模糊化和妥协性，1787 年美国宪法对人生而平等原则的保护并不彻底。② 由于当时印第安事务属于外交，印第安人不被认为是美国人，因而当然不具有美国公民资格。1791 年的《权利法案》（又称《人权法案》）以宪法修正案的形式被加入到宪法中去，包括言论、新闻、宗教与集社等方面的自由与人民的基本权利，又订明了政教分离原则。③

　　19 世纪初，美国以财产多少来判定是否拥有选举权和被选举权资格的规定被取消，越来越多的男性拥有了选举权，美国成为移民的"乐土"。但是，对政府的定位和如何实现对公民权利的保护等根本性问题，美国政治内部不断发生意见分歧。尽管具有清教传统的美国人赞同共和主义，认为公共利益应当置于私利之上，政党和宗派也被麦迪逊等认为与私利有关；但是，在美国宪法承认结社自由的前提下，基于对"美国梦"的不同理解，不同政治党派相继出现，到 19 世纪 30 年代，政党已牢牢植根于美国政治生活中，党争也此起彼伏。

　　最早的党争是联邦党代表汉密尔顿和后来创建民主共和党的杰斐逊之间的矛盾：汉密尔顿主张国家主义、重工主义和精英统治，极力将美国经济引向资本主义道路；而杰斐逊的理想则是自耕农的农业国，希望建成一个基本平等、自由和由独立的生产者组成的民主社会，谴责工业资本主义带来的不平等、不自由和堕落。曼利认为这两个人的对立源自于，汉密尔顿是美国梦和精英梦的支持者，而杰斐逊坚持其民主梦。④ 后

---

①　Susan-Mary Grant, *A Concise History of the United States of America*, New York：Cambridge University Press, 2012, pp. 134 – 135.

②　在制宪者们看来，自由和财产是不可分割的。但是，当时奴隶的定位是财产，那么废除奴隶制就是对财产权的剥夺，也是对自由的限制。由于南部各州奴隶众多，废除奴隶制将会动摇南部的经济和社会制度，因此招致南部各州的强烈反对。作为妥协，他们将奴隶一词改用中性的"人"来进行称呼。

③　尽管明确规定了政教分离的原则，基于美国梦的宗教渊源，宗教与政治的紧密结合不仅仅表现在政治运行层面，还体现在宪法层面：对宗教自由的保护，不仅是联邦政府的责任，而且通过四次宪法修正案也适用于国家的宪政责任。并且，宗教因素在美国政治史上发挥了显而易见的巨大作用。

④　John F. Manley, "American Liberalism and the Democratic Dream：Transcending the American Dream", *Policy Studies Review*, Vol. 10, No. 1, Fall 1990, p. 94.

来历经多次政党变革和当政，美国形成了稳定的共和党和民主党组成的两党制政治格局。①

两百多年来，美国作为一个主权实体代表着美利坚民族的整体利益。从美国国内发展史来看，美国境内的白人定居者在实现创业和梦想的同时，有色人种遭受征服与剥夺；西进运动创造西部神话、从平民到富翁的富兰克林等种种美国梦的成功范例背后，是相继出现的各种深刻的社会问题、精神伊甸园的失落、经济危机与政治困境等。然而，从林肯的废除黑奴制与《太平洋铁路法》到进步时代的完成国家治理结构转型、从罗斯福新政到民权运动……美国的政治、经济和社会制度在历史上曾多次展现其强大的调整和适应能力。

美国民主政治制度曾经被杰斐逊称为"世界最美好的希望"。但是，美国自建国以来就是通过政治组织社会和通过经济（资本）组织社会二者并重，例如美联储是私人性质的中央银行，美国的货币发行权并未为美国政府所掌控；美国政治制度的运行追求程序正义而忽视实质正义，追求政治民主而忽视经济民主。2010 年美国最高法院判决取消《联邦竞选财务法》，被批评为使美国政治陷入困境之中，不可靠和无法追溯来源的政治捐金将控制美国的选举。在资本不受约束的全球化流动的时代，政治权力日益难于制约资本力量，资本的肆意性正在破坏其政治的民主性，美国政府陷入国债危机和否决政治的困境之中，无力提供解决当前各种问题的有效方案，"美国梦"已经不足以阻止其自身社会分裂的趋势。

二　吸纳包容与政治极化

按照美国梦所规定的政治正确性，只有符合美国价值和根据该价值所设定的标准而建立的民主政权才具有正当性基础，而选举政治更被认为是这种民主制度的核心。在这种强大的宣传攻势甚至直接干预之下，其他政治形态的权力正当性来源长期遭受怀疑和批评。

---

① 19 世纪上半叶，安德鲁·杰克逊组成独立的"民主党"，余下的民主共和党人便改称"国家共和党"，尽管两党之间并没有根本分歧，但延续了六位总统的精英统治面临杰克逊式大众政治的挑战。后来，国家共和党改称辉格党，但由于将民众视为"暴民"，屡遭挫败。在对待奴隶制的问题上，民主党和辉格党内部各自按地域分裂为南北两派。民主党以南方为大本营，最后成了支持奴隶制的党。辉格党淡出，北方成立新党——共和党。

根据熊彼特的定义，"民主方法是为达到政治决定的一种制度上的安排，在这种安排中，某些人通过竞取人民选票而得到做出决定的权力"。①他把民主定义为，一些个人通过竞争人民选票来获得（公共）决策权的制度安排。但是，

　　　　竞争式选举并非政治纠错的最佳途径，竞争式民主也并非放之四海而皆准。尽管有人力图用科学性的方式去证明西方民主制度具有普世性，但是，马基雅维利曾经认为不可能在那不勒斯建立和佛罗伦萨一样的政体，这是政治制度本身所处的社会经济环境不同所决定的。熊彼特也认为他所主张的竞争式民主并不是放之四海而皆准的政治路径，这种竞争式民主的非普世性与价值观或文化无关，而是取决于特定社会的历史传统和政治环境。事实上，竞争式西方民主政治并非当今世界的唯一最好政治模式，中国也无须对此进行复制。②

当原本作为工具的选举过程被奉为追求的价值而被顶礼膜拜之时，民主自身的根本价值就会存在疑问。

（一）制度化的治理与适应性的调整

只有在听到"所有社会成员声音"的基础之上，执政党才有可能去维护"最大多数人的利益"。要听到"所有社会成员的声音"，就必须通过制度化的治理给予社会成员以社会安全感，并且通过制度化的治理保障这种声音能够发出并且能够被听到。邓小平在1992年提出，再有30年的时间，我们才会在各方面形成一整套更加成熟更加定型的制度。十八届三中全会在邓小平战略思想的基础上，提出要推进国家治理体系和治理能力现代化，这是完善和发展中国特色社会主义制度的必然要求，是实现社会主义现代化的应有之义。

但是，中国社会在过去六十多年里一直处于快速转型的状态中，只有不断改革才能不断适应和推进社会的发展和变化。因此，既要建立制度化的治理，也要有适应性的调整。这种调整不仅仅是基于自身传统和现状的

---

　　① ［美］约瑟夫·熊彼特：《资本主义、社会主义和民主主义》，绛枫译，商务印书馆1979年版，第337页。

　　② 《突破西方政体类型学的当今中国政治制度——国际知名学者帕斯夸里·帕斯奎诺谈中国政治制度》，《光明日报》2013年8月20日第11版。

调整，还要不断从外部经验汲取养料。例如，毛泽东曾经就宪法问题这么阐述，

> 讲到宪法，资产阶级是先行的。英国也好，法国也好，美国也好，资产阶级都有过革命时期，宪法就是他们在那个时候开始搞起的。我们对资产阶级民主不能一笔抹杀，说他们的宪法在历史上没有地位。

同时，他又强调，

> 我们的宪法是新的社会主义类型，不同于资产阶级类型。[1]

毛泽东的上述表述说明了中国共产党对于制度化治理过程中如何进行适应性调整、如何进行吸纳与包容确定了一个原则性和灵活性相结合的方针。

"改革"这个词本身就意味着旧制度的不断被打破和新制度的不断建立，这种制度的不稳定性就难免导致社会成员对未来的不确定感。并且，这种制度不断被打破和被建立的过程，就带来一个新问题：谁来决定制度走向？如何决定制度走向？如果政策制定者和实施者本身不了解更不能代表"最大多数人的利益"，如何制定和实施符合这一要求的制度呢？

作为执政党同时也是现代政党，中国共产党目前实际上面临着两个挑战：第一个挑战是要克服现代政治权力正当性所面临的普遍性困境，第二个挑战是要克服新的时代背景下中国共产党自身的政党体制和执政地位所形成的独特困难。

现代政治生态之下的一个普遍现象就是国家权力的全面扩张和行政权力的急剧膨胀；同时，受现代意识影响的民众越来越对政治权威和领导人缺少敬畏之心。因此，政治权力的正当性问题至关重要。如何获得政治正当性？当今世界上的绝大多数国家和地区依靠政党执掌国家政权来治理国家。现代政党执政的先决条件是民众的支持和信任。

将"最大多数人的利益"作为党的根本利益所在，这可以说是中国共

---

[1] 《毛泽东著作选读》下册，人民出版社1986年版，第708页。

产党在"1%"和"99%"之间作出了明确选择。但是，中国共产党的建设应当"要瘦身不要虚胖，要先锋队不要精英党"。中共党员占全国人口的比重绝不能说是越多越好；事实上，也绝不可能将最大多数人都变成中共党员。

既然不可能"全民"成为中共党员，中共党员的成分和党的组织对人民的代表性和代表能力问题就非常关键。一方面，共产党员中来自社会精英阶层的比例过高，就会使其他社会阶层在党内发声的可能性下降，对"最大多数人"的代表性下降；另一方面，"官二代"等现象猖獗，在干部选拔任用等方面不能依照"德才"标准进行、形成机会平等机制，而是进行"权力内循环"、变成少数人的特殊利益保护体，就会使党的组织丧失代表能力，最终在事实上造成党内党外双重性的"1%"和"99%"之间的对峙，危及中国共产党执政的正当性基础。

如果说西方政党政治中的执政党可以主要对其政治基本盘选民的呼声进行回应的话，中国共产党自身的政党体制和执政地位决定了其必须对"最大多数人的声音"进行有效回应——这种做出有效回应的压力和复杂性都比前者大得多。

现代化进程中的中国，社会结构、意识形态等都呈现日益多元化的趋势。在中国共产党一方面作为执政党领导中国这个政治国家，另一方面领导经济建设的情况下，易于出现汪晖所形容的"国家""政党"和"市场"三者同构的情况。

> 无论是西方的多党制还是中国的一党领导下的多党合作制，政党的代表性越来越不清楚。就中国而言，伴随着无产阶级、工农联盟、统一战线等范畴日渐模糊，政党的代表性及其政治也发生了大转变。[1]

中国共产党领导的中华人民共和国的政权基础在过去60多年来的确体现出其强大包容性，被帕斯奎诺赞誉："改革开放以来，中国共产党作为一个强大并且善于学习、调整与吸纳的执政党，力求包容中国不同社会阶层和社会群体利益。"但是，他也同时警告，"实际上，如何让有着不同利益和不同观点的群体能够有表达渠道并且达成妥协，这是中国政治运行

---

[1]　汪晖：《"后政党政治"与未来中国的选择》，《文化纵横》2013年第1期。

面临的最大挑战之一。"

　　国家权力代表的是全社会，中国共产党代表"最大多数人利益"。通过西方国家的实践已经证明，市场尤其是全球化背景下的市场对社会的伦理性、国家权力的自主独立性和政党的代表性都可以形成破坏作用，过去三十多年来，中国在适应性调整过程中，也面临类似的问题。

　　　　代表性断裂或上述脱节正是去政治化的后果，其重要的征候是政党国家化……我们可以区分出两种有联系却不尽相同的政党国家化的形态：一种形态是前改革时期的政党官僚化，另一种则是在市场化过程伴随政府公司化的趋势而产生的政党与资本的联姻。就政党而言，"代表性断裂"集中表现为政党一方面超越先前的阶级范畴，宣称其普遍代表性，另一方面却与大众、尤其是处于底层的大众更加疏远。我们可以找到对于工人和农民的保护性政策，却难以发现工人与农民的政治与政党政治之间的有机关联。①

　　从汪晖的分析不难看出，帕斯奎诺所警告的"有着不同利益和不同观点的群体能够有表达渠道并且达成妥协"已经是中国共产党所面临的现实挑战。因此，如何解决三者同构导致的执政党自身利益多元化问题，如何处理好三者之间的关系，确保中国共产党的代表性和代表能力，稳固执政的社会基础，是非常艰巨的任务。

　　从另一个角度说，制度化的治理和这种回应性之间也存在张力。在国内外社会矛盾越来越激化的背景下，中国共产党认为"稳定压倒一切"。维护社会稳定，制度化的治理是首选。但是，就中国的现状来说，往往是"坏"孩子有奶吃；当破坏规则得到的糖果远远大于现有制度的板子时，就没有人会愿意当乖孩子。

　　以上访为例，上访是合法的，但高层视上访为不稳定因素，将维稳作为政治责任层层往下推。这就使得一方面下级政府为了解决上访问题不惜代价，甚至有"维稳任务再次砸乱公检法"的说法；另一方面少量民众通过合法途径制造"不稳定因素"，以获取利益，并且反倒"诱使"更多的民众加入到这种"合法制造不稳定"的行列之中。这种用制度化的方式去

---

① 汪晖：《"后政党政治"与未来中国的选择》，《文化纵横》2013 年第 1 期。

毁坏现有制度，提升社会管理成本和执政成本，甚至自我破坏执政基本盘的做法，无异于饮鸩止渴。

（二）政党利益与政治极化

今天，美国的资本主义民主政治也遇到了前所未有的挑战。福山认为美国政治文化的三个主要结构性特征都出了问题：第一，相对于其他自由民主国家而言，司法和立法部门（也包括两大政党所发挥的作用）在美国政府中的影响力过大；第二，利益集团和游说团体的影响力在增加，这不仅扭曲了民主进程，也侵蚀了政府有效运作的能力；第三，由于联邦政府管理结构在意识形态上出现两极分化，美国的制衡制度也就变成了否决制。所有这些引发了一场代议制度危机。[1]

选举必然需要经费。"金钱是政治的母乳"，美国民主党人昂鲁曾用这句话中性地道出了美国竞争式民主政治的实情。

> 在代表性断裂的条件下，政客们的修辞多半沦为博取权力的表演，技术官僚的位置势必大规模上升。在西方的多党或两党制模式下，政党起到的作用基本上是以选举为中轴而展开的四年或五年一次的社会动员，它更像是更换领导人的国家机器。[2]

2010 年，美国最高法院的裁定，推翻了一百多年来美国对财团政治献金的限制，使得商业公司得以直接花钱介入政治竞选。"占领华尔街"运动的迅速蔓延本身就说明，西方民主国家"政治权力"的独立权威地位和"市场"力量之间存在博弈，金权政治对西方世界的代议制民主制度的正当性基础已经形成了严重的冲击。

实际上，选举制度设计的目的就是解决利益冲突和因此而产生的意志冲突。这种基于选举而获得执政正当性的制度本身具有其天然缺陷，西方国家也一直在努力弥补这种缺陷：设立了宪法法院和独立权力机构、强调行政机构的依法行政、要求政府管理应有理性化和非个人利益化的特点……这一切都证明，投票并不是获得执政正当性的唯一标准。然而，当前现状是美国内部的民意冲突在加剧。基于现有西方政治体制，当然地认

---

① ［美］弗朗西斯·福山：《美国政治制度的衰败》，《美国利益》2014 年第 1 期。

② 汪晖：《"后政党政治"与未来中国的选择》，《文化纵横》2013 年第 1 期。

为自己通过选举就具有执政正当性，已经遭到现实的质疑和挑战。

在福山一度乐观地认为西方民主制度是"历史的终结"之后不过二十年，西方的民众已经超越了政党争议，通过自发的动员，指出了"99%"的公众反对"1%"的精英统治，被克鲁格曼认为有可能成为美国经济社会的一个转折点，说明"一人一票"并未实现哈特们所主张的"真正的民主"。

政党利益高于国家整体利益和人民共同利益是西方政体一个与生俱来的缺陷。自 2010 年以来，美国共和党与民主党分别掌控的众议院和参议院相互角力，因此未能通过国内移民与税务改革计划、跨太平洋伙伴关系协定（TPP）等。奥巴马总统主推的医疗改革，虽然已经立法通过，但一再遭到众议院提议废止。民主党与共和党的互相掣肘，还曾导致美国联邦政府停摆长达 16 天。自美国参议院被共和党执掌以来，参众两院投票过程中，两党议员体现出越来越鲜明的"党派意识"。

共和党通过 2014 年的中期选举控制了参议院和众议院，这是美国选民通过选票对民主党表示不满，但并不意味着选民们对共和党的全然支持。随着共和党控制整个国会，国会可能将强行通过法案，但共和党几乎不可能获得三分之二多数，因此出身美国民主党的奥巴马总统手中的否决权仍然能够发生作用，使今天美国的政治极化僵局很难得到缓解，甚至出现"强分立"的情况。

这种政治"强分立"将导致美国的经济政策和社会政策的制定、执行和战略布局等仍然具有不确定性。例如虽然共和党控制了国会，但其在中期选举中并没有拿出富有建设性的政治方案。尽管共和党所主掌的美国国会难于在立法意义上推翻奥巴马医改，但可以通过司法诉讼以及行政执行手段修正甚至阻碍该计划的实施。因此，奥巴马推行的公共医疗、移民、金融、个人所得税等改革也将存在因为国会阻挠难以实现的可能。

2014 年 11 月奥巴马总统发表电视讲话，宣布动用行政令全面推进移民改革的计划，近 500 万非法移民将受益于新政策。奥巴马的计划立刻招致共和党猛烈抨击，美国国会共和党籍众议院议长约翰·博纳发表声明称，奥巴马推进移民政策改革计划"不符合民主的运作方式"。对此，白宫高级官员称，如果共和党通过立法手段废除奥巴马移民改革政策，奥巴马将行使否决权。由于奥巴马越过国会授权推动医改和移民法案，随后美国众议院议长、共和党领袖博纳公开指责奥巴马，随后又宣布，奥巴马政府在落实医改法案过程中行使了"超出宪法赋予的权力"，众议院已就此正式向法院提起诉讼。上述双方的强硬态度表明，美国的府院之争已经有升级之势，以党派利益捆绑国家利益、而不是以真正治理国家为目标。

美国政坛的两极化，不可避免地激化美国社会的分裂；美国经济与社会状况的两极分化，也在不断激化美国社会的分裂。民主政治本应旨在弥合社会分裂，服务于社会的共同利益。在美国实际政党政治的运行过程中，却陷入了政治极化的陷阱，使得这一功能丧失殆尽。在弗朗西斯·福山看来，"强大的利益集团"利用其金钱，既腐蚀了美国的法律程序，也绑架了其民主程序，造成了只符合利益集团金钱意志的一种变质的"强法治"和"强民主"。他提出，人类社会存在"强政府—法治—民主问责"这个良好政治秩序的标准，而且"强政府"被证明具有头等的重要性。①诚然，福山的理论构架是一种附带前提条件的推论；但是，今天美国的政治极化大为降低了出现"强政府"的可能性，从另一个侧面说明了美国"政治衰败"现象的存在。

新自由主义在美国占据霸权地位以来，由于资本力量不受节制地急剧扩张，不仅使美国的国家能力受到资本权力膨胀的伤害，民众的民主权力也受到其伤害。美国的社会分裂已经日趋凸显，社会分裂当然需要强大政府具有强意愿和强能力去进行弥合。但是，在资本力量一家独大的今天，美国的政治力量对社会分裂的弥合能力下降，社会力量通过民主政治对资本力量进行限制的能力也在下降。美国如何走出现有政治体制的种种限制，如何避免让强大的既得利益集团能够钻空子、以合法的方式阻挡符合美国人民共同利益并且迫切需要的社会经济变革，是美国两党政治所亟待解决的根本性问题。

第二节　政治治理与政治话语权

既然"民主"已经不过是好政府的代名词，如何成为一个好政府成为一个关键性问题。为此，应当加强政治治理能力和把握好政治话语权，二者都需要政治动力的存在作为前提。然而，无论是中国共产党还是美国的

---

① ［美］弗朗西斯·福山：《政治秩序与政治衰败：从法国大革命到现在》，毛俊杰译，广西师范大学出版社 2012 年版。

两党政治，当前都面临"去政治化"的问题，如汪晖所分析的，

> 我们要厘清民主形式的问题——西方的普选制民主不是民主的唯一形式，民主也不只是抽象的形式，民主必须以政治动力为前提，政治动力一旦不复存在，任何一种民主形式都无法进行下去。①

在这样一个缺乏政治动力的时代，无论是实现中国梦还是继续美国梦辉煌，都需要实现有效的政治治理和在此基础上把握政治话语权。

一 政治治理有效性

国家是由人民组成的，政治国家并不等于统治者。而在对于国家的一般理论中，政体和国体是有区别的，虽然二者的界限并不尽然清晰：前者更多注重权力结构，后者更多注重权力系统与社会的关系。美国竞争性民主政治所凸显的矛盾，集中体现为权力结构内部矛盾以及权力系统与社会之间的外部矛盾所形成的双重矛盾。中国共产党领导下的国家治理也面临政治能量与政治危机并存的问题。

（一）竞争性民主政治的困境

亚里士多德曾经将多数人统治的堕化形式称为民主制。自 17 世纪开始，政治不再是西方古代政治理念中建立好政府的高尚艺术，而是国家理由的同义词，也即保持对人民行使统治的手段。民主和专政的对立则是自马基雅维利和凯尔森等才开始的严格二元对立。随着国家权力的不断扩大，对于民主的观念和思路也日益纷繁复杂，其中价值民主和工具民主的理解分歧最为突出，也就是将民主作为目的还是手段。熊彼特将民主视为手段，并将其简化为选举制，认为只有通过选举，让公民以法定票决方式才能使公共政治权力（政府）获得其合法性地位和施政正当性基础。

近代民族国家的兴起和后来大众民主的发展，极大地强化了政府的主权性。随着现代领土国家的崛起和发展，与政权形成强烈对比的不再是国家，而是社会。民主政治的演变史本质上就是一部政治参与制度的发展史，也即政治获得社会的认可和支持的历史。

---

① 汪晖：《"后政党政治"与未来中国的选择》，《文化纵横》2013 年第 1 期。

　　　正是在美国，同在任何其他国家中相比，"政治家们"都构成国民中一个更为特殊的更加富有权势的部分。在这个国家里，轮流执政的两大政党中的每一个政党，又是由这样一些人操纵的，这些人把政治变成一种生意，拿联邦国会和各州议会的议席来投机牟利，或是以替本党鼓动为生，在本党胜利后取得职位作为报酬。①

　　在经历了 20 世纪 20—30 年代的议会政治和资产阶级民主的双重危机之后，两次世界大战和女权运动等的发展使得西方国家的成年人（即不再局限于男性）逐渐获得普选权，竞争性民主逐渐成为西方民主政治的核心。竞争性民主的理论假设是，通过公民权和普选权使得大众广泛参与政治选举，通过选举产生的政治领导人对其选民负责，并且，该政治领导人对其选民的诉求应当做出回应，否则下一次选举该领导人就会落选。这种建立在问责制基础之上的代议制民主政治对社会的回应性，理论上成为弥合政治分歧和社会不同利益诉求之间矛盾的基础。

　　然而，随着行政功能的不断强化，人民主权实际上趋于萎缩，20 世纪 60 年代开始，西方的福利国家和参与式民主再次面临危机。一方面，被统治者（市民）的经济与社会权利在不同程度上受到正式或非正式的保护，公民社会的迅速发展试图用社会民主补充政治民主，将民主政治从政治维度扩大到社会维度；另一方面，被统治者（市民）个人并未获得的真正的自由和充分发展，其基于获得充分信息进行判断的空间反而被充满各种私欲的媒体所挤占，媒体不能摆脱资本的控制，政治也越来越沦为金钱政治，在政治实践中，将政治参与等同于选举政治，但后者并不具有实质上的自主性，这种政治参与的"陷阱化"，导致公民进行政治投票的热情一再下降。

　　上述政体危机并未得到有效解决，相反，20 世纪 80 年代以来新自由主义的兴起和全球化的结合，特别是冷战结束后，国家权力对资本特别是跨国金融资本的约束力日益减弱。自 2008 年金融危机以来，西方世界又陷入了代议制民主政体的危机，具体体现为政党精英和通过选举产生的政治家与赞助者、公民、选举人和普通人民之间的矛盾。这种危机引发了对金融资本主义、大众传媒文化、人权、多元文化、科层政治、国际政治秩

---

① 《马克思恩格斯文集》第 3 卷，人民出版社 2009 年版，第 110 页。

序的无民主性和美国霸权主义等的巨大争议。

在这样一种民主正当性危机之下，政治选举中的失败者对政治所施加的负面作用，远远大于选举成功者对于政治运作的支持程度。

在美国，基于对"集权"的一种强烈怀疑，开国者们设计出一整套分权体制，将总统和国会的权力进行分割，将大量权力下放给各州政府和地方政府，并且，法院有权以违宪为由推翻法律。这一曾经被誉为充满了民主精神的宪政体制，今天，却构成一种"否决政治"——这种体制与意识形态化的共和党与民主党之间的矛盾相结合，导致美国陷入瘫痪。通过选举产生的议员们，易于被利益集团所捆绑，并且其选举基本盘与公共利益之间实际上存在冲突，因此可以使用手中掌握的否决权来换取某种妥协。在福山看来，"否决政治"成为美国财政永远更容易出现赤字的原因，也使得美国政治权力运行因为利益集团之间的利益对立而容易陷入僵局。

随着社会多元化与否决政治的盛行，西方政党政治的民主悖论、统合断裂与体制失灵日益显著。① 经竞争性民主产生的权力结构一旦陷入瘫痪，就必然导致权力系统与社会之间的矛盾进一步激化，进而体现为政治分裂和社会分裂相继出现的局面。

随着美国经济和政治日益陷入分裂，奥巴马所领导的民主党政府很难给美国带来根本性变化，因此美国的社会分裂的苗头日趋明显。2009 年开始兴起的"茶党"运动，主要为保守派，他们支持财政保守主义，要求削减政府赤字。"茶叶党"使得代表保守主义的共和党再次复兴，在 2010 年中期选举中民主党惨败，共和党掌握众议院控制权，并且差点入主参议院。而 2011 年开始的"占领华尔街"运动的支持者主要为自由派，他们反对大企业的贪婪，要求政府将国家的资源集中到民生上，使这次运动带上了明显的左翼色彩。虽然美国政治被批评为金钱与政治权力的结合，金权的腐蚀已经深深伤害了美国民主本身；但是，在自我宣传口号上，美国的民主党以"左派"和"自由主义"自居，选票主要来自于中产阶层和贫民阶层；而美国共和党以"右派"和"保守主义"著称，政治基本盘主要包括资产阶层和社会保守势力。这种意识形态和政治基本盘差异决定了两党对待"占领华尔街"运动迥然不同的态度。无论茶党还是占领华尔街运

① 汪波：《西方政党政治与超政党体制：比较与竞争——兼论中国政党制度生命力》，《社会主义研究》2014 年第 6 期。

动都宣称"与草根阶层站到一起"，两场运动的对立势必进一步加剧美国民主、共和两党之间的分裂，最终体现为美国社会不同利益群体之间的分裂和对立的加剧。在2016年美国总统大选中，特朗普和桑德斯两位"非建制派"参选人的广受欢迎，凸显了这种分裂和对立的进一步加剧。

通过对权力结构内部矛盾以及权力系统与社会之间的外部矛盾所形成的双重矛盾进行分析，已经清晰地看到无限制扩大的资本力量和全球化因素在很大程度上促进了该双重矛盾形成，使得竞争性民主政治难于对国内民众的要求进行有效回应，政治机制的治理能力当然趋于下降。

（二）中国共产党作为执政党的挑战

西方的政党竞选政治中，无论左右翼政党，都会在守护自己的选民基本盘的前提下，努力争取中间选民的支持。中国的政党政治形态显著区别于这种政党竞选政治，在当前社会利益形态日益多元化的背景下，作为执政党的中国共产党也面临着种种挑战。

中国是一个民族、地域、阶层都很复杂的国家，又是一个具有深厚的传统政治文化和独特的社会组织方式的国家。传统中国将儒家意识形态作为各种权威合法性来源的基础，缙绅自治将官僚机构的功能向民间延伸，通过"家国同构"的社会格局，将宗法家族组织和国家组织衔接到一起，形成了权力主导的大一统社会结构，即全国只有唯一的最高权力中心，就是皇权，皇权是一切合法化权力的集合体。这种政治传统和19世纪以来的"救国强国"梦相结合，使得建立强大的国家成为共识，这也是毛泽东时代建成全能主义的强大政治国家，形成"强国家—弱社会"模式的基本动因和思想基础所在。

中华人民共和国成立之初，中国共产党试图打破传统中国周期性朝代更替规律的理想，被毛泽东喻为"进京赶考"。中国共产党一方面施行土地改革以解决土地问题；另一方面长期主张以"最大多数人的利益"作为党自身的利益以试图从根本上解决政治体制的开放性和社会流动性问题。

按照中国官方的说法，工人、农民和知识分子是建设中国特色社会主义事业的根本力量。并且，作为执政党，中国共产党构建和谐社会的目标也罢、中国梦也罢，宣传上都以"最大多数人的利益"作为自己的利益所在，以"社会整体"作为自己的施政对象，并未凸显在精英路线与平民路线二者之间做出取舍的思想。

和美国的两党政治各自守护其政治基本盘的最大不同之处在于，中国共产党主张的是以"最大多数人的利益"作为自己的利益所在；换句话说，"99%"应当是其主张的政治基本盘。那么哪些社会群体构成了这"99%"呢？吊诡的是，国际民调显示，中国人民对政府的支持度，多年来都是全球之冠。为什么会形成民调对政府的高支持率和网络上社会各阶层对政府多角度批评之间的反差呢？

"中国共产党一直在进行政治改革，堪称是世界近代史上最具自我革新勇气和能力的政治组织。"李世默认为中国共产党的优势在于"适应时势的能力、选贤任能的体制、深植于民心的政权合法性"。①

毛泽东时代的土地改革打破了小农经济加市场的经济形态；1978年开始的联产承包责任制再次进行"土地均分"，农户拥有了土地的经营权和收益权。但是，农民平均地权的处置权被固定在集体经济形式上，消灭了土地兼并的可能。如果说对于土地问题的解决相对"基本盘"明确；那么，对谁是"最大多数人"以及什么是"最大多数人的利益"这个问题的解答则在过去六十多年来历经了剧烈变化。

在中国共产党执政前，毛泽东说找到了防止政权更迭规律的办法就是人民监督官员和监督权力。毛泽东时代，尤其是20世纪50年代末以后，为了防止官僚主义和政府腐化，也为了防止社会贫富悬殊，普遍释放了大多数人尤其工人、农民参与政治的热情，使得中国普通民众对于社会平等和公平的诉求迅速提高。

20世纪80年代以来，中国共产党转向以经济建设为中心，促使绝大多数人参与到经济活动之中。由于改革的历史背景和自上而下的改革路径，并未从根本意义上改变"强国家—弱社会"的关系模式：一方面通过引入市场机制打破单位制度等，允许和鼓励个体竞争；另一方面又保留了举国体制，即传统中国政治和全能主义时代形成的国家动员体制，来整合资源。

改革之初，大多数人都或多或少从经济改革中受益，因此对改革的支持度较高。但是，真正引入社会主义市场经济是20世纪90年代以后的事情。邓小平在南方谈话中曾经这样表述，

---

① 李世默：《中共的生命力——后民主时代在中国开启》，《外交事务》（*Foreign Affairs*）2013年1—2月刊。

计划经济不等于社会主义，资本主义也有计划；市场经济不等于
资本主义，社会主义也有市场。计划和市场都是经济手段……就是要
对大家讲这个道理。证券、股市，这些东西究竟好不好，有没有危
险，是不是资本主义独有的东西，社会主义能不能用？允许看，但要
坚决地试。看对了，搞一两年对了，放开；错了，纠正，关了就是
了。关，也可以快关，也可以慢关，也可以留一点尾巴。怕什么，坚
持这种态度就不要紧，就不会犯大错误。

崔之元认为，从"实用主义哲学"来看，邓小平这段话体现了对"社
会主义"这个"目的"的认识的深化，既在实践中深化着对"社会主义"
目的的认识（"社会主义市场经济"），又坚持着社会主义的崇高理想。①

然而，市场经济是最强大的经济发动机，也是社会财富最强大的分化
器。对于社会主义市场经济这一全新的事物，在实践中难于避免市场经济
的一些通病。20世纪90年代以来，随着改革从"正和游戏"变成"零和
游戏"，普通民众对改革维护了"最大多数人的利益"这一命题提出了
疑问。

针对这些社会矛盾，中国共产党做出了决策调整，关注社会改革，强
调政府调控和市场调节相结合。但是，部分处于权钱强势地位的既得利益
者是迷信市场万能论的，天然地反对社会公共产品的概念，更反对政府对
经济的干预。所以，他们认为自己的利益受到侵害，反对"旧秩序"、呼
吁"新秩序"就是应有之义了。

回顾中国共产党执政以来的近七十年历程，自身的政策调整历经了巨
大变化。这种巨大变化反映了其进行自我调整的巨大能力，当然引发了巨
大的争议和巨大的矛盾。毛泽东指出，问题就是事物的矛盾，哪里有没有
解决的矛盾，哪里就有问题。实践发展永无止境，矛盾运动永无止境，旧
的问题解决了，又会产生新的问题。问题是时代的声音，每个时代总有它
自己的问题。制度总是需要不断完善，因而改革既不可能一蹴而就、也不
可能一劳永逸。

中国共产党的领导克服了类似美国政党政治绑架共同利益的弊端，也

① 崔之元：《邓小平诞辰110周年与实验主义》（http：//www.guancha.cn/cui-zhi-yuan/
2014_ 08_ 18_ 256976. shtml）。

避免了选举造成的短期行为，"自由的、定期的竞争性选举既给政府行为以限制，也向政府授权；但选举产生的官员天然地为了赢得再次选举而讨好多数人，这就形成了短视和缺乏自身独立性。"① 因此，不受资本力量或者寡头的控制，使国家能够有强大的调控能力。

但是，中国的经济已经融入全球经济体系之中，过去三十年来的政治话语体系里将经济增长与执政绩效紧密相连，甚至将中国共产党执政的正当性来源局限为发展（经济发展）绩效，在经济全球化的今天，这实际上将中国共产党的领导力变相受制于以资本为中心的利益关系。

2012 年中共十八大前后，中国各阶层民众高度关注此次换届。无论是批评中国共产党的领导使中国社会"溃败"，还是坚持中国共产党的领导是中国平稳发展的前提，换一个角度都可以理解为民意对其执政的认可，而不是冷漠甚至无视执政党本身。在高举"经济建设"大旗三十多年后，"全民逐利"时代的中国政治权力和资本力量的利益关系日益密切。如何确保中共选贤任能体制的有效运行，如何确保中共执政的政治清明，如何在保持中共活力的同时又确保其纯洁性，如何突破腐败这个最难攻克的关口，是当前中共自我革新的最大使命。

中国模式不仅仅面临着社会转型（从农业社会到工业社会）的挑战，更有经济转轨（从计划到市场）的困难。今天，改革进入了深水区，需要在"市场发挥决定性作用"的同时，摆脱以资本为中心的利益关系。毛泽东在《矛盾论》中曾说过，在落后的国家，理论常常是第一性的。实现中华民族伟大复兴的中国梦，可以团结包括海外侨胞在内的中国人。如何凝聚中国梦内部的价值追求，如何通过这些价值追求再次激发政治动力，需要进一步的理论创新，才能坚守方向，才能形成新的政治能量、发展与巩固政治联盟，避免可能的政治危机。

二 把握政治话语权

话语权，是在话语层面怎样建立起自己的理论、概念、分析方法，其实说到最后，你得有一套对这些问题的说法，而说法的背后是

---

① 《突破西方政体类型学的当今中国政治制度——国际知名学者帕斯夸里·帕斯奎诺谈中国政治制度》，《光明日报》2013 年 8 月 20 日。

你对这个东西有一个认同，比如说 $1 + 1 = 2$，你认为它是个颠扑不破的真理，这个认同就使你在心理上、价值上和态度上，包括我们说的那个政治上都认同它。①

中国的媒体面临一个话语权危机，越来越多的中国民众、特别是中青年民众，已经习惯依赖网络等新媒体形式获取信息；但是，网络新媒体，甚至一些所谓主流媒体，倾向于放大与发布大量中国现行体制下的"负面事实"，以不断否定中国来"博取眼球"，这就无形中在培养中国民众的"负面思维习惯"，被潘维形象地比喻为"拆了故宫建白宫"。但是，仔细观察美国媒体对自己的报道，有负面报道但绝无"拆了白宫建故宫"的意识形态内容，坚持自身体制具有优越性是其政治正确的不可逾越的红线。即使对美国金钱政治的报道，也坚持认为美国民主政治制度在本质上是优越的，但正在被金钱控制选举的形式所破坏，这与"拆了故宫建白宫"的主张有着本质区别。

（一）从"不争论"到"怕争论"

为什么民意会容易沦为部分人的私器，法治会容易被既得利益者所裹挟？当下舆论场特别是网络舆论，甚至有一种隐含的"主流判断"：首先，中国政府通过严格的舆论控制在管控民意；其次，因为缺乏普选等所谓西方式民主形式去表达民意并且民意受政府管控，民意只能通过网络等非正式渠道发声，因此网络舆论就代表着公众舆论，特别是偏激网络民意被包装成"主流民意"具有当然的道德优越性；再次，如果中国政府用法律的手段惩治将民意作为外衣的网络谣言，就被解读为威权政府违背民意、藐视法治，被批评为将法律作为政府维护自身统治、侵犯私领域的暴力工具；最后，中国政府如果不向偏激的"主流民意"低头，就是不尊重民意的威权政府，不具备执政正当性。

这样一个逻辑上似乎可以自圆其说的"主流判断"，实际上是经不起推敲的。第一，如果中国政府对舆论的把持真的足够严格，网络世界大量反对政府立场的言论如何可能泛滥？第二，如果西方式普选机制足以充分表达民意和实现民意，为何美国会出现占领华尔街运动？为何今天的欧洲

----

① 黄平：《性别研究的几个"陷阱"》（http://www.sociologyol.org/yanjiubankuai/xuejierenwu/huangping/2008 - 12 - 28/6910.html）。

社会运动此起彼伏？为何西方世界的议会政治与街头政治的对峙长期存在？第三，如果谣言只要披上民意的外衣就不能被法律所惩治，那么是不是法治本身已经被所谓民意破坏，而并非是政府凌驾于法治之上？第四，如果政府和法治都在这种网络民意面前不再具有权威，那么是否公共权力实质上会沦为部分善于控制舆论人群的暴力工具？第五，尽管截至2015年12月，中国网民规模达6.88亿，互联网普及率达到50.3%，半数中国人已接入互联网①；但是，还有近50%左右的人没有上网，这批在网络世界之外"沉默的大多数"的意愿是不需要或者不值得表达，还是当然地被网民代表？且不论网民内部有五毛党和美分党的区分、也不论网民内部存在各种互相矛盾和冲突的利益诉求，迄今仍未超过中国总人口半数的网民所提出的利益诉求就能够涵盖整个中国社会的各种利益诉求吗？最后，如果中国政府必须向偏激的网络民意低头，那么，政府如何尊重不支持这种偏激意见的社会人群的意愿？其执政正当性基础难道仅限于偏激意见人群？

显然，这个所谓的"主流判断"根本经不起推敲。更深刻的问题在于，一个如此经不起推敲的说法为何可以成为"主流判断"、代表"主流民意"？"看不懂的中国微博情绪"为何席卷中国网络舆情？这实际上是中国政府从"不争论"演化到"害怕争论"的恶果。

西方的崛起固然是与西方的对外扩张和掠夺紧密关联的，无论这种"以邻为壑"的野蛮思路背后有多少肮脏和血腥，客观事实是西方在长达三百年的历史里是地球上最强大的力量，也因此，他们所推广的这一套话语体系具有强大的征服力。这种征服力之下，现代的"光明性"决定了其政治正确性，非西方世界原创的、本土的一切制度、文化等，一旦与西方逻辑不相符合，就被定性为传统因而具有"黑暗性"，也就失去了其政治正确性。也就是，按照西方中心主义的话语体系，西方从来都是先进、文明的社会，始终都是对人类做出巨大贡献的社会；非西方从来都是落后、野蛮的社会，始终对人类没什么贡献、甚至只有负面价值。因此，西方对非西方的征服甚至奴役是具有正当性的。

1992年邓小平提出"不争论"，他的原话是"对改革开放，一开始就

---

① 中国互联网络信息中心（CNNIC）：第37次《中国互联网络发展状况统计报告》，2016年1月。

有不同意见，这是正常的。……不搞争论，是我的一个发明。不争论，是为了争取时间干。一争论就复杂了，把时间都争掉了，什么也干不成。不争论，大胆地试，大胆地闯。"针对当时多种意识形态的辩论使改革陷入停滞，邓小平以"不争论"和"实践是检验真理的唯一标准"暂时压制了意识形态争论，被解读为暂时放弃了以某种意识形态作为政权合法性的支撑，转而寻求另一种合法性，即"事实合法性"或"政绩合法性"。

　　且不论这种解读是否完全符合邓小平的本意，值得注意的是，这个解读所强调的"不争论"只是暂时性的，也不是在任何方面都"不争论"。邓小平提出"不争论"理论正值 20 世纪 90 年代初国际局势因苏东剧变而发生重大变化、中国国内经济陷入困顿、思想界围绕姓"社"姓"资"问题形成大争论，为了避免经济危机扩大导致产生社会危机、进而出现政治危机，邓小平提出"不争论"以推进改革、抓紧时间发展经济，是针对具体国内外环境和特定历史阶段而提出的。并且，邓小平的原话也是强调"争取时间"，而不是永久性的"不争论"。①

　　更值得深思的是，意识形态领域的争论是永远存在的，"不争论"不等于就已经达成了思想一致，生产力得到发展也不当然赢得民意支持。1978 年开始的真理标准问题大讨论把过去的生产关系标准转变成生产力标准，为改革开放在思想上创造了空间，这事实上是通过争论来赢得基本共识的范例。1979 年拨乱反正期间，各种极端夸大中国共产党错误的思潮蔓延，迫使邓小平意识到不解决思想认识和理论问题就会导致根本性政治危机的产生，因此提出了实现四个现代化必须坚持四项基本原则，这也是为避免"乱争论"和"瞎争论"而设定底线的范例。"不争论"理论的提出本身是对 20 世纪 90 年代初思想领域争论的一种直面回答。并且，这种"不争论"并未否定四项基本原则，仍然是有明确底线的"不争论"。

　　然而，历史潮流总是滚滚向前，国际国内局势也是瞬息变幻，将解决特定历史时期特殊困难的"不争论"理论始终奉为圭臬，将正常的争鸣与批评等同为过分意识形态化，这实质上是将"不争论"理论曲解乃至扭曲为"怕争论"。如果说邓小平当时提出"不争论"理论体现了其胆识、智慧和在党内外的极高威望，那么，此后较长一段时间的"怕争论"只不过是对国际国内、宏观微观的各种矛盾和冲突的一种回避与消极对待。实践

---

① 高正礼：《邓小平的"争论"和"不争论"》，《红旗文稿》1999 年第 18 期。

表明，有明确底线的"不争论"理论的底线已经不断遇到挑战乃至被突破，上述网络舆论场隐含的"主流判断"就是其力证。

今天，改革开放不再是普惠性的，很多利益受损者基于利益角度发出反对声音。更有一批事实上的改革受益者利用这种社会不公平性，以民意代表自居，构建所谓弱势群体的话语体系，煽动仇富仇官等民粹情绪，挟弱者民意提出基于自身利益的强势政治诉求。占据了货币资本和金融资本的人，有能力将经济场域的资本转化为文化资本，自己为自己发声，其根本目的在于夺取政治资本乃至政治权力。

一篇在网上热传的题为《揭秘当前中国最大网络黑社会》的文章①，详尽地披露了当今在网上制造话题、编造谣言、炒作事件、操控舆论的幕后团伙——网络推手和网络水军公司的"战斗模式"，并指出经过长期经营，互联网已经成为资本力量和公共知识分子们的主要阵地。近几年，接连不断的网络舆论事件，对中国的方方面面产生了重大影响，甚至改变了中国经济与社会的发展走势，例如723动车事件、郭美美事件、红十字会事件、南方周末新年献词事件等。

面对这种民意阵地的不断被蚕食，以"不争论"为幌子而"怕争论"，从宏观层面分析，是对与中国道路紧密关联的重大意识形态问题缺乏定义与把握的信心与能力；从微观层面分析，是对复杂社会矛盾与社会问题的回避，对大众参与和群众路线的压制，导致既得利益者的权威可以借"不争论"不断加强，滥用职权者的行为因为"不争论"难于得到监督与限制。

西方世界和中国自己不少学者都批评改革开放以来的中国政府是"打左灯向右拐"，做的和说的有矛盾。面对这种批评，因为"怕争论"，怠于为意识形态争论进行积极准备，对改革开放实践中出现的新问题和提出的新对策缺乏充分的讨论和争论，只是往前"闯"与"试"，忽视甚至回避对自身发展道路的整体性认识、把握与阐释，实际上是对意识形态阵地的变相放弃。放弃阵地就意味着不够理直气壮，在微观的执政行为中也就难免缩手缩脚。

"怕争论"的背后不是意识形态的淡化，而是意识形态领域的裂痕越来越深。为了避免这种分裂导致的社会不稳定乃至社会动荡，就采取各种

---

① http：//www.360doc.com/content/13/0821/15/3397766_308776449.shtml.

措施进行"刚性维稳"。固守"刚性维稳",社会矛盾就越积越深。一方面,"依法治国"被一些掌握公权力者滥用乃至异化为"依法治民"。另一方面,即使行政部门和公检法系统严格按照法律规则和行政程序办事,只要当事人不满意进行上访,特别是网络推手炒作形成所谓"民意压力",就会导致行政行为和司法行为迫于压力"违法"改变"合法"行为或判决,这是一种变相的砸烂公检法和破坏法治的现象,也导致基层政府处理复杂社会矛盾时无所适从——丧失底线的尊重所谓"主流民意",看似将民意与法治相连,尊重法治,实际上是对法治精神的破坏,更是对尊重法治者的不尊重。

(二)大众传媒的冲击

> 媒体的大规模扩张伴随着公共空间的萎缩,其表现是媒体产业的自由替代了公民言论自由,媒体与资本、权力之间的关系不仅空前紧密,而且试图取代原先由政党等政治组织承担的角色。[1]

在大众传媒爆炸的今天,从全球范围来看,政府对大众传媒的控制力在不断下降,社会舆论对社会心态和社会价值取向具有越来越强大的控制力。美国以摆脱政府管制、保护新闻自由自居,但媒体的实际运作需要资本支持,也就无法摆脱资本对其的控制。虽然设想市场的多元主体性使其有能力纠正可能存在的新闻不公,但是,全球资本的日益垄断化和全球经济的金融化使这种多元性与公正性大打折扣。在各主权国家感受到经济调控能力被资本力量所限制的同时,"媒体政治化"和"政治媒体化"使政府的公信力下降,对传统意义上政府所具有的社会中心地位形成冲击。

尽管以互联网为代表的信息革命使社会公众得以方便迅捷地获取海量信息,并且他们自身也成为信息的创造主体,曾经被期待给社会提供更大的改善、能够去除腐败和减少不平等现象等;但是,社会公众在被海量信息轰炸的同时,容易丧失信息获取的自主选择性和深入理性思考的动力。

麦克切斯尼和福斯特指出,信息社会本身是在资本主义社会中发展起来的,互联网自身在很大程度上受制于资本积累过程,其产生与发展的初衷和动力在于创造一个像比尔·盖茨名言所说的"没有冲突摩擦的资本主

---

① 汪晖:《"后政党政治"与未来中国的选择》,《文化纵横》2013 年第 1 期。

义"，而现在却似乎正在变成"越来越被私人垄断的领域"。①

在中国，传统媒体经历了市场化改革、新媒体出现伊始就是市场的弄潮儿。越来越多的草根民众有意愿也有能力使用微博等网络媒体，证明中国社会自由度正在迅速扩大，也佐证了中国民众生活水平正在提高。但是，相当数量的民众所具有的仇富仇官等种种不满情绪也在日趋严重。这两种情况结合起来表明，中国的社会发展和社会认同之间存在严重的反差。社会不满情绪通过微博等网络形式在被非理性放大，民粹主义倾向在网络媒体中愈演愈烈；同时，这种非理性放大的社会不满在微观层面也加大了导致社会被撕裂的可能性。

通过网络体现出来的意识形态的左右对立、社会阶层的精英与平民的对立、经济地位的贫富对立等等，都表明中国的社会矛盾严重到了不容忽视的程度。对于执政党而言，无论将"造反的"微博视为洪水猛兽、对其进行严厉管制以寻求"安全感"，还是将其视为纯粹的"虚拟空间"、对其不给予足够关注，都没有意识到"政治基本盘"也逐渐成为中国共产党所要面对的问题，99％和1％之间的对立也会威胁到现有和未来的执政发展空间。

中国对新技术的迅速汲取和采用使其迅速进入信息社会。经历了三十多年的改革开放，中国的大众传媒已经逐渐走向市场化经营的道路，经济效益已经成为绝大多数中国媒介生存和发展的根本动力，背后的资本利益关系显而易见。中国不仅在经济领域随着经济全球化与全球市场融合在一起，在公共舆论领域事实上也越来越"全球化"。② 但与此同时，信息网络也使得普通民众不再单纯被动地接受信息，可以相对自由地发表言论、观点和主张，使信息网络具有相对独立的社会公共服务设施的性质。而网络世界没有永远的中心，而在某个时段成为网络热点的往往是极端事例或者极端观点。这种社会舆论往往不同程度上夸大或者带偏见地体现社会的基本面，又因为其夸大和偏见的舆论影响社会思潮，最后给真实的社会生活施加影响。

---

① ［美］罗伯特·W. 麦克切斯尼、约翰·贝拉米·福斯特：《互联网与资本主义的邪恶联姻》，《国外理论动态》2012年第3期。

② 对此有不同观点，参见陈积流《对传媒"病态"的几点思考》，《企业经济》2003年第5期。尹力《中国传媒变迁负面效应的一个理论解说——政府、市场与社会之非均衡模型与媒体市场化改革》，《重庆邮电大学学报》（社会科学版）2014年第2期。

在这种政治、资本与社会的三元互动关系中，中国共产党要想继续对中国社会的话语体系有强大的影响力甚至掌控力、要保持自身所具有的社会中心地位，就必须加强自己在现实世界的代表能力，也就是习近平所说的，"打铁还需自身硬"。而这也是为何习近平一再强调，"腐败问题越演越烈，最终必然会亡党亡国"。

第四章

共同富裕与机会平等

所谓社会主义生产关系比较旧时代生产关系更能够适合生产力发展的性质，就是指能够容许生产力以旧社会所没有的速度迅速发展，因而生产不断扩大，因而使人民不断增长的需要能够逐步得到满足这样一种情况。

——《毛泽东选集》第 5 卷，人民出版社 1977 年版，第 373 页。

社会主义的本质，是解放生产力，发展生产力，消灭剥削，消除两极分化，最终达到共同富裕。

——《邓小平文选》第 3 卷，人民出版社 1993 年版，第 373 页。

在新世界，资产阶级生产关系同它的承担者一起输入进来，并且在这块由于土质肥沃而补救了历史传统贫乏的土地上迅速生长起来。

——《马克思恩格斯全集》第 13 卷，人民出版社 1962 年版，第 45 页。

"只要资本家购买了工人的劳动力，工人就'成为他的（资本家的）货币'。"

——《马克思恩格斯文集》第 5 卷，人民出版社 2009 年版，第 332 页注。

老子曾经说过，"民各甘其食，美其服，安其俗，乐其业，至老死不相往来。"《汉书》也描述了，"各安其居而乐其业，甘其食而美其服"。各国之间和一国内部，如果人民能够安定愉快地生活和劳动，就不会去羡慕别人，不会为了生存，而离乡背井去外地谋生；如果实现了老子所构想的"至治之极",自然不会引发今天全球危机中凸显的各种矛盾和冲突了。

随着全球化的发展,"至老死不相往来"已经不可能。但是,不仅中国传统文化强调人民福祉,美国总统林肯在著名的演讲中所强调的民主政府之三条标准,即民有、民治、民享（of the people, by the people, for the people）,也包含了民主以民生为念的蕴义。由此可见,虽然世界政治制度和各国文化具有多元性,民生却是不同国家理念和不同文明的共识之一。

但是,如何确保民生?中国梦与美国梦有着不同的理解。以民本主义为渊源,中国梦追求共同富裕;以自由主义为渊源,美国梦强调机会平等和个人责任原则。因此,追求美好生活是两国人民的共同愿景,但是中国梦和美国梦各自对于人民实现美好生活的路径与价值取向是存在区别的。

无论是美国梦还是中国梦,都可以分为两个层面:国家层面的梦想和个人层面的梦想。如果国家之梦和个人之梦不能有机结合起来,甚至国家之梦建立在牺牲个人之梦的基础之上,那么,国家之梦最终只会是黄粱一梦。并且,中国社会是由不同的个人组成的,因而,不同个人的梦想彼此之间也存在冲突,例如收入分配改革困难重重就是力证。国家之梦一方面应当有能力将具有不同利益的个人团结起来,另一方面应当有能力协调这种个人梦想之间的冲突。在这个意义上,保障与实现中国人民的幸福是实现中华民族复兴的基础和原动力。

第一节　共同富裕:民本与民生

任何改革,最终都会归结到利益分配问题上。利益分配能否处理好,尤其是大多数人的利益能否得到体现,关系到改革的成败。邓小平曾经说过:

> 走社会主义道路,就是要逐步实现共同富裕。共同富裕的构想是这样提出的:一部分地区有条件先发展起来,一部分地区发展慢点,先发展起来的地区带动后发展的地区,最终达到共同富裕。如果富的愈来愈富,穷的愈来愈穷,两极分化就会产生,而社会主义制度就应

该而且能够避免两极分化。①

实现中华民族伟大复兴的中国梦,当然需要进一步的发展。但是,只求发展,没有相对公平的社会分配机制,不能形成合理的社会结构,必将威胁到社会的和谐,最终使得发展变为不可能。"其兴也勃焉,其亡也忽焉"。无论是中国的民本主义传统,还是中国特色社会主义制度本身,都决定了中国的发展必须高度重视民生建设,以实现共同富裕为改革与发展的目标。

一 民本主义

孟子曾说过:"君曰何以利吾国,大夫曰何以利吾家,士庶人曰何以利吾身,上下交征利而国危矣。未有仁而遗其亲者也,未有义而后其君者也。"孟子认为应当用仁义治国,而不是利益。个人利益最大化要导致腐败,如果上上下下互相争夺利益,导致政局动荡,那国家就危险了。但是孟子的老师子思和他的观点不一样,子思认为利者义之和,不利民,何以仁?也就是说,子思认为,应当通过上行仁义,以仁义要求自己,让百姓先得到利益,才有动力和能力下效而达到仁义治国的目的。历来民族复兴是从寻找民族精神开始,既而找到一条振兴民族之路,"民本主义"为中华文明之宗旨,正本清源,打通古今,正我中华,这是立国之论。

(一)以民为本

《尚书·五子之歌》有一句话:"皇祖有训,民可近,不可下。民惟邦本,本固邦宁。"其意为民众是国家的根本,作为统治者要敬民、重民、爱民,认识到民众的力量,自我约束,修善德行。慎重处理民事、国事。

1949年以来,中国共产党领导中国人民在政治上创造了现代政治国家的同时,经济上也创造了"中国奇迹",成为世界第二大经济体。但是,发展不可能让所有人同时同等受益,而中国的经济社会发展中不平衡、不协调、不可持续的矛盾和问题日益突出。中国目前一方面处于发展关键期、改革攻坚期,另一方面也处于社会矛盾凸显期。

现阶段的问题只能通过改革开放解决;但是,改革开放是繁荣与发展中国社会的途径与手段,而不是中国社会存在的意义与目的。"乐民之乐

① 《邓小平文选》第3卷,人民出版社1993年版,第373—374页。

者，民亦乐其乐；忧民之忧者，民亦忧其忧。"无论是中国的政治传统还是当前中国共产党的政治纲领，都认为政治权力的正当性来自于民意，也就是社会对当前政治权力的认可。"皮之不存，毛将焉附"，经济活动本身镶嵌在社会关系之中，不可能独立于社会关系之外而自我运行。因此，依靠政治和经济的力量去推动社会改革，并非一蹴而就，甚至如果无视社会自身发展规律，片面追求发展，就有可能出现适得其反的效果。应当以人为本，推动改革与发展的进行。

> 所谓"以人为本"：
>
> 不只是以个人为出发点和归宿点，而且更是以人民整体（最广大的人民群众）的利益为根本出发点和归宿点，因为人从一开始就是群居的动物；
>
> 不只是以人的经济利益为目标，而且更是以人的社会生活质量——精神生活品质为目标，因为人从一开始就既是经济动物更是社会动物和精神动物；
>
> 不只是以人的眼前利益为目标，而且更是以人类整体的长远利益为目标，因为从一开始，人类就是世代相传生生不息的；
>
> 不只是以人自己的利益为目标，而且更是以人与自然的和谐相处为目标，因为从一开始人就是自然的一部分。
>
> 以最广大的人民群众的整体利益为出发点，也就是要把人民群众当成发展的最终受益人、最终评判人，并随时随地倾听人民群众的声音，全心全意为人民群众服务。①

经济增长曾经是中国官方与民间、中央政府与地方政府以及其他各种利益群体之间的共识：经济增长的成果为人民所共享，但客观上难于平等分享，存在"先富帮助后富"的问题；而人民的政治诉求和政治参与自20世纪80年代以来相应减少。但是自90年代以来，随着经济的增长并未带来普遍覆盖而且相对平均的福利改进，甚至有部分社会群体感觉到自身被排除在共享发展成果之外，这些社会群体就会产生福利受损感，就会形成各种不同的社会诉求。一旦种种社会诉求难以得到满足或者合理的满

---

① 黄平：《解读"以人为本"》，《江南论坛》2004 年第 5 期。

足，社会诉求就会上升为社会抗争，或者转化为政治诉求。这就是为何当年邓小平针对改革前"均等化"的收入分配格局提出"允许一部分人先富起来"的口号，希望通过利益驱动刺激中国经济增长；同时，又强调"共同富裕"的终极重要性，将"共同富裕"视为"发展是硬道理"背后真正价值追求的原因所在。

对上述问题可以出租车司机行业的劳动和资本力量失衡为例来说明民本主义的现实意义。劳动和资本不平衡、不对称，是所有国家工业化过程中普遍存在的问题。近二十多年来，中国的劳方与资方作为独立的利益主体在市场机制下开展合作与博弈，表现出"资强劳弱"的典型特征，劳动者的职业稳定感和安全感下降。①

虽然在市场经济条件下劳动力成为商品；但是，和一般商品不同的是，劳动力不是生来就是商品，在现代市场上很难自由买卖，具有特殊性：第一，承载劳动力的是自然人，和机器不同的是，自然人的劳动时间和劳动条件有"物理性的上限"和"道德性的上限"；第二，根源于中国的政治传统和当前中国政府所主张的"建设有中国特色的社会主义"的政治口号，劳动者的劳动时间和劳动条件还应当具有"社会性的上限"和"政治性的上限"。② 因此，在中国，如何恪守"上限"，做好劳动保护，特别是对在劳动市场处于弱势地位的体力劳动者的保护，关系到社会安全底线的"下限"究竟在何处。

在当前全球化和个体化双重发展大趋势背景下，中国在从计划经济体制向市场经济转型、从家庭福利向单位福利制度再向社会安全网建设转型、从管理性政府向服务性政府转型、从经济发展锦标赛向经济发展和社会建设双项锦标赛转型……多重转型的叠加，加上转型速度之快、覆盖面之广，使得中国的劳动和资本之间的不平衡关系的解决更为复杂和困难。

市场化改革使中国经济呈现出社会化大生产的特点，但与全球化同时出现的还有个体化的趋势。个人在越来越独立于核心家庭的同时，也越来越独立于19世纪欧洲式工作企业、20世纪美国福特主义和中国计划经济时代工作单位的传统理念。一方面，全球资本主义带来了全球竞争下企业

---

① 刘健西、邓翔：《转型期我国劳资关系失衡格局成因及对策研究》，《天府新论》2013 年第 5 期。

② 舒建玲：《政府保护弱势劳动者权利的必要性》，《企业经济》2005 年第 3 期。

所提供的工作福利的削减和工作稳定性的降低，迫使个人越来越"独立于"受雇机构，难于得到稳定的工作保障；另一方面，这种独立于受雇机构的职业个体化的发展，使得传统福利国家理念的另一基础，也就是集体性劳资关系向个别性劳资关系迅速并且大面积地转变。

例如，现行的中国法律虽然规定了工会组织有代表劳动者进行集体谈判的权利，却没有明确规定企业方不进行集体谈判应当承担的责任。大多数客货运司机，特别是出租车司机属于典型的个体化劳动，基于其工作性质难于组成真正意义上独立于雇主的工会组织，进行工资集体协商。即使能够组织进行此类集体性协商，例如有关"份子钱"问题的谈判等，由于劳资双方信息不对称，工人们谈判时拿不出财务数据，成了谈判中的一块"短板"，这就使得工会组织在开展集体谈判时缺少同企业抗衡的手段。

全球化的迅速发展使资本已经被充分全球化，但是仅有一小部分有技术的劳动力流动实现了全球化。资本的跨国自由流动，使各国企业都面临全球性的大竞争，企业福利被视为负担而被不断削减，资本收益率不断提升；同时，资本流动也带来了就业的跨国自由流动，使劳动力的跨国竞争加剧，工作福利的压力向个人和国家两头分解。[①]

出租车司机等劳动群体无疑不属于有能力自由跨国移动的精英劳动资源，但其个人的劳动状况和劳动收入却受制于资本的全球化，例如全球化和信息技术革命带来的日益激烈的市场竞争、劳动力价格的实际萎缩和国际油价等能源价格的影响等。处于弱势的个人向政治国家寻求福利救助的可能性不断上升。另外，由于资本的全球化，政治国家实施凯恩斯主义宏观调控的有效性被严重削弱，各国国内政治结构中劳动和资本之间的权力平衡也被打破。资本因为追求劳动力市场的弹性化，反过来对政治国家施加影响：要求减少税负、减少劳动监管、减少企业有关社会保障的负担、降低最低工资标准、降低劳动合同中有关解雇的规制标准，等等，使政治国家事实上对弱势的个人提供社会保护的能力不断下降。

所以，在资本实现全球化，而劳动力特别是在生产链条中处于下游的客货运司机们所代表的体力劳动者难于实现全球化自由流动的大时代背景下，中国的劳资关系已经出现严重的利益失衡。中国共产党的宗旨、赢得

---

① 黄平：《全球化的另一面》，载《梦里家国：社会发展、全球化与中国道路》，社会科学文献出版社 2015 年版。

政权的依靠力量和执政以来的社会主义政治口号等决定了，劳动者有向中国共产党执政的政治国家主张兑现其所承诺的劳动保护的权利。如果政治国家不对此类主张进行有效回应，就会危及中国共产党长期以来坚持的社会主义道路的政治正当性基础。

在劳资关系存在严重失衡的情况下，政治国家的确应当进行干预，首要的是确保初次分配的公平性，也就是保证劳资关系的基本平衡。其次，要通过包括社会保障在内的再分配机制，促进社会互助。但是，决不能认为这种给付性质的社会福利越多越快越好，为了避免中国的"社会革命"失败，必须正确认识政府的定位。随着现代国家的力量不断膨胀，政府不是社会福利的创造者，更不应当视自身为社会福利的施舍者，而是现代社会福利机制的最有效的组织者或管理者。

但是，如果一方面受全球化资本自由的限制，政治国家已经不能对本国的国民经济进行有效的调控；另一方面不受管控的自由市场竞争产生不断加剧的社会分化，社会分化的加剧使政治国家所承受的社会压力增大，社会公共支出的压力随之增大；那么，资本自由和财政压力的"合力"就会导致中产阶级的萎缩，最终引发尚未成长成熟的中国中产阶级的严重不满。所以，为了避免中国福利体制的片面发展，应当全面认识福利制度的内涵，规制性福利与给付性福利二者应当相互依存、不可偏废。

为了避免陷入社会福利陷阱，应当清楚地认识到给付性福利的局限性：通过社会性支出进行的收入再分配机制不是缓和各种社会不平等的万能药，反而有可能变相扩大社会不平等。① 目前中国社会福利的碎片化现状、体制内、体制外福利待遇的巨大差距，不同地区和不同行业、部门之间的福利差距等都表明，仅从社会性投入的数量增长幅度这一角度来分析，不足以分析和解决社会性支出内部的结构性问题所导致的社会阶层之间的不平等性再次扩大的问题。

在深受新自由主义影响的全球化浪潮下，放松规制已经成为一大趋势：一方面否认政治国家的规制行为的政治正确性，认为这是对经济自由和个人自由的威胁，认为市场经济不存在收入分配的问题，从市场获得的收入都是自己"挣来的"；另一方面将社会责任推卸给政治国家，认为收

---

① 冉昊：《福利国家不平等和二次分配的原因——基于福利国家分配系统视角》，《教学与研究》2014 年第 11 期。

入分配不合理的原因在于政府权力不受限制、特权导致不平等发生，以此强化政府特权导致不平等的概念，淡化资本收益远远超过劳动收益的最大不平等。最终达到纾解资本与劳动之间的对立，加剧社会与政治国家之间对立的目的，迫使政治国家不得不加大社会性支出，承担更多的减少贫困、消除社会不满的责任。

实际上，社会性规制所需要的财政支出低于给付性福利，与后者相比，付出相同的成本可以获得更大的效果。为经济发展保驾护航的政府，不应当反过来被经济发展所绑架，应当加强各种社会性规制，包括严格的劳动标准、就业机会平等、消除歧视等，促进机会的平等性；应当将规制性福利手段和给付性福利手段相结合，将促进机会平等和促进结果平等相结合，确保初次分配的公正、公平与合理性，保护劳动者的安全和尊严，提高劳动者的自主性和参与性，才能通过保护弱势劳动者实现保护社会的目的。

（二）社会建设

任何地方的社会政治都是一个巨大的集合体，里面的因素处于不断变化的过程中，矛盾冲突是社会关系发展的常态而非病态；但是过于激烈的社会矛盾和社会冲突集中出现，则意味着社会需要进行相应的保护和建设。从中国的发展实践来看，"市场社会"导致社会矛盾集中爆发，社会就会自发形成蓬勃的反向运动，催生一个"社会市场"的逐步形成。①

中国改革本身就意味着不断的变化，这种社会的急剧变化一方面给社会增加了活力；另一方面也使社会充满了不确定性。传统血缘家族体系所能够提供的经济安全感和社会安全感在城乡地区都普遍处于衰退过程中。而中国迅猛的城市化进程，将大量农村人口和土地进行分离，促使他们进入城市工作；并且，原有中小城市人口的相当部分也在迅速向大城市集中。与此同时，计划经济时代的单位制度已经在相当程度上被瓦解，与城市社会个体相对应的往往是由"丛林法则"进行主导的市场，而不是曾经包办生老病死的单位，市场经济的残酷竞争使得"社会达尔文主义"盛行。

在这种市场化和城市化的进程中，由于社会转型的快速进行、社会环境的急剧变化，个体的社会地位和身份也处于个人力量所难以预计和掌控的转变过程中，甚至一部分人已经被甩到社会结构之外，传统的价值观念不断与新的价值观念发生冲突，加上现代社会人际关系处于疏远化、人际

---

① 王绍光：《大转型：1980 年代以来中国的双向运动》，《中国社会科学》2008 年第 1 期。

信任也易于出现危机、孤独感已成为现代人的通病……这就使得易于陷入孤独的社会个体，尤其是中低收入者难于将"现实意义的我"与"过去时态的我"进行统一，因而容易丧失自我认同感，进而容易缺乏安全感。对于这种状况，政府理应在支持中低收入群体规避社会风险方面发挥更积极的作用。

片面追求经济发展而忽视了社会发展，片面制造廉价的投资环境而实质上对现有弱势群体和后代的生存发展空间进行剥夺，机器和现代技术与市场经济的社会伦理的结合释放出中国社会人际关系的革命性变化——在改革成为零和游戏之后，改革本身面临重重困境：缺乏共识、缺乏动力、缺乏解决悬而不决并且矛盾重重的各种弊端的勇气和魄力。为了重建共识，为了让改革和发展继续具有动力，就必须对社会进行保护，同时对社会进行建设。

建设社会需要超越工具理性的思维，不应当像经济建设一般，盲目相信对某种"先进的"经济发展模式的移植必然带来经济的腾飞，必然解决经济发展的问题，经济发展取得成就之后，就必然能够解决其他各种社会问题和政治问题。上述种种貌似科学与理性的决定论不利于社会建设。事实上，如果说经济发展模式可以用 GDP 进行貌似科学与理性地衡量，社会发展则难于有一个鉴别优劣的"普世性标准"去判断何种社会模式是最优的。① 例如，在被认为社会福利最发达健全的北欧国家可以发生惨烈的枪击案，而此类治安恶性事件在作为世界最发达经济体的美国已经是"常态"。

在政治力量和经济力量无意识地或无计划地改造之下，中国社会发生了巨大的社会变革。但是，这种社会变革绝不是与中国社会的传统和历史进行绝对切割，更不是对欧美发达国家社会模式的简单移植与培育。当前中国社会并存的犬牙交错的多种社会形态充分表明，社会具有其独立性和自我选择性。中国政府现在要进行有意识有计划的社会建设，就不能无视这种独立性和自我选择性的存在。既然没有最优的社会模式一说，那么，应当从中国实际出发，结合不同国家与地区的社会建设模式进行思考。

例如，城市化的程度高是否当然意味着更好的社会建设？在目前中国仍需大量进口粮食才能满足国内需求的情况下，将高度的城市化等同于现

---

① 方振邦、邹定国、唐健：《我国地方政府社会建设绩效评价体系创新研究》，《国家行政学院学报》2015 年第 3 期。

代化，将城市化程度作为政绩指标，是否具有社会安全性和现实合理性？无论是工作社会还是知识社会，资本对社会的支配力都远远超过土地社会。中国政治体制的成熟度是否已经能够对资本力量进行有效的制衡？如果不能，是否能够更好地保护土地社会，将其作为中国社会建设的一个柔性巨大的缓冲地带？

又如，在政府主导进行的社会建设过程中，不应当将社会建设等同于社会保障制度的建设，更不应当将社会管理等同于社会管控。追求各种短效措施以确保目前的社会稳定，而忽视长效机制的探索与建立，只会让各种社会矛盾集中爆发而最终无法进行有效调和。因此，社会建设应当顺应中国社会发展的规律，要探索中国自身社会建设的价值取向，才能逐步形成适合中国的现代社会模式。

二　民生为先

"国计民生"，民生处理不好，社会陷入动荡，政府治理陷入瘫痪甚至政权更替，国家经济也就当然无以发展。国家没有能力发展经济，自然没有可能保障民生——很容易进入新的恶性循环。中国 GDP 尽管已经是世界第二，但是，还处于发展中国家的阶段。

> 中国经济总量虽大，但除以 13 亿多人口，人均国内生产总值还排在世界第 80 位左右。根据世界银行的标准，中国还有 2 亿多人口生活在贫困线以下。中国城乡低保人口有 7400 多万人，还有 8500 多万残疾人。因此，中国仍处于并将长期处于社会主义初级阶段的基本国情没有变，人民日益增长的物质文化需要同落后的社会化生产之间的矛盾这一社会主要矛盾没有变。①

习近平的上述表述说明，做好利益分配，保障与改善民生，深化社会改革，既是消化由于片面强调 GDP 增长带来的负面效应，也是为进一步的经济改革与发展创造良好的社会基础。

（一）更美好的生活

习近平在同中外记者见面的时候说过，新一代中国共产党领导人的重

---

① 《习近平在布鲁日欧洲学院的演讲（2014 年 4 月 1 日）》，《人民日报》2014 年 4 月 2 日。

大责任，就是对人民的责任；人民对美好生活的向往，就是这一代领导人的奋斗目标。然而，问题的关键点在于，什么是美好生活？是不是人民物质生活富裕了就等同于人们过上了美好生活呢？如何才能将人民对美好生活的向往与民族复兴的整体性事业结合起来呢？

对于何为人民的美好生活，习近平实际上已经给出了一个蓝图："更好的教育、更稳定的工作、更满意的收入、更可靠的社会保障、更高水平的医疗卫生服务、更舒适的居住条件、更优美的环境，期盼孩子们能成长得更好、工作得更好、生活得更好。"显然，这个涵盖了教育、工作、社保、健康、居住、环境等多个方面，用"稳定""可靠""舒适""优美"等词语进行形容的蓝图是为普通中国民众所设计的，并且最终汇流为道路问题——走共同富裕之路。

这个共同富裕的含义实际上被拓展了：不局限于收入提高，或者说不局限于以货币、金钱等所体现的物质生活的丰富程度；而是政治环境、经济环境、社会环境、文化环境和生态环境等多个方面的综合生活水平的提高，也就是物质与精神的多个层面的拓展，而实现这种拓展的基础在于社会公平和政治清明。

中国数千年历史长河中，追求结果公正和较高的社会流动性是教育在中国社会长期占据重要地位的原因所在，因而教育始终发挥着社会公平的安全阀作用。近年来，随着教育产业化越演越烈，原本以公益性为目标的教育越来越具有市场的逐利性，教育资源在优胜劣汰的市场机制驱动下迅速向大中城市集中。市场竞争使优质教育资源集中的地方的硬件设施水平迅速提高，但是作为教育本身的公益性和公平性的价值追求则被淡化甚至抛却。[1] 尽管习近平等希望发展更好的教育，意味着公共财政对教育特别是基础教育的投入将增加。但是，财政投入的绝对增加并不意味着教育部门会迅速向公益性绝对回归。相反，很有可能是一方面享受财政支持，另一方面仍然通过各种渠道从市场机制获得预算外收入。也就是说，仅仅依靠更多的投入，并不能够当然地发展更好的教育。

更稳定的工作和更满意的收入二者是紧密联系在一起的，属于初次分配的范畴。人力资源是市场经济中的生产要素之一，劳动契约表明上具有平等性，但不能改变"人"已经被作为逐利的"成本"，而不是"以人为

---

[1] 王长恩：《我国教育公平研究的现状与问题》，《江苏社会科学》2011年第5期。

本"的事实。市场经济天然是强调竞争的，一部分失业人口的存在，一方面具有人力资源蓄水池的功能；另一方面对正在工作的人形成压力，对于提高效率具有积极作用。

"更稳定的工作"这一要求表明，中国政府未来要加强劳动保护，对劳动力市场的残酷竞争性和市场经济的唯逐利性进行一定程度的限制。中国社会目前备受诟病的收入差距背后是收入分配机制的不合理，这种不合理性的形成和固化既有市场机制的推动，也有权力与资本相结合的原因，还有既得利益集团的维护等。因此，"更满意"背后是复杂的利益较量：谁更满意？按照共同富裕的要求，应当是占据人口多数的普通劳动者更满意。那么，为了实现这个"更满意"，必然需要打破现有的利益结构，进行收入分配制度的改革。如果不改革分配制度，只是实施收入倍增计划，相应地往往是居民消费价格指数居高不下，高通货膨胀率让增加的收入"水分十足"；那么其结果只会是既得利益者从中获取更大利益，而民众对中国政府进一步失去信任。

更可靠的社会保障、更高水平的医疗卫生服务、更舒适的居住条件等属于民生建设的主要三个方面。新中国成立后的前三十年强调高积累，与低收入相应的是广覆盖、低水平的单位福利制度。改革初期，单位福利制度基本被政府和市场的合力所瓦解，但社会保护机制没有相应建立起来，市场力量对社会的破坏力迅速形成了严重的贫富差距等。进入 21 世纪，中国政府对民生建设的高度重视，实际上是在补偿中国社会过去几十年所付出的高代价。基于这种转型性和补偿性，中国的民生建设自启动之时起就有天生不足的问题，例如养老保险的空账运营和社会保险制度的碎片化等。

中国民生建设的基本制度设计隐含着由中国政府承担根本责任、由各级政府财政进行兜底。也就是说，民生建设对经济的高速发展存在高度的依赖，这事实上给各级政府更大压力。

这种压力具体体现为两个公平性问题：无论是时间差还是需求差都可以总结为如何实现代际之间的公平性的问题；而具体的社会保障制度的规定是否合理，是否能够确保社会公平，则关系到如何实现代际内的公平性问题。[①] 处理不好这两个公平性问题，就会使得福利公共政策成为"火药

---

① 董海军、史昱锋：《青年代际流动与代内机会非公平——基于"屌丝"逆袭的社会学分析》，《中国青年研究》2013 年第 1 期。

桶",引发社会内部的分裂和社会对政府的不信任。因此,政治建设、经济建设与社会建设三者的协调运行的确"路漫漫其修远兮"。

生态文明被新一代中国领导人提升到前所未有的高度。中国近百年来的强国史,一直以发展作为主旋律。发展的过程是绝大部分中国民众都参与其中的,发展的成果客观上不可能由民众同时同等获得。但是,发展的代价,特别是以环境污染为代表的对生态的破坏,却是民众需要共同承受的,甚至往往在享受发展成果处于弱势的群体,承受的发展代价更多,形成对这些群体的隐性剥夺。① 这种对生态文明的重视,是实现可持续发展的根本所在,也是对社会公正的保护。但是,保护生态与经济发展之间会存在角力的可能,进一步说,追求短期政绩的地方官员缺乏经验,难于在易于量化的经济发展成果和难于近期量化的生态保护二者之间达成平衡。

(二)基本公共服务均等化

政府可以通过促进基本公共服务的均等化,减少个人的社会支出,切实改变城乡分治基础上的二元公共服务体制、地区间财力差距而形成的基本公共服务地区差异等失衡现状。对这种失衡也可以用劳动力流动的"用脚投票"现象来进行解释:流动人口在工作和居住地需要消耗公共品,而整个中国社会的资源和资本都在向大城市倾斜。目前,中西部地区农村的自来水普及率较低,水源缺乏制度上的保障,仍有数千万中西部农民的饮用水安全没有得到保障②;其运输网的密度也大约只有全国平均水平的三分之一左右。北京、上海、深圳等核心大城市不仅集中了当代生活不可或缺的工作、学习、咨询服务等多种元素,还集中了交通、教育、医疗、文化等多种优质公共服务设施,因此一线城市人口不断膨胀。随着生活成本的迅速提高,自2009年开始,"逃离北上广"成为一个风潮。但是,"逃离北上广"的相当部分人又发现中小城市和农村地区发展空间有限、公共服务水平过低,只好再次返回一线城市。③

这种人口聚集也罢,无奈放弃也罢,都体现出了缺乏资源的合理分配所导致的城乡不均衡发展和地区不均衡发展。人口稠密地区纳税人多、相

---

① 有关环境正义方面的观点,可以参考[美]彼得·S.温茨《环境正义论》,朱丹琼、宋玉波译,上海人民出版社2007年版。

② 《农村饮水安全整顿十年,痼疾未灭前路艰》(http://china.caixin.com/2015-02-04/100781246.html)。

③ 《大数据分析"逃离北上广"和"逃回北上广"》,《中国青年报》2016年3月30日。

应工作机会多、财政收入高、公共服务水平也相应提高，劳动力就会竞相涌入，使经济步入螺旋式上升；反之，则经济步入螺旋式下滑。因而促进基本公共服务的均等化发展，对于合理分配资源至关重要。

中国政府提出了基本公共服务均等化的目标，但在操作层面必须明确界定基本公共服务的内容。基本公共服务应当包括基本就业保障、基本养老保障、基本生活保障、基本教育和文化服务以及基本健康保障等几个方面。从基本公共服务的以上几个方面来看，整体上都存在着城市优于农村，大城市优于中小城市，东部优于西部的现象。公共服务地区差距和城乡差距的原因很多，其主要原因有二：第一，中央政策的向城市倾斜和地区性倾斜以及"地方梯度分权"；第二，地方政府的发展偏好、政策能力以及地方政府间的竞争。[1]

对于在农村地区提高公共服务水平，2003 年是一个重要的分水岭——国家财政第一次把农村公共产品和公共服务纳入公共财政支出范围。此后，明确规定了中央财政新增文化、教育、卫生事业经费主要用于农村。[2]

对农村义务教育阶段施行"免学杂费、免书本费、补助寄宿生生活费"的政策，保证农村中小学正常运转的需要。从财政上重点支持建立新型农村合作医疗制度，并且支持医疗救助制度的发展，2016 年中央财政安排城乡医疗救助补助资金 160 亿元，整合城乡居民基本医保制度，财政补助由每人每年 380 元提高到 420 元。针对农村老年人长期缺乏社会安全网覆盖的现状，从财政上支持农村新型社会养老保险制度的建立。无论是新农合医疗还是新农保基础养老金，中央财政对中西部地区的农村人口进行补贴，而东部地区基本由省、市（地）、县自行安排，中央财政给予一定比例补助，因此，中央财政的补贴成为中西部与东部筹资水平均等化的主要原因。

虽然城镇地区已经初步建立起了社会安全网，但是基本公共服务政策城乡二元分割机制使得流动人口、失地农民等新型脆弱群体面临着社会经济转型贫困风险。所以，未来应当在全国范围内建立统一使用的社会保障个人账户，逐步走向城乡政策体系统筹的道路。

实际上，除全国性的基本公共服务由中央政府提供财政支持外，绝大

---

① 中国社会科学院社会发展战略研究院：《中国基本公共服务调查报告（2012）》（http：//www. cssn. cn/preview/zt/10475/10478/201306/t20130605_ 366502. html）。

② 丁学东、张岩松：《公共财政覆盖农村的理论和实践》，《管理世界》2007 年第 10 期。

部分的公共服务是由地方政府提供的。在提供社会安全网建设方面，地方政府的财政配套压力很大；并且，各地财力差距导致不同地区政府公共服务水平存在差异。对此，应当调整和规范中央和地方的收入划分，界定各级政府的基本公共服务支出责任。此外，还应当改革财政转移支付制度。对此，2011 年财政部出台了《中央对地方均衡性转移支付办法》，明确中央对地方均衡性转移支付的规模和分配原则等，以缩小地区间财力差距，逐步实现基本公共服务均等化。为了促进省以下推进基本公共服务均等化，中央政府还引入一个新的锦标赛——中央财政将对省以下为实现基本公共服务均等化努力程度达到前五位的地区，按照当年测算该地区转移支付额的一定比例给予奖励。

虽然中央政策为实现基本公共服务均等化发展进行了大量调整，但是基本公共服务的提供和改善有赖于地方尤其是基层政府。自改革开放以来，中央政府对地方不断下放权力，地方政府逐渐成为相对独立的利益主体，地方政府间的竞争越来越激烈，对中央政府制定的政策也采取一种"选择性执行"的策略。公共服务的地区供给及其绩效处于一种不平衡状态，呈现出由东向西递减的格局；而现状是公共服务水平越低的地区越"重经济建设、轻公共服务"。但是，由于其不能提供足够的和优质的公共服务与产品，流动性的生产资源就会"用脚投票"，离开或者不进入该地区；由于缺乏生产要素的集中，虽然高度重视经济建设，经济发展仍然缓慢，这就无法形成经济发展与公共服务的良性互动。这反过来可以部分解释为何很多"逃离北上广"的人才最后又返回"北上广"，中西部地区始终难于吸引人才。

长期以来，由于缺乏对地方政府公共服务绩效的监测、评估与激励机制，导致地方官员容易陷入政治功利性和缺乏长期战略发展思维。因此，为了提高基层政府提供公共服务的积极性，必须将中西部地区公共服务建设作为区域协调发展战略的重心，改革现行的政绩考评机制，引入民众"用手投票"机制，提高民众的社会参与度，将公共服务纳入对地方政府官员政绩考核与晋升的评判标准之中，革除地方官员只唯上不唯下的弊端。

中国经济的快速发展引发了一系列新的矛盾和困难，如果不遏制发展失衡的态势，不同地区公共服务差距过大，对政治稳定将会产生不利影响。[①] 而解决这一问题，不仅仅要从改革政府财税制度、调整中央地方政

---

① 黄平：《误导与发展》，中国人民大学出版社 2006 年版。

府关系、完善政府官员考核晋升机制等方面入手，更多地要让不同的社会利益群体都有充分的发声渠道，通过有序的民众社会参与来完善利益均衡机制、促进基本公共服务均等化的发展，减少社会利益冲突，确保中国经济的可持续发展和中国社会的稳定发展。

（三）安居乐业

按照"安居乐业"的传统说法，就需要确保民众有安定的住处和固定的职业。对于有着数千年农业社会传统、又同时处于快速工业化阶段的中国而言，"安居"当然与土地问题紧密相连，"乐业"则与充分就业和收入分配体制密不可分。

回顾中国几千年的皇朝更替，土地问题是根本问题之一。对于农民而言，以地养生，土地是至关生产和生活二者的"命根子"；对于城市居民而言，住房则是"安身立命所在"，也是另一种概念的土地问题。

在废除农业税和"三提五统"等之后，围绕着农村土地又出现了新矛盾：在远离城镇的农村地区，围绕土地承包分配方案是否公平合理，是否应当重新调整等问题，产生了大量的土地纷争。

"新农村建设运动"的目的在于统筹城乡发展，引导农民居住向社区集中，推进城乡一体化。但是，实际情况却出现了相当数量的农村地区的"赶农民上楼的运动"或者"良田侵占运动"。① 受土地财政的利益驱使，实际操纵土地权的地方政府，借城镇化之名，对近郊农民的住房强拆强建、土地强征强占，强迫农民上楼，引发了大量地方政府与被强制拆征农民之间的冲突。另外，在远郊农村地区，在农民集中居住点的建设规划与土地利用调整规划不能及时衔接的情况下，为盲目追求"社区化"政绩，就产生了诸多为吸引农民集中居住而占用良田盖楼房，腾出的相当部分土地原本就是劣质土地而难于被复垦为耕地，或者地方政府缺乏利益驱使而怠于组织复垦，反而导致耕地总量减少的同时良田也被侵占。

原本相当部分是种植菜地的近郊农民"被上楼"了，菜地也"被城镇化"了；原本耕作良田的农民"被社区"了，良田也"被侵占"了。于是，菜价、粮价和各种农产品价格飞涨，粮油日益依赖进口等现象都不足为怪，并且导致城市居民备受通货膨胀之苦，还给中国的粮食安全问题画

---

① 《中共中央、国务院关于加快发展现代农业，进一步增强农村发展活力的若干意见》，2013 年 2 月。

上一个大大的问号。因此，2013 年的中共中央第一号文件明确指出："不提倡、不鼓励在城镇规划区外拆并村庄、建设大规模的农民集中居住区，不得强制农民搬迁和上楼居住。"

通货膨胀等使得城市居民发现手头的积蓄迅速不值钱了，只好变"高储蓄率"为"高投资率"。房地产业一方面被"全民炒"；另一方面被"全民骂"，住房价格暴涨和房地产经济泡沫化已经成为众矢之的。加上众多城市热衷于表面繁荣、豪华的发展模式，忽视对基础公共服务功能的投入。对于穷困的城市居民而言，住房问题已经不可能自行解决，甚至油盐柴米等维持基本生活所需品的物价飞涨都已经使其不堪重负，生活艰难；对于中产阶级而言，天价的房地产将其变为"房奴"，房子如果是用于自住而不是炒作就不过是纸上黄金，也造成了他们事实上的贫穷化；对掌握了大量财富的少数富人来说，买房子如同买大白菜（当然，2010 年大白菜价格也在飞涨），他们非但不会如政府所愿"先富带动后富"，反而致力于捆绑地方政府，架空为政权正当性承担最终责任的中央政府，精心构建强大的既得利益集团。2016 年基于三、四线城市出现大量房地产库存的情况，政府提出"去库存"的口号，然而，三、四线城市的库存没有大量减少，以北京、上海和深圳等为代表的一线城市却出现投机暴涨的情况，就是一范例。

住房权是人民最基本的社会性权利之一，应当具有最低限度的公平性。从住房权所包含的内容看，一国居民住房问题的解决需要政府履行相关责任。[①] 为了实现可持续发展和有效实现人民应有的居住权，充分发挥政府与市场两方面的积极作用，根据住房自身两个不同的基本属性，中国房地产市场应当区分为保障性住房和商品房两个分市场，形成两个异质分市场组成的保持一定动态平衡的体系：

保障性住房是政府提供公共服务的内容之一，以保障人民的居住权为目的，政府应当承担住房提供者和管理者的责任。所以，保障性住房市场应当是政府规制的市场，该市场的目标是为了实现大多数社会成员的住房权。一方面，政府应当提供大量微利的甚至享有政府补贴性质的保障性住房；另一方面，政府可以直接采用有效方式来明确不同保障性住房的购房者或者租赁者的申请资格、购房数量、使用权限制等，将公共服务与社会信用体系紧密结合，避免继续出现富裕阶层大量购买保障性住房的怪象，

[①] 杨巧：《居民住房权保障中的政府责任》，《管理世界》2014 年第 11 期。

并且通过提供公共服务来实现有效社会管理。

商品房市场应当主要以市场经济规律为杠杆，通过市场供需达到平衡。政府不再是直接的规制者，更不应该是直接的控制者，而应当严格依照法律规定的实体和程序规范，对市场经济秩序进行管理，发挥市场经济运行的宏观调控者的作用。一方面，对于寡头垄断等不利于市场良性发展的操纵市场的现象，采取严厉的立法来进行反垄断的法律规制；另一方面，对于投机或者囤积大量商品房的行为，通过住房税、遗产税、赠与税等相关税制的完善，进行有效调控。

"安居"某种程度上已经危机四伏了，对农民的强制城镇化和城市建设的日益贵族化，使得民众日益感受到生存空间的狭小。那么，"乐业"如果处理好了，对解决"安居"问题大有裨益。而要实现"乐业"，就需要尽可能实现充分就业，并且形成合理的收入分配体制。

对于卷入土地纷争的农民而言，一定程度上发挥过村庄内部土地收入调节作用的农业税费没有了，土地好坏直接决定其收入水平，因此处理好土地承包和土地流转相协调的问题成为当务之急。对于"被进城"的失地农民而言，失去了原有的土地保障，如何通过持有集体产业股权、建立就业扶持机制、加入城镇居民社会保障体系、建立居住安置机制等确保其社会安全感，是真正将局限于"钢筋水泥化"的城镇化落实为农村人口的城镇化的关键所在。

现在，城市居民中隐形失业人口众多，如果不能通过积极引导和主动创造就业机会帮助其就业，这些失业人口尤其是其中的青壮年失业人口，很可能成为被"社会排斥"[①]的人群，因为"反社会"的倾向而制造社会骚乱和动荡。城市的底层就业人员，如果劳动力收入过低，而且难以得到应有的社会保障，就会容易成为隐性失业人口的一员，增加不稳定因素。其中尤其是农民工，如果一方面在城市得不到真正保障；另一方面在家乡"被进城"而失去土地，就会"被无产阶级化"而成为定时炸弹。而中产阶级由于被房价所累，也被通货膨胀所困，收入增长速度远远跟不上飞速上涨的物价对其资产进行剥夺的速度，成为"夹心层"；因此，中产阶级

---

① 从社会排斥的内容而言，有收入贫困和物质匮乏、劳动力市场排斥、公共服务排斥、社会关系排斥等。李雪萍、王蒙：《多维贫困"行动—结构"分析框架的建构》，《江汉大学学报》（社会科学版）2015 年第 3 期。

非但不能迅速成长，发挥社会稳定群体的恒定作用，反而有可能转向通过"革命性"的抗争寻找前途。

最核心的是，如果资产收益远远高于劳动收入，就必然一方面形成畸形的收入分配制度，必然加剧贫富悬殊、形成社会分裂；另一方面形成大量投机资金涌入房地产等高回报产业，而不会进入能够真正吸纳就业的实业界，造成实体经济虚弱和实际失业率居高不下，使得"乐业"的实现化为泡影。因此，要高度重视产业空心化、经济金融化等带给社会的严重负面影响。

第二节　机会平等：市场与个人

美国精神具有浓厚的自由主义传统，以个人主义为核心，鼓励追求个人自由和物质财富。在强调自由权的同时，美国社会也强调平等性。"人生而平等"吹响了近代资产阶级革命的号角，阿马蒂亚·森认为平等虽然已经成为普遍原则，但平等观念时刻面临着"人与人之间的相异性"与"评价平等变量的多样性"的挑战。[1]

美国传统上的平等主要指机会平等[2]，强调法律面前的平等性，赋予"机会平等"以绝对的道德至上性与政治正确性，突出"勤奋劳动"对形成贫富差距和阶层差异的决定性意义，而不注重结果的平等性和社会成员之间相互责任的平等。虽然自 19 世纪末开始注重条件平等（物质平等），特别是在 20 世纪罗斯福新政和约翰逊的"伟大社会建设"后在相当程度上缩减了贫富悬殊，但是，里根主义和新自由主义的兴起，使得机会平等再度成为核心价值追求。[3] 因此，美国社会本质上是一个工作社会。[4]

---

① ［印］阿马蒂亚·森：《论经济不平等/不平等之再考察》，王利文、于占杰译，社会科学文献出版社 2006 年版。

② 在最早的欧洲清教徒移民看来，新大陆充满了希望和挑战，其吸引力在于有机会成为统治者，这构成了美国精英梦的雏形：在竞争机会平等的条件下，作为少数的成功者应当享有更多奖励；而作为多数的失败者如若对这种差距进行抱怨，就缺乏公平性基础。这种思想也直接影响到美国对于平等性和公平性的定义，使之倾向于机会平等，而不是结果平等。

③ ［美］罗伯特·威廉·福格尔：《第四次大觉醒及平等主义的未来》，王中华、刘红译，首都经济贸易大学出版社 2003 年版。

④ 贝里克认为美国社会的一个区别于其他西方社会的重要特征是对工作的高度崇拜。J. Duerr Berrick, *Faces of Poverty: Portraits of Women and Children on Welfare*, Oxford: Oxford University Press, 1995.

同时，美国也强调经济和社会的向上流动性，通过众多类似富兰克林这样的"平民到富翁到政治家"的成功范例，将较高的社会流动性作为美国社会正确性的重要基础，以此证明精英地位的来源正当性。因此，机会平等性和社会流动性二者共同构成理想的美国社会模式所具有的意义、正确性和信心的基石。[①] 其核心是个人责任原则。

一　机会平等信条[②]

美国的社会模式强调经济自立，因而形成对"贫穷文化"的批判，穷人的行为、态度和价值等被认为因自身原因而陷入"贫困陷阱"。[③] 这种批判态度背后是机会平等信条，这既符合美式自由资本主义的要求，同时也因美式资本主义本身而产生和成熟。

针对 19 世纪的美国社会，德国学者桑巴特认为，美国资本主义为工人提供了丰厚的物质报酬，美国社会具有较高的社会流动性，加上美国普选制等政治制度对公民可以进行有效整合，使美国"没有社会主义"。[④]

19 世纪晚期，美国社会开始出现贫富悬殊。经历了进步时代的大调整，政府对经济的干预逐渐为美国社会所接受。20 世纪上半叶，美国左派学者萨姆森对美国的资本主义进一步阐述，他认为美国无疑是一个资本主义国家，但其对资本主义的定义实际上是资本主义的社会主义形式，"美国精神在意识形态上替代了社会主义"。[⑤] 长期以来，"所有阶层的公民"与精英阶层之间的利益博弈被认为可以通过自由市场经济得以规范、调整和正当化，因而，美国的政党政治和劳工运动、工会之间的联系先天不足。

美国的各种制度特别是其民主政治制度曾经被誉为使个人奋斗梦想成为可能的基础和引擎。但是，追求个人自由、资本自由和促进社会团结之

---

① ［德］W. 桑巴特：《为什么美国没有社会主义》，社会科学文献出版社 2002 年版。

② 本部分内容主要参考魏南枝《不平等、充分就业与政治正当性——从社会角度分析当前美国国内挑战》，《美国研究》2013 年第 4 期（总第 108 期）。

③ Sara Chamberlain, "Gender, Race, and the 'Underclass': The Truth behind the American Dream", *Gender and Development*, Vol. 5, No. 3（Nov. 1997）, pp. 18 – 25.

④ ［德］W. 桑巴特：《为什么美国没有社会主义》，社会科学文献出版社 2002 年版，第 106—214 页。桑巴特认为丰富的物质报酬使工人阶级丧失激进主义动力，社会流动性抑制了工人阶级的阶级意识的发展，而美国的政党制度可以有效地提升公民整合度。

⑤ Leon Samson, *Toward a United Front: A Philosophy for American Workers*, New York: Farrar & Rinehart, Inc., 1935, p. 17.

间存在着潜在的冲突，社会普通民众与部分精英之间的利益博弈也不可避免。依据美国的民主政治制度，美国民众有权通过大众民主制度要求政府干预市场，或者推动政府改变社会政策以实现对社会利益的保护。不过，基于美国自由主义政治文化传统，特别是在自由主义传统对社会政策选择倾向的长期影响之下，美国精神认为自决高于保障，并不认可政治国家对实现社会与经济的结果平等负有义务，甚至对政府的干预经济和提供大量公共服务存在不信任感，因此美国民众要求美国政府干预市场的意愿和能力是有限的。

自进步时代以来，美国政府在多重压力之下开始干预经济，并采取多种措施增强社会平等性。[1] 但这种经济干预的核心任务是保持经济稳定和促进充分就业，以确保市场主导的福利提供模式的顺利运行。即使经历了20世纪的大衰退，罗斯福新政所通过的1935年美国社会保障法案，也并未建立起欧洲式的全民社会保险制度，而是深受美国长期奉行的自由放任主义和英国济贫法传统的影响，遵循补足原则、提供具有资格审查性质（means-test）的公共服务，并对社会保险和公共救助进行了严格区分：前者主要指养老保险和失业保险等，后者主要针对老年人、盲人、需要抚养孩子的贫困家庭等。虽然该法案将社会保障视为政府的神圣职责，但是，社会福利计划"仅仅针对值得救助的人群"。也就是说，有限的"值得救助的人群"才有从政府获得救助的法定权利[2]，用于社会政策的公共支出水平较低，市场仍被视为个人福利的主要提供者和经济安全的保障者。

第二次世界大战后到20世纪60年代末，奉行凯恩斯主义的美国政府对经济进行较积极的干预以促进充分就业，促进了第二次世界大战后美国经济的迅速恢复。[3] 特别在约翰逊总统推行"伟大社会"政策之后，进行了大规模的联邦反贫困立法，公共救助的覆盖面和程度都有所提高，建立

---

① 19世纪的美国有一句著名的话形容当时国家与个人的关系，即"国家与社会什么都不是，个人就是一切"（the state and society were nothing, the individual was everything）。这种理念自进步主义时代开始发生变化，Faith Jaycox, *The Progressive Era*, New York: Facts On File, Inc., 2005, pp. iv - x。

② T. Skocpol, "The Limits of the New Deal System and the Roots of Contemporary Welfare Dilemmas", *The Politics of Social Policy in the United States*, eds. M. Weir, A. S. Orloff and T. Skocpol. Princeton, NJ: Princeton University Press, 1988, p. 296.

③ Eric Rauchway, *The Great Depression and the New Deal: A Very Short Introduction*, New York: Oxford University Press, 2008, p. 6.

了联邦医疗保险（Medicare）、医疗补助计划（Medicaid）和食品券（Food Stamps）等制度。美国政府通过提高穷人的教育水平和工作机会而降低贫困率，20 世纪初严重的贫富差距问题得到了相当程度的缓解。

无论是罗斯福新政还是第二次世界大战后美国社会福利制度建设时期，美国政府对美国经济具有相当的调控能力，因而能够在经济政策和社会政策之间保持一定的平衡。但是，这一阶段美国扶贫减贫的社会政策并没有有效地和经济政策联系起来，特别在布雷顿森林体系解体前后，美国政府逐渐陷入严重的财政赤字。

20 世纪 70 年代，美国经济进一步陷入滞胀，反凯恩斯主义思想开始在美国盛行。以默里等为代表的新自由主义者认为社会收入转移支付降低了个人进取动机，构成了经济发展停滞的原因。[①] 尽管当时也有研究表明这种降低的实际程度非常有限[②]，但强调个人责任的美国基本价值观在预算赤字的刺激下与社会福利思想之间发生了强烈的碰撞，新自由主义思潮迅速风靡美国，机会平等原则再度成为平等主义的核心价值追求。

20 世纪 80 年代，在第二次世界大战后建立的国际经济秩序基础上[③]，美国以新自由主义（里根新保守主义）的理念和方式，对国际国内经济秩序进行重构，也对其社会政策进行了重新定位：确立了金融资本对工业资本的支配地位，通过不断减少政府干预，瓦解有组织的劳工力量，实现收入分配从劳动向资本的倾斜。20 世纪 90 年代，克林顿施行以支持开放市场和自由贸易为前提的"第三条道路"福利改革，继续自里根政府以来的社会保障私有化，用促进就业代替公共救助，对扶贫减贫政策进行了迅速

---

① Charles Murray, *Losing Ground：American Social Policy* 1950 – 1980, New York：Basic Books, 1984.

② 在 20 世纪 80 年代，有研究表明，美国所有的福利项目仅减少了经济部门总工作时间的 4.8%。Sheldon Daniziger, Robert Haveman, & Robert Plotnick, "How Income Transfer Programs Affect Work, Savings, and the Income Distribution：A Critical Review", *Journal of Economic Literature*, No. 19, 1981, pp. 975 – 1028.

③ 第二次世界大战后的美国在各项经济指标上都占据绝对优势地位，因此主导设计了第二次世界大战后的国际经济秩序：自由贸易规范、布雷顿森林会议确立以美元为中心的货币金融体系和以美国为中心的国际贸易体系、成立世界银行和国际货币基金组织等。越南战争使美国财政赤字连年扩大，不得不大量发行美元，美国陷入财政困难。1971 年美国政府被迫宣布停止履行对外国政府或中央银行以美元向美国兑换黄金的义务，也就是结束了布雷顿森林体系的固定汇率制，布雷顿森林体系彻底崩溃。与此同时，日本和德国的经济迅速崛起。然而，美国用浮动汇率制为基础的新国际货币制度击败了日本和德国。20 世纪 90 年代，由于高科技部门的迅速发展，美国赢得了新的经济增长点，美国模式击败了日本模式和德国模式。

缩减以避免所谓"福利陷阱"。例如，1996 年《个人责任和工作机会协调法案》建立了贫困家庭临时援助（TANF）项目，取代了被广泛批评为过于慷慨的针对有子女抚养家庭的补助计划（AFDC）。①

自此，市场力量的统治地位打破了第二次世界大战后美国的政治国家与市场经济之间的平衡。除了提倡自由贸易，美国将私有化、资本的自由流动、撤销管制措施、减税、废除补贴等各种措施相结合，将自由市场经济奉为推动经济增长和繁荣的唯一正确路径。新自由主义经济发展模式将美国的政治利益与资本利益直接结合在一起。与欧洲国家相比，美国政府更倾向于以市场为根本性资源配置方式、较少对市场进行规制。这种市场导向和政府规制的相对"缺位"，使美国的社会利益与经济利益之间易于产生直接冲突。在这种直接冲突之下，新自由主义通过对市场力量所具有的政治正确性的肯定，确保了美国精英阶层的特权地位的政治正当性，一方面促进了统治阶层的团结；另一方面削弱了大众社会力量对抗市场力量的能力。②

对外政策方面，美国着力于推动华盛顿共识，强调普世价值衡量标准的单一性和自我主导性。一方面给国际货币基金组织（IMF）等国际金融机构施压，使其接受并遵循新自由主义的信条；另一方面，按照新自由主义理念，对财政上依赖国际金融组织的发展中国家进行政治改造，利用政治、经济、文化和军事等方面的优势地位，推广美式民主，以此作为被改造国家的政权获得其政治正当性的基础。③ 与此同时，以跨国公司和私人金融机构为代表的资本力量本能地支持和推动新自由主义，使其赢得全球性的霸权地位。④ 美国政府和跨国资本力量共同推动了新自由主义的霸权

---

① 罗云力：《浅论克林顿第三条道路对西欧社会民主主义的影响》，《世界经济与政治》2000年第1期。

② G. William Domhoff, "The Class-Domination Theory of Power", April 2005, available at: http://whorulesamerica.net/power/class_domination.html.

③ David Harvey, *A Brief History of Neoliberalism*, Oxford: Oxford University Press, 2005, pp. 39 - 86.

④ 政府所代表的政治国家可以对市场的力量进行规制，所以，仅有市场的力量，即使强大的跨国资本力量施压，也无力实现新自由主义在世界的统治地位。但是，在美国的里根主义和英国的撒切尔主义的推动下，政治力量与资本力量二者相结合。通过政治上推行美式民主、经济上奉行新自由主义，在华盛顿共识形成之后，新自由主义在世界上大部分国家获得了政治正确性，迅速占据统治地位。

地位以及该思潮统治下全球资本主义市场的形成与发展。①

　　在各种生产要素日益全球化的背景下，新自由主义将市场自由化和经济效率优先的价值凌驾于社会团结之上，影响着世界各地的商品价格、工作方式和劳动收入等。过去 30 多年里，美国的资本主义经济特别是金融资本主义获得了高速发展。但在世界经济秩序中，美国并不能完全控制哪怕经济上依赖美国援助的其他国家的经济政策，也不能在贸易争端经贸谈判中总是处于优势地位。② 尽管美国政府和资本力量二者进行合作，推动了经济全球化；但是，资本自身可以在不同国家之间自由流动，美国政府对此难以进行有效控制，国际货币基金组织等国际金融机构也无法完全对其进行掌控。

　　基于国际国内格局的双重改变，在美国的大众社会力量被不断削弱的情况下，美国的劳动力市场状况不断恶化，社会不平等程度不断扩大。虽然对底层人民的基本物质需求没有进行绝对的剥夺③，但是越来越多的中产阶级家庭陷入贫困④，中产阶级规模趋于萎缩，相对剥夺的情况日益严重，使美国的社会问题日益凸显。

　　按照新自由主义理论，利润与财富向少数人的集中能够促进投资的效率，因此可以为整个社会创造更多的就业机会和促进经济繁荣。然而，全球化浪潮中的美国经济结构发生了转型，随着以制造业为核心的实体经济不断萎缩，生产环节不再占据重要位置，劳动密集型产业在美国趋向消亡，也就是说，美国制造业吸纳就业的能力下降。金融业务取代了制造业的地位，成为美国经济的核心部门。金融市场提供了大量进行金融投资的机会，财富迅速向少部分人积聚，也刺激了短暂的经济繁荣，但大部分的利润并未投资用于扩张以及升级制造业系统，也未能创造更多就业机会。

　　与此同时，以中国为代表的新兴市场在这一轮经济全球化浪潮中高速发展，全球劳动力市场规模迅速膨胀，制造业等实体经济大量向新兴国家

---

　　①　James L. Richardson, *Contending Liberalisms in World Politics: Ideology and Power*, Boulder: Lynne Rienner, 2001, pp. 155 - 163.

　　②　Michael Mann, *The Incoherent Empire*, London: Verso, 2003, pp. 49 - 79.

　　③　按照布鲁金斯学会的统计，有 20% 的美国孩子生活在贫困线以下，13% 的美国居民生活在贫困线以下，available at: http://www.brookings.edu/research/topics/u-s-poverty。

　　④　2010 年，美国处于贫困线以下的人口数量为 4620 万人，为 52 年来的最高值。Sabrina Tavernise, "Poverty Rate Soars to Highest Level since 1993", *New York Times* (September 14, 2011), p. A1。

转移，对美国国内劳动力市场不可避免地形成了冲击。在国内经济结构的变化和经济全球化的冲击之下，美国的国内劳动力市场状况逐渐发生了结构性的变化，主要体现在如下两个方面：

一方面，劳动力不得不适应新自由主义逻辑下的雇佣、劳动契约和工作方式，主要特点为灵活就业和缺乏监管。[①] 自 20 世纪 90 年代以来，虽然技术创新使美国经济得到了高速发展；但是，随着每周平均工作时间持续下降[②]，兼职工作的比重上升已经不是周期性的现象，而是变为结构性发展趋势。美国劳工部的统计显示，2013 年 3 月因经济原因选择兼职的人数为 800 万人。[③] 美国的劳动力市场越来越具有高度的灵活性，签订稳定的长期劳动合同的工作机会被临时性工作机会所替代，全职工作机会被兼职工作机会所取代，稳定的中产阶级职位正在萎缩。此外，灵活就业导致工薪阶层整体工资收入水平的降低，并且缺乏相应的社会保障。该社会保障主要指基于稳定工作而获得的与缴纳收入所得税的工作岗位相关联的各种社会保险、退休计划和带薪假期等[④]，具有缴费性、非财产审查性的特点，这种与工作相关联的社会保障的私有化将劳资利益捆绑在了一起。从兼职工作获得的直接劳动收入偏低，又缺乏从社会保障机制获得的间接收入（转移支付收入），这就使"工作穷人"的比重不断攀升。

低收入灵活性工作岗位比重的上升和日益扩大的收入差距等使美国社会的工作人口从劳动收入和社会保障所获得的转移支付收入的购买力进一步萎缩，不利于刺激美国经济复苏。同时，由于非正式就业人口增加和产业工人比重减少，参加工会组织的工人比例很低[⑤]，工人组织的力量也处

---

① Didimo Castillo Fernandez and Martha Otis, "Hegemony and the U. S. Labor Model", *Latin American Perspectives*, Vol. 34, No. 1, *The Crisis of U. S. Hegemony in the Twenty-First Century* (Jan. 2007), pp. 64 - 72.

② Steven Kroll, *The Decline in Work Hours during the 2007 - 2009 Rrecession*, available at: http: // www. bls. gov/opub/mlr/2011/04/art10full. pdf.

③ Available at : http: //www. bls. gov/news. release/pdf/empsit. pdf.

④ Ulrich Beck, *Un nuevo mundo feliz: La precarizacion del trabajo en la era de la globalizacion* (Buenos Aires: Paidos, 2000), p. 39, cited from Didimo Castillo Fernandez and Martha Otis, "Hegemony and the U. S. Labor Model", *Latin American Perspectives*, Vol. 34, No. 1, *The Crisis of U. S. Hegemony in the Twenty-First Century* (Jan. 2007), p. 69.

⑤ 2011 年，美国参加工会组织的工人比例为 11.8%，公营部门就业人员加入工会的比例为 37%，而在私营部门就业的劳动力加入工会的比例已经下降到 7% 以下，这是 1932 年以来的最低纪录，available at: http: //www. bls. gov/news. release/union2. nr0. htm.

于迅速衰退之中①，这就使美国工会组织的影响力和对抗资本力量的能力进一步下降，美国劳工阶级的力量在不断被分割和削弱。对此，弗里曼认为，工人的真实收入和其实际创造的产值之间的差距日益扩大，既体现了资方管理者在设定劳动条件方面居于强势地位，也表明劳动者对其劳动收入进行集体协商的能力有限。"过去20—30年间，绝大多数的生产增长所创造的价值最终进入了少数最富有的美国人的口袋里。"②

另一方面，以信息科学为代表的新生产方式与精益生产等新管理方式的结合，使生产环节得以不再集中于发达国家。资本天然的排斥对社会责任的承担，因此，美国大企业大量采用外包的形式：首先，外包有利于稳固其不可转移的核心业务；其次，将其他业务分散到劳动力价格更低、劳动市场管制更宽松的发展中国家中的高度专门化企业，例如中国和印度，有利于其尽可能降低生产管理成本。③ 在大量吸纳以外包业务为主体的外资投入的基础上，这些发展中国家的经济迅速发展，成为跨国企业链条中的供应者，反过来增加了美国的进口压力。④

近30年来，美国本土经济的增长高度依赖不可持续的信贷消费和资产价格泡沫⑤，但在产业技术升级和生产自动化的推动下，美国制造业产出总值仍然保持了增长。美国劳工部的统计数据表明，制造业提供的工作岗位自1996年到2006年减少了300多万，也就是下降了18%；但是，美国制造业的产出仍在不断上升，该期间美国制造业的产出上升了15%。⑥ 1989—2010年间，美国的劳动生产率增长了62.5%，而工人人均小时报酬却只增长了12%，劳动生产率与工资增长率之间的缺口不断扩大。⑦

————————

①　Robert E. Baldwin, *The Decline of US Labor Unions and the Role of Trade*, Washington, D. C. ：Institute for International Economics, 2003.

②　Richard B. Freeman, *America Works*：*The Exceptional U. S. Labor Market*, New York：Russell Sage Foundation, 2007, p. 40.

③　对于资本而言，这种外包业务的战略具有明显的优势：降低成本、减少税负、降低雇主责任、弱化工会力量等，有利于资本尽可能获取更大利益。

④　但也有学者否定这种观点，穆迪认为进口竞争和外包都不能完全解释美国制造业就业岗位迅速萎缩的原因。他认为，自1990年以来，在生产力下降、来自日本等地的全球性竞争加剧和宽松的货币政策和通货膨胀等因素推动下，美国的制造业转向新技术产业，导致就业吸纳能力下降。Kim Moody, *U. S. Labor in Trouble and Transition*, London：Verso, 2007, cited by Horst Brand, "U. S. Workers Confront Growing Insecurity", *Dissent*, Fall 2009, p. 50.

⑤　参阅崔学东《新自由主义导致全球劳资关系不断恶化》，《红旗文摘》2012年第20期。

⑥　Horst Brand, "U. S. Workers Confront Growing Insecurity", *Dissent*, Fall 2009, pp. 49 - 50.

⑦　崔学东：《新自由主义导致全球劳资关系不断恶化》，《红旗文摘》2012年第20期。

与劳动力市场状况恶化同时存在的是高失业率。尽管美国劳工部劳工统计局公布的就业形势报告显示，美国失业率持续走低；但是，按照美国企业研究所的分析，这个官方失业统计数据并不全面，因为没有确切统计那些长期失业的人，也没有统计自 2008 年金融危机以来就业失败的数百万工人。①

美国劳工部劳工统计局的官方统计将年满 16 周岁以上的自由平民（Civilian noninstitutional population）② 分为平民劳动力（Civilian labor force）和非劳动人口（not in labor force）③ 两大类，计算失业率的基数仅覆盖平民劳动力。

以 2013 年 2 月份的数据为例，尽管针对企业调查得出的结果，美国 2013 年 2 月份非农就业岗位增加 23.6 万个，使其官方失业率相比上月下降 0.2%。但是，2013 年 2 月平民劳动力减少 13 万，其中新增就业人口 17 万，失业人口减少 30 万；而非劳动人口增加 29.6 万，其中 65 周岁以上人口只增加 5.5 万。④ 为何在 16 周岁以上的自由平民人数增加的情况下，失业人口减少的数量会高于非农就业岗位增加数量？为何非农就业岗位增加数量高于实际新增就业人口量？为何失业率还出现了下降？原因就是平民劳动力人数也在下降，流动到了不被官方失业率作为统计基数的非劳动人口这一类别之中了，而非劳动人口中有就业要求的人也并未有效地被新增工作岗位所吸纳。

官方数据也明确指出，不纳入失业率统计基数的待就业人口数（persons were marginally attached to the labor force）⑤ 为 260 万，其中有 88.5 万

---

① Available at：http：//www.aei.org/topic/jobs#0.

② 美国劳工统计局的统计数据表明，2013 年 2 月，美国的年满 16 周岁以上的自由平民人口数为 2.45 亿，其中在就业市场（Civilian labor force）的人口数为 1.56 亿。年满 16 周岁以上的自由平民是指在美国居住的 16 周岁以上的非现役军人，而且没有被关在监狱、限制在精神病院或其他监禁设施内的人。Available at：http：//www.bls.gov/news.release/archives/empsit_ 03082013.pdf.

③ 非劳动人口包括被就业市场抛弃的劳动力，也包括老年人、职业家庭妇女、在校学生等人群。2013 年 2 月，美国不工作或找不到工作的劳动力总数为 8930.4 万人，其中 65 岁以上的人口数为 3481.4 万人，想找工作的人口数为 682.1 万人。Available at：http：//www.bls.gov/news.release/archives/empsit_ 03082013.pdf.

④ Available at：http：//www.bls.gov/news.release/archives/empsit_ 03082013.pdf.

⑤ 待就业人口是指没有被纳入劳动力统计、但想工作也能够工作并且已经在过去 12 个月里面寻找工作。而他们未被纳入失业人口是因为他们在官方统计前的四个星期没有找工作。

人已经不再积极寻找工作（discouraged workers）。① 这些数字游戏的背后是，美国被纳入非劳动人口之中的 16 岁至 64 岁的成年人已经高达 5528.6 万。② 长期的高失业率会进一步打击这些长期失业人群和待就业人群寻找工作的积极性和可能性，有相当多劳动力因为放弃寻找工作而脱离就业大军，使美国有效劳动力人口实际上在不断减少，整体实际失业率并未好转。

新自由主义统治下的美国劳动模式和世界经济的全球化导致美国劳动力市场的状况恶化、失业严重，原本有希望通过工作脱贫的贫困人群缺乏足够的机会。然而，就业人口内部的贫富悬殊也在日益加大，失业和收入不足共同构成了美国收入贫困的主要成因。较低的债务水平和低利率的组合将家庭债务占可支配收入的比例降至 9.9%，这至少是 1980 年以来的最低水平。③

与此同时，美国的官方贫困率也出现了下降。2014 年 9 月美国人口普查局公布的《2013 年美国收入和贫困报告》显示，2013 年美国贫困率为 14.5%。这是自 2006 年以来该指标首次出现具有显著统计意义的下降，其主要原因是 2012 年度全年全职就业人数的增长，使遭遇劳动力市场排斥的人口数下降、贫困率随之下降。

美国产业结构的空心化和生产过程的自动化导致工人内部少量受到良好教育的技术工人的收入得到了增长，而其他大部分工人、特别是缺乏技术的低报酬工人，由于中等收入的制造业工作岗位减少，低收入的服务业岗位大量增加，劳动实际收入的增长也陷入停滞甚至下降。④ 自金融危机爆发以来，美国非农业私营部门就业人员的平均每小时工资增长率略低于平均通胀率，工资性收入在财富分配比例中的份额持续萎缩。⑤

自 2012 年 2 月，私有企业就职的人员平均时薪增长了 2.1%，达 23.82 美元。其中，旅游休闲行业就业人员数达 1335.9 万，其平均时薪仅为 13.39 美元；公用事业的就业人员数为 55.62 万，其平均时薪为 35.05

① 不再积极寻找工作人口是指因为认为自己无法得到工作机会而在近期不再寻找工作的人。

② 其中，2013 年 2 月，16 岁至 64 岁的女性人数为 3380.9 万人，16 岁至 64 岁的男性人数为 2147.7 万人（http://www.bls.gov/news.release/archives/empsit_03082013.pdf）。

③ United States Government Printing Office: *Economic Report of the President* 2015, p. 26.

④ Richard B. Freeman, *America Works: The Exceptional U. S. Labor Market*, New York: Russell Sage Foundation, 2007.

⑤ Available at: http://www.bls.gov/news.release/pdf/empsit.pdf.

美元。这种行业收入差距和大量低收入工作岗位的存在意味着工作贫困人口的数量在增多。2013 年 2 月私有企业总就职人员数为 1.11432 亿人，其中私有企业非管理类岗位就职人员数为 9350.6 万人，占私有企业总就职人数近 84%，而该类人员的平均时薪为 20.04 美元，比私有企业就职的人员平均时薪少 3.78 美元，可见占总人数 16% 的私有企业管理类岗位就职人员的收入明显高于非管理类就职人员。① 这说明同行业内部的管理类和非管理类就职人员的收入差距也很大。

　　个人的收入来源主要可以分为三类：财产收入（资本收益）、劳动收入和转移支付收入（社会保障）。在失业严重和收入不足的双重作用下，2010 年美国的官方基尼系数为 0.469②，收入不平等情况达到自 1967 年对家庭收入进行统计以来的最高点。然而，美国普查局的统计方法仅针对家庭的货币收入，包括工资、利息、社会保障收入等各种现金收入，但排除了在国民收入中实际比重不断上升的资本收益。对此，有批评认为，美国最富裕的家庭的投资获益很大，而美国普查局没有将资本收益统计在内，这说明美国的实际收入不平等情况比官方数据要严重得多。③

　　上述对就业市场状况和社会贫困状况的分析表明，美国政府对经济放松监管的结果是放任甚至帮助强势群体对弱势群体的掠夺，导致社会不平等问题日益突出。④ 这种社会不平等不仅体现为收入的不平等（结果不平等），还体现为严重的机会不平等。根据一项跨国社会调查显示，美国社会更具有精英管理社会的特点，无论向上流动还是向下流动的可能性都低于其他西方发达国家。

　　从这一调查结果来看，父亲收入（家庭收入）处在全美收入最低的 1/5 的孩子，比家庭排在全美收入最高的 1/5 的孩子以较好成绩从高中毕业的机会更低，并且更有可能在就学年龄阶段就成为未婚父母或者因犯罪被监禁。美国国家卫生统计中心公布数据表明，近年来美国的未婚生育率仍然较高⑤，这就使传统家庭结构面临分崩离析危险的同时，越来越多的

------

　　① Available at：http：//www.bls.gov/news.release/archives/empsit_ 03082013.pdf.

　　② Available at：http：//www.census.gov/prod/2012pubs/acsbr10 – 18.pdf.

　　③ Available at：http：//inequality.org/unequal-americas-income-distribution/.

　　④ 蓝志勇：《公共政策的缺失与当前世界性经济危机》，《公共管理学报》2009 年第 6 卷第 1 期。

　　⑤ Available at：http：//www.cdc.gov/nchs/data/nvsr/nvsr61/nvsr61_ 01.pdf#table12.

儿童因为处于单亲家庭而处于贫困状态，直接进一步导致儿童前途的两极分化。

而与这种贫富阶级之间的机会不平等同时存在的是，非常明显的族群之间的不平等。上述不平等就使得对相当比例的底层人群特别是底层黑人和拉美裔族群而言，贫困不再是暂时现象，长期贫困才是普遍的社会事实。

2013 年 2 月，在美国平均失业率为 7.7% 的情况下，黑人失业率为 13.8%，拉美裔失业率为 9.6%。美国年轻人失业率居高不下的问题难以得到缓解，2013 年 2 月，65 周岁以上的老年人就业率达 18.76%，而16—19 周岁在就业市场的年轻劳动力失业率为 25.1%，其中白人青年的失业率为 22.1%，黑人青年的失业率高达 43.1%。除了族群之间的就业差距，不同学历人群的就业差距也很明显，未获得高中毕业文凭以下的人群失业率为 11.2%，随着学历的提高、失业率不断降低，学士学位以上的人群失业率仅为 3.8%。[1] 也就是说，越早进入就业市场的劳动力其学历越低，其失业的可能性越大，而很早进入就业市场的劳动力中黑人与拉美裔的比重明显高于白人。

这种高比重的主要原因之一就是美国的高监禁率和高监禁率背后的种族差异。美国司法统计局 2012 年 12 月公布的美国 2011 年监禁情况报告数据显示，2011 年被宣判入监的人员中 93% 为男性，61% 为 39 周岁以下的人群，其中非拉美裔男性黑人与拉美裔男性比白人男性的犯罪率更高，而且犯罪年龄更低。白人男性的被监禁率为 0.5%，拉美裔男性的被监禁率为 1.2%，而非拉美裔男性黑人的被监禁率为 3.0%。在 18—19 周岁的年龄段中，每 10 万美国居民中有 1544 名黑人男性被监禁，而白人男性为 166 人，前者是后者的 9 倍。[2] 大量有监禁前科的黑人与拉美裔青年因此而中学辍学，很早进入就业市场，但又在就业市场竞争中处于劣势，其中相当比例的人就逐渐固化为全美收入最低的人群。

当今美国已经不再能确保美国政治传统所期待的高社会流动性：一方面美国劳动力市场的吸纳能力在萎缩，另一方面美国大多数本土和移民人群的上升渠道已经被精英统治所缩减甚至垄断。尽管美国政府按照其政治传统没有确保结果平等的政治义务，但贫富悬殊的加大，客观上正在使美

---

① Available at：http：//www.bls.gov/news.release/archives/empsit_ 03082013.pdf.

② Available at：http：//www.bjs.gov/content/pub/pdf/p11.pdf.

国社会趋向分裂。① 机会平等性和社会流动性二者所受到的严重冲击使美国社会模式的正确性遭遇质疑，也导致美国社会趋向分裂。

美国社会深受传统自由经济和小政府思想的影响，这种思想传统和现实社会问题之间的冲突，就直接体现为 2009 年开始兴起的"茶党"运动和 2011 年开始的"占领华尔街"运动的对立。无论是茶党还是占领华尔街运动都宣称"与草根阶层站到一起"，两场运动的对立势必进一步加剧美国民主、共和两党之间的分裂，最终体现为美国社会不同利益群体之间的分裂和对立的加剧，美国民主政治体制的公民整合度下降，美国政治极化的趋势日趋明显，这就给美国政府的政治正当性提出了新的挑战。② 而这种挑战在 2016 年美国总统大选中表现得非常明显，共和党反建制派候选人特朗普和民主党反建制派候选人桑德斯成为"黑马"就是其力证，对此，有一个说法"如果你反对华盛顿，那么投票给特朗普；如果你反对华尔街，那么投票给桑德斯"，体现出美国民众对于政治权力与资本权力的利益捆绑所产生的强烈不满。

有关社会政治和社会经济的各种新矛盾和新疑惑成为美国社会争辩的焦点：政治国家是否应当超越阶级利益？政治国家能否超越既得利益的限制？社会政策是缓和阶级矛盾的工具？社会权是普通大众通过斗争赢得的不容剥夺的权利吗？换句话说，一度受到一定限制的资本和市场力量再度获得了极度的自由，对社会正在进行进一步的破坏。

当代西方世界，民主性已经成为政治正当性的试金石③，而自由主义是美国的建国之本。资本主义发展史已经多次证明，自由市场机制会导致贫富悬殊的加大、不受控制的市场力量对社会的破坏性，并且自由市场经济的可持续性有赖于具有基本正当性和公平性的社会秩序的正常运行。为

① 陶文钊：《如何看待美国实力地位》，《当代世界》2012 年第 1 期。
② 参阅周琪、王欢《值得关注的美国政治"极化"趋势》，《当代世界》2011 年第 4 期；James A. Dorn, "The Scope of Government in a Free Society", *Cato Journal*, Vol. 32, No. 3 (Fall 2012), p. 638 和周琪、沈鹏：《"占领华尔街"运动再思考》，《世界经济与政治》2012 年第 9 期。
③ 托克维尔在其著名的《论美国的民主》一书中认为，美国的例外之处在于美国没有贵族统治。但是，Shamus Khan 认为 Tocqueville 对美国的形容已经不适合美国，不仅某种形式的贵族统治已经明显存在于今天的美国，在过去不同历史阶段，也曾经出现过不同形式的贵族统治。并且，当前美国社会形成的"新精英阶层"，这个阶层具有种族包容性，但是在财富和政治精英联合起来以后，共同控制各种社会资源，并且排斥其他人进入这一特权阶层。Pauline Peretz, "The Making of an American Aristocracy. An Interview with Shamus Khan", *Books & Ideas*, 4 May 2011. ISSN : 2114 - 074X. URL: http://www.booksandideas.net/The-Making-of-an-American.html.

了确保这种可持续性，美国政府应当在美国宪政框架内，提供一个有利于社会融合和社会团结的安全网或者安全机制。① 也就是说，美国政府应当对市场进行适当干预、对社会进行一定程度上的保护、维持基本公平的社会秩序，以最终实现对自由市场的保护、实现经济自由和政治民主的共赢。但是，是否应当干预和如何进行干预，应当植根于美国社会对政府干预行为的政策倾向性。

美国社会政策的基础在于：工作年龄阶段的个人，其主要收入来源应当是其从市场中获得的劳动报酬（或资本收益）；社会政策的目标在于救助"值得救助的"低收入者，而不是纯粹地给予救济。但是，美国产业向空心化发展、美国经济部门无法提供足够的工作岗位、美国普通民众缺乏充分的机会使其得以通过努力工作达到自我实现，深受清教徒思想影响的美国式社会契约伦理，亦即通过辛勤工作就人人获得成功的美国精神，其现实基础正在经受严峻考验。② 随着劳动力市场的恶化，工作收入、特别是普通民众的劳动报酬，已经不再能够为工作的个人及其家庭提供抵御社会风险的足够保护。在这种缺乏充足的就业机会和劳动收入不合理的情况下，美国社会要求缓解日益突出的社会不平等问题。

然而，对于应当采用何种方式促进社会平等，是否主要依赖再分配机制促进社会平等，美国社会对此存在意见分裂。从美国社会政策的历史来看，金融危机、经济衰退和社会政策发展之间存在紧密的联系。目前，美国面临经济大衰退，对美国社会政策的走向，主要有两种观点：第一种观点认为美国社会不关注结果平等，但关注机会平等，市场机制是强调平等基础上的契约经济，所以日益严重的社会不平等不会导致美国政府社会政策的根本性变化③，该种观点占据美国舆论界的主导地位；另一种观点认为，不平等的加剧会导致对政府的收入再分配机制的需求上升，或者说社

①　M. Bordo and H. James, "The Economic Challenge", Paper prepared for the conference on "The Economic Challenge: Fiscal, Monetary and Financial Sustainability, Entrepreneurship and the Common Good", December 5 – 6, 2011, at Princeton University, sponsored by the Witherspoon Institute, p. 5.

②　Anne Daguerre, "US Social Policy in the 21st Century: The Difficulties of Comprehensive Social Reform", *Social Policy & Administration*, Vol. 45, No. 4 (August 2011), pp. 389 – 407.

③　支持该观点的人数众多，例如 Lawrence Mead, "The great passivity", Perspectives on Politics, Vol. 2, No. 4 (2004), pp. 671 – 675 和 Alberto Alesina, Rafael Di Tella and Robert MacCulloch, "Inequality and happiness: are Europeans and Americans different?" *Journal of Public Economics*, Vol. 88 (2004), pp. 2009 – 2042 等。

会支出的增长有利于经济复苏等。[①]

　　另有调查研究表明，对于如何解决恶化的社会不平等性，美国民众的意见不确定，也缺乏对此的充分了解，因而，随着不同意识形态的媒体、政客和学者等的辩论，其政策选择趋向也处于不断摇摆之中。该调查发现，美国民众更倾向于扩大教育支出以解决不平等问题，也就是说，美国民众依旧认为机会平等比收入再分配机制（结果平等）更适合美国。[②]

　　所以，面对美国社会普遍存在的缺乏经济安全感，美国人尽管在进行深刻的自我反思，对资本霸权以及资本与政治的利益结合体对公共空间的侵蚀提出了抗议，但并不会从根本上否定其长期凝聚美国社会的价值观，其政治主流无论左右本质上信奉的是同一套价值体系。[③] 为了维护其政治正当性，美国政府的当务之急应当是将社会政策和经济政策相结合，一方面提供更多就业机会，另一方面保护与促进机会平等。这些政策的合理制定、顺利通过和有效实施等，都有赖于政治国家具有强大的能力。

　　但是，最富有的10%的美国人掌握了美国经济超过50%的财富，财富被高度集中在相对少数人群。[④] 这些掌握巨大财富的少数人群通过其掌控的资本在全球进行广泛投资和自由流动，垄断资本的全球化使其获取越来越大的利润，由其所组成的全球资本网络已经突破了美国作为政治国家的掌控范畴，正在一定程度上改变和限制美国政府的经济调控能力。

　　经济全球化使主权政治国家之间的较量进一步复杂化：廉价的进口产品有利于稳定美国国内市场价格，增加了普通美国家庭的可支配收入。为了增加本国就业机会，美国商务部计划不断扩大对外出口，美国未来必将

---

① Jacob S. Hacker, "Privatizing Risk without Privatizing the Welfare State: The Hidden Politics of Social Policy Retrenchment in the United States", *American Political Science Review*, Vol. 98, No. 2 (May 2004), pp. 243 – 260. Daniel Y. Kono, "Insuring Free Trade: Unemployment Insurance and Trade Policy", *Business and Politics*, Vol. 13, Iss. 3 (2011), Article 3.

② Leslie McCall & Lane Kenworthy, "Americans' Social Policy Preferences in the Era of Rising Inequality", *Perspectives on Politics*, No. 3 (September 2009), pp. 459 – 484.

③ 参阅王缉思《美国政治变革与这场金融危机》，《国际经济评论》2009 年第 3 期。

④ Edward N. Wolff, "Recent Trends in Household Wealth in the United States: Rising Debt and the Middle-Class Squeeze—an Update to 2007", *The Distribution of Income and Wealth*, March 2010, available at: http://www.levyinstitute.org/files/download.php?file = wp_ 589. pdf&pubid = 1235.

继续与其他经济体加强经贸领域的合作。但是，美国国内劳动力市场客观上仍在受到国际劳动力市场特别是新兴国家的冲击。

同时，经济全球化条件下，随着资本自由度的上升和盈利性的增强，包括美国在内的主权政治国家能力已经被资本的力量所局限。庞大的跨国金融系统已经成为一个巨大的食利集团，全球金融资本主义和分布于全世界的新通信与网络技术的结合，产生了巨大的冲击力，使国家主权、基于民族国家的公民权、对经济进行规制的机构例如央行和货币政策……这些基本制度都难于有效地发挥其原有作用，甚至被迫产生转型。① 也就是说，政府的基本治理行为和现代国家的责任机制已经被重构，当下全球社会经济秩序更多体现为全球性资本主义和现代国家制度之间的较量。

美国国内政治机制受资本力量和自身制度设计的掣肘难于推动全面的改革以实现对机会平等的保护，使政治民主和经济自由二者事实上形成了冲突。这种改革所面临的困难主要体现为如下三个方面：

首先，美国社会已经变成一个极度不平等的社会，社会机会基本成为寡头政治的特权。特别是 2010 年美国最高法院判决取消《联邦竞选财务法》，② 被批评为使美国政治陷入困境之中，不可靠和无法追溯来源的政治捐金将控制美国的选举，③ 埋葬美国代议制民主的完整性，对美国各州和联邦政府的选举产生消极影响。④ 美国社会和政治的现实表明，政治和经济寡头们对政策制定者的实际影响力已经远远超过中产阶级，美国的各政治机构对商业利益和富人利益的回应性也远高于对普通民众利益主张的回

---

① Saskia Sassen, *Losing Control*?: *Sovereignty in an Age of Globalization*, New York: Columbia University Press, 1996, pp. xi – xii.

② 2010 年 1 月 21 日，美国联邦最高法院做出重大判决，以五票赞成、四票反对，取消已实行 63 年的竞选财务法，即解除对企业和工会在美国政治竞选中提供资金的限制，对公司和工会在初选前 30 天或大选前 60 天禁止播放竞选广告的禁令，也同时取消。Supreme Court of the United States, Citizens United V. Federal Election Commission, Appeal from the United States District Court for the District of Columbia, No. 08 – 205. Argued March 24, 2009—Reargued September 9, 2009—Decided January 21, 2010.

③ Garrett Epps, "Money Changes Everything", *American Prospect*, Vol. 23 Issue 4 (May 1, 2012), pp. 32 – 37.

④ Breanne Gilpatric, "Romoving Corporate Campaign Finance Restrictions in Citizens United v. Federal Election Commission, 130s. CT. 876 (2010)", *Harvard Journal of Law & Public Policy*, Vol. 34, Jan. 1, 2011, pp. 405 – 420.

应性，① 这使得美国政府缺乏足够动力进行改革以推动机会平等。

其次，美国复杂的立法和司法程序对总统权限有着各种限制，并且，美国政治极化的趋势日益明显。② 如福山所批评的，否决政治制度使美国政治易于陷入瘫痪。③ 这种制度性限制和政治极化使美国政府努力为促进机会平等的各种改革面临各种困难和阻力。例如，全民医疗保险制度的制定与通过历程、2012 年联邦最高法院对医疗保险的裁决等充分说明美国保守派政治人物和部分美国民众对社会福利制度的排斥。④ 奥巴马在 2012 年的选举中曾表示，其连任后的首要任务是改革美国现有的金融体制；但连任后，为解决国会的两党政治僵局下的"财政悬崖"危机，奥巴马又表示自己"对作出妥协持开放态度"。实际上，自 2008 年当选总统以来，为了实现自己的内政改革目标，奥巴马一直处于谈判、妥协和政策调整的艰难过程之中。⑤

最后，美国现行福利制度的碎片化、隐匿性和边缘化，使得推动社会政策改革举步维艰，也使得福利制度本身对促进机会平等的作用有限。美国的社会福利制度不是普惠的、统一的和一致的。联邦政府和各州甚至各地政府的不同社会福利制度之间存在重合、缺乏统一的制度设计，而这种多重性进一步增加了美国社会政策的复杂性。此外，大量的社会福利支出以减免税的形式出现，不像社会保障等直接社会支出那样易于让受益者感知。因此，美国社会政策被批评为"损害了政策受益者对其的支持度"。

二 个人责任原则

早在美国独立战争之前和美国建国早期，充足的土地和丰富的自然资源使美国人相信所有人通过辛勤劳动都会占有土地和拥有财富，普遍的土

---

① J. A. Winters & B. I. Page, "Oligarchy in the United States?" *Perspectives on Politics*, No. 7 (2009), pp. 731 – 751.

② 参阅周琪、王欢《值得关注的美国政治"极化"趋势》，《当代世界》2011 年第 4 期。

③ Francis Fukuyama, "American Political Dysfunction", *The American Interest*, Vol. 7, No. 2 (November/December 2011), pp. 125 – 127.

④ 2012 年 6 月 28 日，美国联邦最高法院裁定美国总统奥巴马的医疗保险改革大部分条款合乎宪法，最具争议的奥巴马医疗保险改革法案的核心条款——联邦政府有权强制个人购买医疗保险，未投保者将被罚款——被裁定没有违宪，得以保留。

⑤ Theda Skocpol & Lawrence R. Jacobs, *Reaching for a New Deal: Ambitious Governance, Economic Meltdown, and Polarized Politics in Obama's First Two Years*, New York: Russell Sage Foundation, 2011.

地所有权被杰斐逊视为美国政治和经济力量的一个源泉。除了充沛的自然资源，美国独特的政治社会宗教文化也成为机会平等信条的渊源：美国革命被视为启蒙运动的理性主义的实践，而 18 世纪的大觉醒运动确立了建立"山巅之城"的理想。两种思想运动都强调"理性"与"虔诚"，把个人置于判断、行动和意义的中心，也因此奠定了个人责任原则的基础。

个人责任原则一方面动摇了世俗与宗教权威的根基，有利于美国独立，也形成了限制公权力的政治传统文化；另一方面，构成了个人与社会之间的紧张关系，特别是自美国的地理、经济和社会环境不足以缓和这种紧张关系的时候，就会激化各种政治和社会矛盾。[1] 因此，美国自 19 世纪末开始逐步建立起其社会福利制度。

国家与市场二者在分配制度中的关系决定了一国社会福利制度的性质。美国不接受将社会平等、社会福利等与大众民主政治相联系的价值标准，主张个人责任原则、坚持以市场提供福利的基本理念。美国政府对经济进行干预的两大任务是保持经济稳定和促进充分就业，以确保市场主导的福利提供模式的顺利运行。就业与失业的区别形成"局内人—局外人"的二元就业市场结构，与此相应的是"局内人—局外人"的二元工作福利制度结构的形成与发展。因此，美国被批评为具有太强的资本主义性质而严格意义上不属于福利国家。2008 年金融危机爆发以来，市场提供福利的能力迅速下降，上述双重二元结构陷入困境，危及美国个人责任原则的现实基础。

（一）美国梦的个人责任原则

15 世纪末哥伦布发现新大陆，到北美新大陆的欧洲探索者寻求的是物质财富；17 世纪在英国受到迫害的虔诚的清教徒们，胸怀"上帝的选民"的使命感，到新大陆寻求宗教自由。自 17 世纪开始，来自欧洲的清教徒们创造了美国神话，也首创了"美国梦"中自由、民主、个人主义和追求物质财富的传统。

美国建国后，个人层面的美国梦主要体现为经济和社会的向上流动性。[2] 从平民到富翁的富兰克林被誉为实现美国梦的典范，其自传被称为美国梦的宣言。西进运动培养了美国人的创造精神和乐观、自信的性格，

---

[1]　孙有中：《殊途同归："启蒙"与"大觉醒"》，《美国研究》1997 年第 4 期。

[2]　Jim Cullen, *The American Dream: A Short History of an Idea that Shaped a Nation*, New York: Oxford University Press, 2003, p.8.

也强化了平等竞争和对机会平等的追求。这一阶段的"美国梦"给一部分人精神上和物质上带来了极大的满足。

针对19世纪的美国社会，德国学者桑巴特认为，最初由外来移民培养的、本土出生的美国人和外来移民都具有的对资本主义和美国社会政治制度的友好态度，使美国"没有社会主义"。也就是说，桑巴特的分析阐明了为何"美国梦"从形成之初就对社会主义具有排斥性。

桑巴特所总结的"美国例外论"成为19世纪的美国梦的重要内涵，其观点主要包括：第一，美国资本主义为工人提供了丰厚的物质报酬，成功地供给了工人的物质需求，并且通过各种奖励、利润分享机制和计件工资制等在经济上把工人整合起来；第二，美国社会具有较高的社会流动性，相对于欧洲美国的底层阶层拥有更多向上流动的机会，可以将美国各社会阶层有机地进行整合；第三，美国的普选制和建立在启蒙原则基础上的宪政民主等政治制度对公民可以进行有效的政治整合，工人阶级的利益要求能够在正式的民主程序中得到反映和部分的满足；第四，美国存在着一个开放的边疆地区也就是美国西部，使工人阶级等在资本主义的压迫过于强烈时有处可逃。①

但是，个人责任原则背后是个人主义。这种个人主义思潮被视为"美国梦"的精神实质，而美国个人主义思潮在相当程度上归功于财产私有制和丰富的自然资源对个人创造性的激发、自治和民主机制对民众主体性和各财产主体所有权平等性的认可，以及清教徒精神所强调的自我奋斗等。19世纪末和20世纪初，随着美国社会的工业化、城市化的发展，以及美国的资本主义从自由竞争向垄断过渡，金钱文化成为不平等与压迫的源泉，个人主义随之极度膨胀。当时美国社会面临的种种危机遭到杜威的批评，并且认为需要提倡一种重视个人与社会协调互动的"新个人主义"，以构建一个民主、美满的"伟大共同体"。②

但是，这种"伟大共同体"的建设决不是对资本主义的否定，而是一种强调平等主义的资本主义理想。20世纪早期，美国左派学者赛蒙认为，美国无疑是一个资本主义国家，但其对资本主义的定义实际上是资本主义

---

① ［德］W.桑巴特：《为什么美国没有社会主义》，社会科学文献出版社2002年版，第106—214页。桑巴特认为丰厚的物质报酬使工人阶级丧失激进主义动力，社会流动性抑制了工人阶级的阶级意识的发展，而美国的政党制度可以有效地提升公民整合度。
② John Dewey, *Individualism Old and New*, New York：Minton, Balch & Company, 1930, p.187.

的社会主义形式，因为美国的资本主义鼓吹平等主义，鼓吹改变阶级社会的现状，"美国精神在意识形态上替代了社会主义"。①

因此，经历了镀金时代，在美国精神可以在意识形态上替代社会主义的背景下，美国本土人群和美国移民在对美国梦的追求中，本能地将拥有尽可能多的私有财产视为确保其个人自由和安全的保障，对财富的占有程度也被视为主要的甚至是唯一的成功标准。财产权在美国具有至高无上的地位，政治权利和社会权利都围绕着财产权和与保护财产权相应的自由原则而进行权利设计，整个国家机器也围绕着占有、分配资本和保护私人财产权利而规划与运行。

18世纪《独立宣言》所称的人生而平等，这里的"人"并非指所有自然人，而是指开化的白人男性，并不包括妇女和有色人种。他们所指的"平等"并非指生理上、智力上和个人成就的平等，而是在道德层面的平等。而自19世纪下半叶以来，美国民权运动和美国妇女解放运动等代表了主张种族和性别平等的美国梦。马丁·路德·金在其"我有一个梦想"的著名演讲中阐述了普通民众眼中的美国梦，并且主张美国梦的内涵不仅止于个人的物质满足，他所代表的民权运动不仅要求平等的公民权，也为平等的经济权而奋斗。②

随着消费主义的兴起，"美国梦"更多强调美国的物质生活方式及其优越性，强调物质层面的个人满足，美国大众文化将其演绎为具体的中产阶级的美国生活方式：第一，有住房；第二，有汽车；第三，接受过大学教育；第四，有退休保障；第五，有医疗保险；第六，有休闲时间。美国的主流价值观将这种物质生活的优越性归功于美国以个人主义为核心的价值观，以及美国为这种个人成功所提供的优越的制度保障。

因此，当代的美国梦在个人梦想层面可以理解为，以个人主义为核心，追求个人自由和物质财富，强调在机会平等之下、人人皆可通过自我奋斗而获得成功。

（二）二元就业市场结构和二元工作福利结构

在美国，所有16岁以及以上有劳动能力和劳动意愿并在过去四周内

---

① Leon Samson, *Toward a United Front：A philosophy for American workers*, New York：Farrar & Rinehart, Inc., 1935, p. 17.

② Jim Cullen, *The American Dream：A Short History of an Idea that Shaped a Nation*, New York：Oxford University Press, 2003, pp. 8 – 9, 53 – 54.

积极寻求工作却不成功的人被界定为失业人口。美国的失业率是指失业人口占劳动力的人口之比。2008 年金融危机爆发后，美国长期失业率和短期失业率都呈直线上升趋势，在 2010—2012 年间呈波动状，而自 2012 年起呈整体下滑趋势，特别是短期失业率已接近 2008 年的水平，而长期失业率仍远高于 2008 年前的水平。

虽然从官方数据来看失业率有所下降，但是就业市场越来越具有高度的灵活性，签订稳定的长期劳动合同的工作机会被临时性工作机会所替代，全职工作机会被兼职工作机会所取代，稳定的中产阶级职位正在萎缩。随着每周平均工作时间持续下降，兼职工作的比重上升已经不是周期性的现象，而是变为结构性发展趋势。此外，灵活就业导致工薪阶层整体工资收入水平的降低，并且缺乏相应的工作福利保障。因此，美国的就业人口中有一部分人从就业市场获得的收入不足，成为具有"经济不安全感"人群或"低收入者"。例如，2013 年一个全时全年工作劳动力的最低工资标准是 14500 美元，这一收入水平使得这个工人的家庭如果有一个孩子就会处于贫困线之下，因为在 2013 年实行的联邦贫困线标准单身是 11490 美元，每多一个人增加 4020 美元，也就是 15510 美元，比最低工资标准高 1010 美元。此外，2012 年美国实际家庭中位收入比 2007 年要低 8.3%，说明美国的中产阶级规模自 2008 年以来事实上趋于萎缩。

值得注意的是，没有找工作意向的人不会被统计在失业人口中，官方失业率自然下降。自 2008 年官方失业率剧增和劳动参与率急剧下降之后，2010 年以来官方失业率持续下降，但劳动参与率在 2010—2012 年间缓慢上升后，又趋向下降趋势，仍远低于 2008 年前的水平。2013 年 12 月，美国的劳动参与率降至 62.8%，创 1978 年以来新低，表明越来越多的求职者离开了劳动力大军，不被纳入到官方失业率统计的基数之中。而失业者一旦失去了与原有工作相关联的养老、医疗等各种工作福利保障，就会转而依赖政府提供的失业救济、食品券等福利项目。

因此，应当看到美国官方统计数据背后的数字文章，对"局内人—局外人"的美国二元就业市场结构的分析，不能简单用"失业—就业"进行区分，而应当分为"有工作意向—无工作意向"和"全职工作—灵活就业"两个层面进行分析。从 2008—2013 年美国就业市场的状况分析，官方失业率在急剧上升后有所下降，但是劳动参与率仍趋走低，中产阶级的萎缩趋势也没有得到缓解。美国就业市场的整体状况尚未得到根本性好转，依据个人责任原则通过市场获得福利的客观环境仍然恶劣，给美国政府的公共社会福利支出带来了压力。

2008 年金融危机爆发以来，美国贫困率上升。由于失业率迅速提高，特别是长期失业者比例上升，从就业市场获得足够收入的能力下降，认为自己买不起食品的美国人比例上升到 20% 以上，使得政府用于食品券、失业救济金等社会安全网项目的公共社会福利支出迅速提升。

美国联邦普查局公布的 2013 年度当前人口调查的人口与经济变化附件表明，47.5% 的美国家庭受益于各种公共社会福利项目，既包括没有家计调查要求的社会保险项目，例如每 20 年内几乎一半以上的美国人口会在某个或某几个时间点获益于失业保险制度。也包括有家计调查要求的救助计划，其大部分受益者只在工作收入低于政府规定申请线的时候寻求救济，在接受救济之后的一段时间内会通过工作收入的增加而退出救济，例如 2005 年前后营养补充援助计划的新受益者一般会在 10 个月之内不再需要该救济。但 2008 年金融危机爆发以来，长期失业和贫困现象使这种退出性不再明显。

如果收入增加就会失去政府提供的例如失业保险等福利，因此有些美国人放弃了低薪就业机会，成为就业市场的"局外人"。长期失业、被视为自愿退出就业市场的贫穷美国人，只能通过食品券等福利项目获得非现金援助，成为工作福利制度的"局外人"，增加了美国政府的公共救助负担。因此，对于失业、医疗、养老等各种社会保障，能否成为就业市场的"局内人"、依据个人责任原则获得市场提供的工作福利，是决定其能否成为工作福利制度的"局内人"的决定性因素。

在经济低迷时期，越来越多就业市场的"局外人"同时成为以就业为核心的工作福利的"局外人"，个人责任原则已经部分失去其发挥作用的现实基础。双重二元结构背后是被覆盖人群与未被覆盖人群之间的福利待遇与性质存在的巨大差异，未被覆盖人群因为失去了工资收入和福利覆盖而沦为贫困人口，其中相当部分依靠非现金援助以维持生活。这些未能通过其就业获得或未获得充足工作福利保障的人，未来获得的退休金有可能不足以维持其生计、成为老年穷人而接受公共救助。

2008 年金融危机以来，美国越来越多的劳动年龄人口遭遇就业市场排斥而依靠领取食品券等维持生活，并且就业市场中的低工资收入者比例上升，意味着就业市场的二元结构导致工作福利制度的二元结构，越来越多的劳动年龄人口遭遇双重排斥，个人责任原则事实上陷入困境。随着职业退休金覆盖面和覆盖水平的下降，特别是长期失业人口得到的救助水平很低，导致未来不能被职业退休金和联邦退休金制度等覆盖的人口数上升，被政府救济性老年保障项目所覆盖的老年人比重将上升，对未来美国公共福利支出增加压力。

第五章

人民社会与公民社会

人民，只有人民，才是创造世界历史的动力。

——《毛泽东选集》第 3 卷，人民出版社 1991 年版，第 1031 页。

以竞争为基础的资产阶级社会和它的资产阶级国家由于它的整个物质基础，不能容许公民间除了竞争以外还有任何其他的斗争。

——《马克思恩格斯全集》第 3 卷，人民出版社 1960 年版，第 418 页。

"民主"（democracy）在西方语境里常被视为"人民的统治"，在中国的语境里被称为"人民当家作主"。但是，"人民"的内涵存在张力：既可以特指穷人、位于社会底层的人、被排除在政治之外的人，也可以泛指所有人。

毛泽东提出的"人民"的概念并不泛指全体国民，而是指从事物质资料生产的广大劳动群众，"所谓人民大众，是包括工人阶级、农民阶级、城市小资产阶级、被帝国主义和国民党反动政权及其所代表的官僚资产阶级（大资产阶级）和地主阶级所压迫和损害的民族资产阶级，而以工人、农民（兵士主要是穿军服的农民）和其他劳动人民为主体。"[1] 自此，尽管中国共产党在不同历史阶段所提到的"人民"概念尽管有所延展，但其关键有二：它由不同阶级组成，并不同质；其主体是劳动大众，重点突出。[2]

西方语境下，理论上的执政正当性来源于人民的同意。人民是一个复数名词，人民是由个人组成的整体，但不是个人的累加；因此个人利益之

---

[1] 《毛泽东选集》第 4 卷，人民出版社 1991 年版，第 1272 页。
[2] 王绍光：《中国的"代表型民主"》，《中共杭州市委党校学报》2014 年第 1 期。

间和个人意志之间都是存在冲突的，组成人民的个人应当是自由和平等的，否则无法形成真正意义的共同意志。"人民"这个词汇与"人民主权"这个概念紧密相连，人民主权原则的思想发展极为复杂，各国对其基本内涵理解不一。从学界的角度审视，洛克和卢梭对于人民主权都有各自的解读，托克维尔在《论美国的民主》一书中说，在美国，"人民主权原则是法律的法律"。① 在这里，"人民"被作为一个整体的、不可分割的、集体的抽象人格来看待，也就是将"人民"视为一个同质性的整体。

和"人民的同意"相对应的还有一个词就是利益，利益可以区分为公共利益和个人利益。在黑格尔看来，市民社会的主要矛盾是对利益的竞争和冲突。既然公共利益或共同意志并非等于个人利益或个人意志的总和，那么，什么是民意以及如何形成民意就不具备确定性。所以，需要政治国家扮演社会的调停者和保卫者的角色，以共同意志或者根据多数原则等，协调个人之间的利益和意志冲突，使各方利益尽可能平等有序地博弈以最终达成共识。

"人是合群的动物，它既是生物的、经济的，也是社会的、文化的。也就是说，我们在绝大多数情况下是不能把社会简单还原为个人的，更不只是'经济人'，不只是追求个人利益最大化的个人……人与人之间互相关系、互相关联，才产生一个群、队、社，群与群才发生关联。一旦把一切还原成个人，其实反而曲解了这个社会的现实。"② 政治国家究竟根据怎样的价值体系对由相互关联的个人所组成的社会进行调停和保卫，就决定了该国民主与否以及采用何种民主形式。

王绍光认为，"在过去几十年里，中国实际上已经形成了一套'代表型民主'的理论，即偏重内容与实质而非形式与程序的民主"。而"代议型民主"被他视为"金丝鸟笼式民主"，因此"不应是、也不可能是唯一可取的民主形式"。③ 这两种不同民主形式的背后，是不同的价值体系——中国的"代表型民主"以追求建设人民社会为目标，而美国的"代议型民主"以公民社会为基础。

王绍光所持的"人民社会"的概念是指，一国之内由公民组成的政

---

① ［法］托克维尔：《论美国的民主》，董果良译，商务印书馆1988年版，第62页。
② 黄平：《从"中国特色"走向"小康"与"和谐"》，《江苏社会科学》2005年第6期。
③ 王绍光：《中国的"代表型民主"》，《中共杭州市委党校学报》2014年第1期。

治共同体，其主体是占人口绝大多数的普通劳动大众。公民社会这个概念在本书中不采用西方近年来的狭义解释，即以政府和资本之外的第三种力量来维护公众的个人权益的民间社团；而是将公民社会等同于市民社会，即马克思在《德意志意识形态》中分析的，"真正的市民社会只是随同资产阶级发展起来的"，换而言之，是指资本主义社会。而之所以用公民社会而不用市民社会，是因为以选举政治为核心的竞争性民主语境下，公民权日益成为核心概念，也就是从"国民个体"的意义来理解公民的权利和自由。

第一节　群众路线与人民社会

什么是人民社会？首先要从"人"的界定开始。自《论语》中的"君子坦荡荡，小人长戚戚"，中国将人根据其品德区分为君子与小人。毛泽东对其进行了升华，"一个人能力有大小，但只要有这点精神，就是一个高尚的人，一个纯粹的人，一个有道德的人，一个脱离了低级趣味的人，一个有益于人民的人"①。将"毫无自私自利之心的精神"作为"有益于人民的人"的标准，是典型地将马克思主义与中国传统文化相结合的产物。有理想者就是一个"大写的人"，因为赋予了"能力有大小"的普通劳动大众以理想，所以"人民"不再与"社会底层"相联系，而是与"劳动"联系在一起。因此，人民社会的概念是针对中国的语境而产生和发展。

> 所谓"人民社会"就是一国之内由公民组成的政治共同体，其主体是占人口绝大多数的普通劳动大众。对外，人民社会不是任人宰割的殖民地、半殖民地，而是骄傲地"站起来了"，自豪地"自立于世界民族之林"；对内，人民社会既不是曾被梁启超讥诮、曾令孙中山痛心疾首的"一盘散沙"，也不是靠某种假想契约维系的、独立个人的机械聚合，而是一个既磕磕碰碰、又休戚与共的有机整体。②

正因为"一个人能力有大小"，能力不是衡量是否"有益于人民的人"

① 《毛泽东选集》第2卷，人民出版社1991年版，第660页。
② 王绍光：《社会建设的方向："公民社会"还是人民社会？》，《开放时代》2014年第6期。

的标准，而是精神；所以，相对于干部、党员、团员等而言的群众，当然可以成为"有益于人民的人"。因为这样一个以精神而非能力进行判断的标准，将群众与中国共产党联系在了一起，人民的主体地位具有了现实基础，群众路线也有了必要性。

群众路线，就是一切为了群众，一切依靠群众，从群众中来，到群众中去，把党的正确主张变为群众的自觉行动。习近平指出，"毛泽东思想活的灵魂是贯穿其中的立场、观点、方法，它们有三个基本方面，这就是实事求是、群众路线、独立自主……群众路线是我们党的生命线和根本工作路线，是我们党永葆青春活力和战斗力的重要传家宝"①。

人民社会与群众路线二者是紧密相关、不可或缺的，人民社会与中国共产党的维护"最大多数人的利益"、"实现共同富裕目标"等是一脉相承的。因此，真正值得中国人追求的中国社会建设的方向，是构筑一个以劳动大众为主体的政治共同体——人民社会。②

一　重建人民社会

现代中国是通过革命建起来的，革命建国后来奠定了改革开放发展的基础和今天我们看到的成就。人民为主体的革命是选择了社会主义，用社会主义的办法打理旧中国或者重新收拾旧山河，解决割地赔款，解决四分五裂解决东亚病夫民不聊生。③

之所以社会主义被以中国人民为主体的革命所选择，是因为社会主义与人民的利益是一致的。之所以中国人民与中国共产党紧密连接在了一起，是因为中国共产党创造、坚持与发展了群众路线。中国特色社会主义道路要求坚持人民主体地位，因此，在社会主义中国，社会重建的目标只能是人民社会，即"六亿神州尽舜尧"的社会。④

---

① 习近平：《在纪念毛泽东同志诞辰 120 周年座谈会上的讲话》（http: // theory. people. com. cn/n/2013/1227/c40531 – 23954508. html）。

② 王绍光：《社会建设的方向："公民社会"还是人民社会?》，《开放时代》2014 年第 6 期。

③ 黄平：《中国道路：过去、现在和将来》 （http: //china. huanqiu. com/roll/2011 – 04/1637837. html）。

④ 王绍光：《社会建设的方向："公民社会"还是人民社会?》，《开放时代》2014 年第 6 期。

（一）为何要创制"人民社会"这个概念？

人民社会的概念与中国特色社会主义道路的产生与发展历程紧密联系在一起。强调人民民主，而不是精英民主；强调人民当家作主，而不是抽象人格的人民授权形成的"代议型民主"，其根本原因在于，中国特色社会主义必须坚持人民主体地位，因此，"我们如果无视这十几亿人活生生的实践，只是简单套用十八世纪从英国经验形成的一些概念（'工业化''城市化'啦，'传统社会向现代社会转型'啦），仅仅用它们来图解这亿万人民群众天天都在创造着的历史和以人民为主体的伟大变迁，那就不仅不能有什么创新，连跟上时代也谈不上了"[1]。

数千年来，作为世界上最大的政治体，中国历史从来不缺乏政治斗争与革命。在皇权政治之下，皇权即为主权，一个人（君主）代表全体社会成员行使主权。但是，有别于欧洲君主权与宗教权之间的"君权神授"关系，基于天命、民本、大同和天下等思想，人民的福祉和皇权的正当性之间存在一定程度的因果关系，也给"王侯将相、宁有种乎"的造反行为奠定了思想基础。因此，皇权所代表的政治权力必须具有相当的自主性。在身份制度和社会流动机制并存的社会结构中，政治斗争往往体现为世家与平民之间的斗争，或者是不同政治家族利益集团之间的斗争，商人阶层以及该阶层背后的金钱力量较难成为社会上层而左右政治权力，更不存在所谓的左右政治派别之间的斗争。而一旦皇权丧失了其自主性，不能维护社会基本秩序和对人民福祉进行庇护，其正当性基础就会大打折扣，埋下改朝换代的隐患。因此，对于秩序、社会福利和社会流动性等的要求是中国传统文化的内生要求。

20 世纪以来，中国革命与建设实践的成果之一是人民社会，人民社会与普通劳动大众紧密关联。"一个是人民，农民是人民的主体，中国近代或者现代中国过程当中人民尤其是以农民构成的人民的主体，而这个人民概念我觉得是毛泽东对马克思主义的一个发展，不是简单的讲阶级。"[2]

突破了阶级讲人民，是中国共产党的群众路线和统一战线的契合点所在，因此，毛泽东认为，

---

[1]　黄平：《从"中国特色"走向"小康"与"和谐"》，《江苏社会科学》2005 年第 6 期。

[2]　黄平：《中国道路：过去、现在和将来》（http://china.huanqiu.com/roll/2011 - 04/1637837.html）。

我们都是来自五湖四海，为了一个共同的革命目标，走到一起来了。……中国人民正在受难，我们有责任解救他们，我们要努力奋斗。要奋斗就会有牺牲，死人的事是经常发生的。但是我们想到人民的利益，想到大多数人民的痛苦，我们为人民而死，就是死得其所。①

"共同的革命目标"成为团结人民的根本性力量，解救受难的中国人民成为革命的责任与使命，基于这种使命感，"我们为人民而死，就是死得其所"。正因为有这样的使命感与牺牲精神，所以"我们共产党人好比种子，人民好比土地。我们到了一个地方，就要同那里的人民结合起来，在人民中间生根、开花"。

这种"生根、开花"不仅使得中国共产党领导中国人民取得了革命胜利，也在中华人民共和国成立后得以延续。费孝通曾经这样描写他出席北平市第一次各界人民代表会议的观感，

我踏进会场，就看见很多人，穿制服的，穿工装的，穿短衫的，穿旗袍的，穿西服的，还有位戴瓜皮帽的——这许多一望而知不同的人物，会在一个会场里一起讨论问题，在我说是生平第一次。②

费孝通生平第一次说明，经过了以人民为主体的革命，"来自五湖四海"的人民建立的社会已经显著区别于传统中国的差序结构社会。数千年以来，中国以乡村社会作为主体，而中国的乡村社会是一个具有高度分散性的家族性社会。为改变这种高度分散性的社会结构，中国共产党在掌握政权后，通过对城市和农村进行集体化改造，在中国建立起相互联系并对政治国家具有向心力的社会共同体，从而奠定了现代政治国家的社会基础。经历了这种"数千年未有之大变局"，中国建立起的是一个人民社会。

我们已经找到新路，我们能跳出这周期率。这条新路，就是民主。只有让人民来监督政府，政府才不敢松懈，只有人人起来负责，

---

① 《毛泽东选集》第 3 卷，人民出版社 1991 年版，第 1005 页。
② 苏长和：《中国式民主与美国式民主之比较》，《人民日报》2014 年 9 月 5 日。

才不会人亡政息。①

　　在毛泽东看来，人民社会的建立与发展，在于充分调动国内外一切积极因素，能够确保在取得政权之后保持和巩固政权，治理社会主义国家，即防止新的权力集团腐败和蜕化变质、重走旧社会的老路。

　　　　什么是国内外的积极因素？在国内，工人和农民是基本力量。中间势力是可以争取的力量。反动势力虽是一种消极因素，但是我们仍然要作好工作，尽量争取化消极因素为积极因素。在国际上，一切可以团结的力量都要团结，不中立的可以争取为中立，反动的也可以分化和利用。总之，我们要调动一切直接的和间接的力量，为把我国建设成为一个强大的社会主义国家而奋斗。②

　　根据他对于谁是我们的敌人、谁是我们的朋友等的分析，不难看出，毛泽东对于他所构建的人民社会，不是将人民视为一个整体的、不可分割的、集体的抽象人格，而是承认甚至强调其差异性，也就是阶级或者阶层的差异、敌我的差异、中立与反动的差异……在此基础上，"调动一切直接的和间接的力量"，目标在于"建设一个强大的社会主义国家"。值得注意的是，"工人和农民是基本力量"，也就是以"劳动"为共性的工人和农民是人民主体，而人民主体地位不能撼动。

　　毛泽东对于"劳动"与建成"强大的社会主义国家"之间的因果关系的判定，与阿里吉对于中国发展模式的成功在于勤劳革命的判断是一致的。这么一个晚清以后看上去好像要衰落的文明怎么这么短时间内就又要复兴了？阿里吉认为，"其实中国的发展不是得益于什么工业革命（industrial revolution），而是得益于勤劳革命（industrious revolution）"③，也就是得益于人民的劳动。

　　正因为让劳动者成为了"大写"的人，成为了国家的主人，而不再是

_____

　　① 黄炎培：《延安归来》，《八十年来——黄炎培自述》，文汇出版社2000年版，第204—205页。
　　② 《毛泽东选集》第5卷，人民出版社1977年版，第268页。
　　③ 黄平：《"北京共识"还是"中国经验"？》，载黄平、崔之元主编《中国与全球化：华盛顿共识还是北京共识》，社会科学文献出版社2005年版。

"底层"不仅仅是选举时被动员去投票、平时只能服从"民主的专制"的公民，所以中国能够在短时间内培养了数亿健康的、勤劳的、有文化的新劳动者。所以，人民社会这个概念的创制是中国特色革命道路和建设道路的必然要求。

不是重走帝国主义道路、重走资本主义道路，而是依靠人民的劳动，中国的"勤劳革命"创造出人类史上的奇迹：

> 中国（1）十几亿人在（2）近三十年的时间里，（3）平均以高于8%的GDP年增长率，并在此期间，使（4）近三亿多农村人摆脱了赤贫，（5）二亿多（就地或异地）实现了非农化，且（6）没有发生波及较大的内乱（革命、起义、暴动、灾荒），也（7）没有导致较大规模的对外移民、殖民、战争、侵略，还在发展中自我调整，（8）提出了改变战略，走新的全面、协调、可持续之路，以（9）构建和谐社会，或者说，一个更加民主法制、公平正义、安定有序、充满活力、人与自然和谐相处的社会。这在英国工业化以来，甚至是有史以来，可以说是前所未有的。①

中华民族要实现伟大复兴，就应该"力图把几千年的智慧和各种文明形态里面好的东西（'人类文明的一切优秀成果'）都继承下来，走出一条不同于西方早期靠对内剥削、对外殖民战争、对自然掠夺和征服来发展的道路"②，这样的一条道路的实践与最终获得成功，秘诀在于勤劳革命，因此根本的依靠力量是人民，是占人口绝大多数的普通劳动大众。

（二）当今中国社会解读

政治上建设现代政治国家制度、经济上从小农经济为主到施行计划经济到推崇市场经济，这双重变革必然对中国社会产生强烈的冲击。自20世纪下半叶以来所发生的如此之多和如此之激烈的社会变革，在中国历史上是罕见的，甚至可以说是前所未有的。无论是从质量上还是数量上进行衡量，今天的中国社会与1949年之前的中国社会有着天壤之别。

---

① 黄平：《"北京共识"还是"中国经验"？》，载黄平、崔之元主编《中国与全球化：华盛顿共识还是北京共识》，社会科学文献出版社2005年版。

② 同上。

毛泽东时代在建设现代政治国家的同时，力图对中国社会进行扁平化结构改造，抑制精英阶层的权力和利益扩张空间，一定程度上改变了中国国民性，使得经济平等主义、反对腐败等观念深入人心。虽然政治国家建立了现代意义的政治信任机制，用行政建制的方式将国家力量渗透到几乎所有领域、改造了中下层社会组织、对中国的地方共同体进行了重建，并且通过系列政治运动对传统的宗法家族和血缘依赖进行了打击；但是，无论是城市的单位制度还是乡村的人民公社，这些行政共同体并未改变中国社会的"熟人社会"特征，没有将以其身份为表征的具体人格转变为"社会人"所需要的抽象人格，也没有将传统的家族信任扩展为社会信任，因而社会信任危机在毛泽东时代并未被"问题化"。

自1978年以来，中国通过自上而下的推动，迅速植入市场机制推动以经济建设为中心的一系列改革。中国的发展速度之快成为世界焦点的同时，也让中国社会进入一个前所未有的转型期：价值多元、结构断裂、道德失衡成为这个时代的特征，地方性的行政共同体例如单位和人民公社等逐步瓦解，大中城市的"熟人社会"在政治力量和市场力量的共同推动下迅速转型为"陌生人社会"，小城镇和农村地区的"熟人社会"也由于青壮劳动力的大量涌向大中城市而有"空心社会"之虞。

市场经济本身存在一个悖论：一方面，市场经济信奉"丛林法则"，不可避免地会导致社会成员收入分配差距扩大，并且资本的唯一本性就是攫取利润，不会考虑社会效应；另一方面，市场经济是以社会信任为基础的契约经济，市场经济的发展基础之一就是抽象的人格和自由流动的劳动力，人格的抽象化和劳动力的自由流动必然形成"陌生人社会"。

这种"陌生人社会"的形成与工业化有着密切联系，中国有着数千年的农业社会的历史，由过去的农业人口占据绝大多数，到2011年末城镇人口占中国总人口比重达到51.27%，首次超过50%。也就是说，在中国政府的主导之下，高速发展的工业化所产生的巨大推动力使城市化的进程不断加快，中国正在迅速从"土地社会"向"工作社会"转型，劳动和社会生活的风险日益增加。

毛泽东时代的国营企业、集体企业等吸纳与培养了大批工人，并把工人阶级在政治纲领上视为"先锋队"。改革开放以来，经过市场化的产权改造，大型国营企业大都转变为国有企业，中小型国营企业和集体企业也改制为多种所有制的企业。原来的全民所有制和集体所有制身份的工人经历了下岗再就业的历程，与企业之间的关系从单位与职工的关系逐渐转变为基于缔结劳动合同而形成的雇佣关系。与此同时，大量农民工被新兴民营企业、外资企业等不同所有制形态的企业所雇用，形成了"第一代"农民工蓝领工人群体。现在，中国并存着具有城镇户籍的蓝领工人和由农民工组成的蓝领工人两大产业工人阶级群体。

与农民分散地依附于土地之上不同，产业工人具有集中性和对工作收入的完全依赖性。一方面，产业工人具有很强的社会脆弱性，如果他们失去工作，就会难于抵御社会风险，并且易于遭受社会排斥；另一方面，如果他们的劳动收入过低，易于成为社会问题集中爆发的群体。而对由农民工组成的蓝领产业工人群体来说，他们长期与家人分离，承受着城市文化的冲击，在心理上需要努力消化城乡之间各种巨大的鸿沟所带来的精神危机，因而更容易遭遇社会排斥，也更容易成为社会冲突的引爆者。

此外，与西欧和美国等发达国家所经历的产业工人群体的迅速膨胀尔后又很快衰退、从大工业社会向知识社会转型的历程不同，过去的三十多年来，中国在建成"世界工厂"的同时，政府主导和推动发展第三产业和知识经济，试图尽快向知识社会转型。于是，在大量农民涌入城市成为新兴产业工人的同时，白领工人阶层在城市迅速崛起。白领工人阶层内部又可以进一步分化为正规就业者和灵活就业者，后者主要指自由职业者等。

白领工人阶层的出现与成长形成了新的社会阶层冲突的隐患：占据人口少数的白领工人阶层与占据人口多数的产业工人和农民之间的矛盾；作为受雇佣者的白领工人阶层与雇佣者之间的矛盾等。前一个社会矛盾背后是教育水平的差异性。教育对于社会分层的作用在加大，故而教育资源均等性的重要性凸显。但是，自20世纪90年代以来的教育产业化导致优质基础教育资源越来越向大城市集中、向特定社会群体集中，产业工人和农民子女享受均等基础教育的机会日益萎缩。因为教育失去其公平性而导致社会流动性的下降，激化了白领阶层与产业工人和农民群体之间的矛盾，同时也使精英与大众之间的矛盾进一步恶化。后一个社会矛盾背后是合理的初次分配机制的重要性凸显，白领阶层的工资性收入水平应当使其有能力成为稳定的中产阶级，而中产阶级的稳定与壮大在一定程度上有利于保持整个社会的稳定性。

从另一个角度说，白领阶层的形成过程与中国的迅速城市化历程是几乎同步的，相当比例的白领在接受高等教育、进入工作社会的同时，或者从农村到城市、或者从小城市到大都市，在进行"第一代移民"。白领移民和蓝领移民的最大区别在于，前者对于购买住房、融入工作所在地的要求更为迫切。这种要求有利于形成和扩大稳定的中产阶级，也有利于众多社会群体社会地位的整体上升。但是，中产阶级的成长遭遇快速城市化、土地财政等制度所导致的高房价问题的捆绑。高房价和高生活费用等所形成的巨大压力使白领变成"负翁"，使原本可以承担社会稳定器功能的中产阶级变为社会不满者，反而成为社会压力阀。

仍然停留于土地社会的农民，已经不再需要缴纳农业税和其他费用。但是，基本农产品价格保持在较低水平，难于获取高利润，"资本下乡"为了获取利润主要集中在种植经济作物。为了保证粮食安全，需要鼓励农民种植粮食，也需要培养和保障一批稳定的掌握农业生产技能的农民群体。并且，有人试图通过农村土地确权倒逼终结不断以人分地关系的农村集体所有制，以实现大规模流转、最终达到农村土地私有化的目的。而随着城市工作社会的基本劳动关系从计划经济时代的单位制度转变为劳动雇佣关系，城市生活的巨大生存压力和风险，使土地作为农民（包括农民工）的生存保障的重要性加大。粮食安全对农民群体的依赖、农民自身对土地保障的高度依赖等，与政府和资本力量共同推动的城市化进程不可避免地产生冲突，围绕征地等产生的争议甚至暴力性事件在全国各地屡有发生。土地制度特别是农村土地制度，不能单纯以经济效率来考察其合理性，而更应当从社会公平和国家性质着眼。并且，拉美国家和印度的"三农"问题和城市贫民窟等问题都是深刻的教训。[①]

经济全球化浪潮之下，资本主义和国际贸易等已经把这个世界连接在一起，中国经过三十多年的改革开放也已经将自己融入全球市场之中。外部的全球化和内部的快速社会转型二者相结合，使经济精英阶层具有并且主张更大的自由度和对社会运行的实际控制力，更强烈地要求政府采取切实可行的措施来缓解经济改革过程中的各种紧张关系，以保护其资产的安全度。

通过公权力强力推进市场经济的政治国家自身也变为经济发展的"运动员"，容易倾向于制定"亲资本"的政策。在片面追求"有形资产"积

---

① 温铁军：《全球资本化与制度性制贫》，《中国农业大学学报》（社会科学版）2012 年第 1 期。

累也就是 GDP 增长和物质财富等的同时，不充分了解市场经济对社会的破坏力，忽视了对社会的保护职能，甚至将毛泽东时代原本由政府或者单位提供的公共产品大部分委托给市场，由个人或者家庭进行购买：这种举措非但没有弥补市场经济自身缺陷，相反将被强大的政治国家的层层行政建制所弱化的社会力量和家庭进一步推向市场，形成了一个对小部分人"一切皆有可能"的时代，"人比人比死人"的社会心理迅速膨胀，社会不满足感不断增强。

上述情况使政治国家面临两难境地：一方面，政府掌握了经济发展所需的大部分要素和资源，地方政府受政府官员考核的 GDP 锦标赛和自身内在利益的驱动高度重视招商引资等；然而，超低价的要素（例如土地和环境）已经过度开发、超低廉的资源走向枯竭、人口红利减退等，国际竞争日趋激烈、就业压力巨大需要经济部门不断创造更多就业机会……实质上政治国家对经济精英阶层存在某种依赖性，政治与市场在分享权力。另一方面，不受约束的资本力量的急剧扩张，给正常的社会纽带形成了破坏作用，作为社会主体的大众必然要求政府采取措施来消解资本力量膨胀、工业化和城市化等对劳动、社会和人民生活的压力，因而要求政治国家对经济精英的既得利益和扩张自由度进行一定程度的限制。

上述各种社会冲突和社会压力表明，政治体制的发展和完善与经济基础的变革并不总是同步的，但经济基础的变化或迟或早会导致上层建筑的相应改变，应当对此有着清醒的认知。这种不同步使得发展不均、城乡差异、贫富差距等社会问题日益恶化，对中国社会产生了相当程度的破坏作用，形成和加剧了社会分化和社会对立，并且这种社会分化和社会对立在日益复杂化。越来越激烈的达尔文式竞争环境，尤其是一些带有社会歧视性的制度设计，使得不同社会阶层之间的社会差距在不断拉大，导致将自己视为"成功者"之外的人备受挫败感的折磨、缺乏社会安全感。例如，同属于白领阶层，基于其是否已经购买住房，又被进一步区分为有房群体和无房群体；同属于农民，部分被征地农民一夜暴富，而很多农民仍身陷贫困陷阱。这些日益复杂化的社会分化对中国社会经济的发展将产生某种阻碍作用，甚至反过来会破坏已经取得的政治建设和经济建设的成果。

尽管政治力量和经济力量的合力已经极大地改变了中国社会；但是，社会的发展和变化并非政治力量和经济力量所能够完全左右，社会具有其自身独立性，三者之间的关系不是单向性的，而是双向性甚至多向性的。

社会的独立性还体现在一些不利于社会经济发展的制度能够被制定且持续存在，说明社会对政治制度和经济制度的选取与实施有其主动性和独立性的一面。中国社会存在滞后和超前并存的情况，例如在讨论中国大都市社会管理的参与式预算问题的同时，中国乡村社会仍然存在宗教、文化与国家权力的角力。

而在这种传统力量、政治主导和经济推动之下，土地社会、大工业社会和知识社会等不同社会形态在中国犬牙交错地并存着。中国的传统社会结构、毛泽东时代扁平化社会改造和改革以来的"市场社会"需求等各种因素共同发挥作用，多元的社会文化相互冲突，形成了国家、市场与"社会自我保护运动"之间错综复杂的关系。这些社会形态的交错性，使同一个人基于其在不同社会形态中的不同社会角色，承担着不同的甚至彼此冲突的责任，例如深受房贷负荷所累、从农村来到城市工作的白领青年人，既要承担现代风险社会的房贷、高成本生活等压力，又要承担赡养父母甚至扶助居住在农村的亲戚的压力。前一种都市生活方式要求其发扬自我奋斗的个人主义，后一种血缘义务要求其履行基于乡土中国的家族责任。上述多重压力与多重风险，加大了当今中国社会的脆弱性。

（三）人民社会的重建

"人们奋斗所争取的一切，都同他们的利益有关。""'思想'一旦离开'利益'，就一定会使自己出丑。"①

追求对自己有利的东西、避免对自己不利的东西，即趋利避害，是包括人在内的所有生物的本能。正像人类的需要总是处于不断的发展变化之中一样，人类的利益也总是处于不断的发展变化之中的。中国特色社会主义是亿万人民自己的事业，只有发挥人民主人翁精神，才能担当起这个伟大的事业。但人民内部的利益已经出现了分化，不同的阶层、机构与利益群体在各自价值观念与自身利益的碰撞与冲突过程中，对社会的整体规范、伦理、道德造成了冲击。政治国家为了保持其自主性就必须整合这些不同的利益，要重建社会共识、社会规范、社会伦理和社会道德。同时，这种利益分化和价值观分裂等对如何确保政治的自主性提出了更大的挑

---

① 《马克思恩格斯全集》第2卷，人民出版社1957年版，第103页。

战，既要避免政治权力被财富权力所左右，也要避免政治权力被官僚集团利益所控制。

2012年中国共产党的十八大报告提出了夺取中国特色社会主义新胜利的八条基本要求。八条基本要求的第一条，就是"必须坚持人民主体地位"。这一表述标志着人民社会的建设进入了一个新阶段。

重建人民社会，要理顺政治体制，建立强大的监督机制。由于各级政府缺乏"唯下"的机制，"只唯上"就自然演变成为"欺上瞒下"，"欺上瞒下"就会演变为官员的"寻租工具"。应当建立常规的、制度化的利益表达渠道，让各种社会力量的利益诉求在法治的轨道内得以规范和保障，通过鼓励和支持"参与式治理模式"，制定公平公正的公共政策，加强信息透明，以减少矛盾冲突。强国家只有具备"强公众参与"和"强监督机制"，对权力进行有效制约，才能减少腐败，也才能避免承担不应当承担的责任。

重建人民社会，要建立和完善法治，增强对法律的信任，重建道德体系。各种法律规范和规则的制定，不应当被精英所垄断，而应该有广泛的公众参与。当前各种群体性事件和社会暴力的频繁爆发，就体现出社会分裂所造成的种种恶果。提升广大人民，尤其是弱势群体在规则制定中的话语权，才能解决社会各阶层和各群体在共享改革成果方面的失衡问题，才能进一步推进改革，实现真正的有效制衡，弥合已经日趋危险的社会分裂状况。

重建人民社会，要理顺政府、市场和社会的关系，建立互信机制。为了避免社会认同与社会向心力、凝聚力的瓦解，必须在提供公平正义的政治环境的前提下，打破社会不同群体和部门之间、社会对政府有关部门所表现出的种种猜疑、隔膜和不信任感。其中，建设一个强大的国家是理顺上述关系的基础性条件，而为确保强大国家不是为官僚阶层服务或者为特殊利益阶层服务，就必须有赖于强大的人民社会。

单纯依靠"政府制定、专家论证"的技术主义或者精英主义路线，已经被实践证明越来越行不通。虽然可以通过行政吸纳精英，但是，脱离中国的历史文化传统，不走人民社会的道路、而走精英共治的道路最终只会导致政治国家和人民社会的对立。所以，只有在充分了解民意、反映民情和代表民意的基础上，才能使中国的国内政策具有坚实的民意基础。

中国社会力量的多元化使得不同阶层和不同群体的声音也各不相同，

但是往往由精英构成有社会话语权阶层的主体。《人民日报》2011 年 5 月发表题为《执政者要在众声喧哗中倾听"沉没的声音"》的文章，其中提到"表达上的弱势群体，也是现实中的弱势群体"，还提到"大部分沉没的声音背后，都有未被满足的诉求"。的确，如果拥有话语权的精英们其价值取向局限于极端地满足自己的利益诉求，这些"沉没的声音"就会演化为激化的矛盾，往往出现的是多输结果。而这种"沉没的声音"不仅仅应当有执政者倾听，其他发出"众声喧哗"的群体为了达到共赢，也应当倾听。只有这样，才能增强社会凝聚力，才能提高社会绝大多数成员的权力感和参与程度，也才能削弱社会差距感。

阶层歧视既是各种显性的制度设计的结果，也是各种隐性的社会文化、社会身份认同感等所导致的。中国的社会格局正在发生前所未有的大变化，政府应当主动引导不同阶层和群体之间的对话，而不同阶层和群体也应当摆脱"非黑即白"的斗争心理，通过对话达到基本的共识，以追求多赢的精神来尽量缩小阶层歧视，创造出新的精神文化，引导民族共同发展。

中国梦这个整体性的梦想就应当对 13 亿中国人民的不同梦想具有包容性和指导性，应当正视人民内部的复杂性以及理想背后的利益冲突。中国梦应当不同于西方的第三条道路，不是超越左与右，而是包容左与右，将个人之梦与民族之梦联系起来，将人民幸福之梦与国家复兴之梦联系起来，用理想去协调不同个人和社会群体之间的不同梦想。中国梦，既强调个人奋斗和个人成功，也强调国家强盛和民族复兴，二者的协调取决于中国坚持何种道路——这就是习近平在访问俄罗斯所说的："鞋子合不合脚，自己穿了才知道。一个国家的发展道路合不合适，只有这个国家的人民才最有发言权。"

二　坚持群众路线

群众路线打破血缘亲系又强调等级尊严的宗法制度，被誉为"毛泽东的逆向政治参与模式"，"敦促决策者走出去"，"听取民意、吸取民智"……群众路线在中国历史上第一次开启了工农阶级普遍广泛政治参与的大门，是一个自上而下与自下而上相互循环的动态政治过程。在革命与建设的历程中，作为中国共产党根本的政治路线和组织路线，作为毛泽东思想的重要内容，群众路线发挥了重要作用，可以说是对中国普通民众进行了政治参与的民智启蒙。在实现中国梦的奋斗历程中，是否坚持群众路线，是中国梦能否实现的关键性决定因素之一。

（一）中国革命与社会主义建设探索中的群众路线

中国古代传统的"民本思想"是群众路线最早的历史渊源。马克思主义经典作家的群众观也是群众路线的思想来源之一。

早在1934年，毛泽东就指出，

> 真正的铜墙铁壁是什么？是群众，是千百万真心实意地拥护革命的群众。这是真正的铜墙铁壁，什么力量也打不破的，完全打不破的。①

这种依靠群众的思想，是毛泽东判断"星星之火，可以燎原"的依据所在。而到了延安时期，毛泽东进一步指出，

> 共产党是为民族、为人民谋利益的政党，它本身决无私利可图。它应该受人民的监督，而决不应该违背人民的意旨。它的党员应该站在民众之中，而决不应该站在民众之上。②

基于中国共产党的这种性质，他进一步总结出群众路线的工作方法，

> 在我党的一切实际工作中，凡属正确的领导，必须是从群众中来，到群众中去。这就是说，将群众的意见（分散的无系统的意见）集中起来（经过研究，化为集中的系统的意见），又到群众中去作宣传解释，化为群众的意见，使群众坚持下去，见之于行动，并在群众行动中考验这些意见是否正确。然后再从群众中集中起来，再到群众中坚持下去。如此无限循环，一次比一次地更正确、更生动、更丰富。这就是马克思主义的认识论。③

---

① 《毛泽东选集》第1卷，人民出版社1991年版，第139页。
② 《毛泽东选集》第3卷，人民出版社1991年版，第809页。
③ 同上书，第899页。

正是因为群众路线这一正确的方法，中国共产党对中国革命的领导力不断增强，自身的群众基础不断扩大和发展。

> 全心全意地为人民服务，一刻也不脱离群众；一切从人民的利益出发，而不是从个人或小集团的利益出发；向人民负责和向党的领导机关负责的一致性；这些就是我们的出发点。……应该使每个同志明了，共产党人的一切言论行动，必须以合乎最广大人民群众的最大利益，为最广大人民群众所拥护为最高标准。①

在中国共产党领导中国革命即将取得胜利的时候，毛泽东围绕始终坚持群众路线的问题发出警告，

> 因为胜利，党内的骄傲情绪，以功臣自居的情绪，停顿起来不求进步的情绪，贪图享乐不愿再过艰苦生活的情绪，可能生长。因为胜利，人民感谢我们，资产阶级也会出来捧场。敌人的武力是不能征服我们的，这点已经得到证明了。资产阶级的捧场则可能征服我们队伍中的意志薄弱者。可能有这样一些共产党人，他们是不曾被拿枪的敌人征服过的，他们在这些敌人面前不愧英雄的称号；但是经不起人们用糖衣裹着的炮弹的攻击，他们在糖弹面前要打败仗。我们必须预防这种情况。……夺取全国胜利，这只是万里长征走完了第一步。如果这一步也值得骄傲，那是比较渺小的，更值得骄傲的还在后头。在过了几十年之后来看中国人民民主革命的胜利，就会使人们感觉那好像只是一出长剧的一个短小的序幕。剧是必须从序幕开始的，但序幕还不是高潮。中国的革命是伟大的，但革命以后的路程更长，工作更伟大，更艰苦。这一点现在就必须向党内讲明白，务必使同志们继续地保持谦虚、谨慎、不骄、不躁的作风，务必使同志们继续地保持艰苦奋斗的作风。②

中华人民共和国成立后，毛泽东等中国共产党领导人将对中国历史和中国社会的认识与马克思主义结合起来，试图寻找克服中国朝代更替规律

---

① 《毛泽东选集》第3卷，人民出版社1991年版，第1094—1096页。
② 《毛泽东选集》第4卷，人民出版社1991年版，第1438—1439页。

的路径。

一方面，中国共产党通过建立强大的现代政治国家体制，国家政权的力量空前地深入到社会各层面，打破了传统中国的超稳定社会结构，使执政党获得了空前的政治权威和高度的社会治理能力；另一方面，中国共产党在国家现代化过程中，高度重视对人民的动员、扩大民众参与，把群众路线看作是制定和贯彻政策的"马克思主义的认识论"，希望通过社会各阶层特别是工人和农民的积极政治参与，使得执政党的政策制定能够吸纳他们的利益从而代表大多数人的利益，也使得据此制定的政策得以贯彻实施，也就是"从群众来，到群众中去"——这实际上构成了毛泽东时代政治国家与基层社会之间相互作用的复杂关系。

对此，毛泽东曾经多次分析社会主义建设过程中的中国共产党坚持群众路线的问题。

> "我们应当相信群众，我们应当相信党，这是两条根本的原理。如果怀疑这两条原理，那就什么事情也做不成了。"[1]
> "我们需要建立一定的制度来保证群众路线和集体领导的贯彻实施，而避免脱离群众的个人突出和个人英雄主义，减少我们工作中的脱离客观实际情况的主观主义和片面性。"[2]
> "因为革命胜利了，有一部分同志，革命意志有些衰退，革命热情有些不足，全心全意为人民服务的精神少了，过去跟敌人打仗时的那种拼命精神少了，而闹地位，闹名誉，讲究吃，讲究穿，比薪水高低，争名夺利，这些东西多起来了。"[3]
> "力量的来源就是人民群众。不反映人民群众的要求，哪一个人也不行。要在人民群众那里学得知识，制定政策，然后再去教育人民群众。所以要当先生，就得先当学生，没有一个教师不是先当过学生的。而且就是当了教师之后，也还要向人民群众学习，了解自己学生的情况。"[4]

---

[1] 《毛泽东文集》第6卷，人民出版社1999年版，第423页。
[2] 《毛泽东文集》第7卷，人民出版社1999年版，第19页。
[3] 同上书，第284页。
[4] 《毛泽东文集》第8卷，人民出版社1999年版，第324页。

1978 年开始，中国共产党领导中国人民进行改革开放，从"以阶级斗争为纲"转向"以经济建设为中心"，依靠毛泽东时代形成的强大政治资源自上而下推动经济改革，逐步引入市场机制，在试图用市场经济机制促进中国经济发展的同时，也试图超越阶级斗争和意识形态的斗争。对于群众路线，1980 年 12 月，邓小平在中共中央工作会议上说："群众是我们力量的源泉，群众路线和群众观点是我们的传家宝。"邓小平在党的八大上作的《关于修改党的章程的报告》，指出，

> "它包含两方面的意义"。一方面，它认为人民群众必须自己解放自己，党的全部任务就是全心全意地为人民服务，党的领导作用就是给人民群众指出斗争的方向，帮助群众自己动手争取和创造幸福生活。"因此，党必须密切联系群众和依靠群众，而不能脱离群众，不能站在群众之上；每一个党员必须养成为人民服务、向群众负责、遇事同群众商量和同群众共甘苦的工作作风。"另一方面，"它认为党的领导工作能否保持正确，决定于它能否采取'从群众中来，到群众中去'的方法。"①

但是，在实际工作中，改革设计者们高估了政治国家的自主性，低估了市场经济所具有的通过财富权力组织社会的本能，其"让一部分人先富起来，先富带动后富"的构想难于实现。同时，也高估了阶级斗争和思想意识领域的争论对发展的破坏力，低估了市场经济对社会利益造成分化导致形成社会分裂的能力。如何协调民意冲突、确保公信力和民意基础是当前执政党面临的重大挑战。

由于以经济建设为中心，群众运动的地位下降，失去了意识形态、经济体制和社会环境各方面强力依托的单位制度也逐渐瓦解。并且，以经济发展为主要任务的中国共产党和中国政府在强调制度建设的同时，在科层化、专业化的压力下日益官僚化，行政吞噬政治，政党国家化，党员干部日益脱离群众，官僚结构的层级结构导致国家的政治功能不断弱化。因此，二者的结合在一定程度上减少了群众对政治的有效参与。

① 《邓小平文选》第 1 卷，人民出版社 1994 年版，第 217 页。

（二）群众路线的新起点

> 所谓正确处理人民内部矛盾问题，就是我党从来经常说的走群众路线的问题。共产党员要善于同群众商量办事，任何时候也不要离开群众。党群关系好比鱼水关系。如果党群关系搞不好，社会主义制度就不可能建成；社会主义制度建成了，也不可能巩固。①

毛泽东的这段话强调了群众路线对于上下沟通的关键性作用。为何中国共产党十八大以来如此高度重视群众路线？从中国过去 60 多年的政治发展历程可以找到答案。

> 中国过去 60 多年来的政治发展历程与十九世纪到二十世纪欧洲大陆的政治演变过程是完全不同的，需要进行深入的研究，中国尤其应当将自己的道路说清楚。十九世纪到二十世纪的欧洲民主化转型时期，代议制政府最初排斥以工人和农民为代表的草根阶层的政治参与。后来通过社会主义政党的努力，工人阶级逐渐被纳入到竞争式民主体制，但这种纳入过程并不顺利。直到残酷的第二次世界大战之后才在欧洲大多数国家正式建立起宪政基础上的竞争式大众民主制度。中国的政治基础演变过程与此不同：1949 年建立的中华人民共和国，最初的政权基础是工人和农民。随着中国进行市场经济体制改革，中国共产党又将其他新兴阶层包容到由工人、农民等所组成的政体之中。②

今天，因为政权基础的阶层构成在不断多元化和复杂化，而新兴阶层，例如企业主等与政府官僚形成利益共同体的可能性远高于工人（蓝领与白领）和农民，如何保持上下沟通，也就是从群众中来到群众中去成为一个新形势下的老问题。

也就是说，中国共产党的中央层面应该由通过党内竞争机制选拔出

---

① 《建国以来毛泽东文稿》第 6 册，中央文献出版社 1992 年版，第 547 页。
② 《突破西方政体类型学的当今中国政治制度——国际知名学者帕斯夸里·帕斯奎诺谈中国政治制度》，《光明日报》2013 年 8 月 20 日。

来的具有历史使命感、立足长远和全局观的贤能领导，而基层政治应该针对新的社会结构变化而不断调整，保障不同阶层的人民有参与政治的丰富、多元渠道。而能够在这两个层面之间发挥沟通上下的就是群众路线，以确保一个充分沟通的动态政治运行。因此，党的十八大以来进行了"群众路线教育实践活动"，以推动党风建设，其目的就是要在承认目前人民内部的差异性的前提下，促进精英与群众之间的相互沟通与相互塑造。

> 有了错误，自己不讲，又怕群众讲。越怕，就越有鬼。我看不应当怕。有什么可怕的呢？我们的态度是：坚持真理，随时修正错误。①

让劳动群众能够充分表达意见，党员干部就可以及时修正错误，就可以避免对抗性矛盾的出现和激化。因此，尽管中国的政治发展在过去 60 多年中发生了巨大的变化，中国共产党的政权基础构成也发生了变化，但是，群众路线对于确保政权内部的上下沟通、政权与人民特别是劳动群众的沟通始终具有现实意义，应当始终坚持。

应当改变基层治理定位。社会生产迅速发展起来了，市场经济建设逐渐完善，基层政权不应该继续"越位"干预微观经济领域活动，而应该理顺政府与市场的关系，转而解决如何用现有社会生产成果去满足人民日益增长的物质文化需要的问题。也就是说，扩大基础群众的政治、经济与社会参与和加强公共服务应当成为基层治理新的定位所在。

应当理顺中央与地方关系。中央与地方关系千丝万缕，这里仅强调两个关系：第一，中央与地方信任关系。仅仅依赖自上而下的改良，甚至试图以"条条"替代"块块"，以加强中央垂直管理代替地方治理，造成"一县两制"会引发中央、地方的互不信任的恶果；而民众直接接触的是基层政权官员，神经末梢治理不善，只会加深民众对政府"说一套、做一套"的成见，并不能从根本上解决问题，因此应当加大对基层政权的支持和投入。第二，中央与地方财政关系。有钱才能办事，因此，中央政府与地方政府在财政关系上应当做到事权与财权大致相匹配。但实际情况是，政府间财政关系的调整近乎"零和博弈"，相当部分基层政权的财政已经

---

① 《毛泽东文集》第 8 卷，人民出版社 1999 年版，第 291 页。

成了吃饭财政，无能力也无动力提供公共服务，因此财税体制改革已经迫在眉睫。

应当改革公务员选任机制。公务员选任机制和中央与地方关系是紧密联系在一起的，如果选拔公务员过分强调高学历、留学背景、年轻化等因素，忽视了基层工作经验、群众基础等素质，忽视了中央和地方双向交流任职等方式，就会易于导致中央与地方官员缺乏沟通、理解和互信，尤其易于导致中央乃至省市制定的政策和规划与基层实际情况不符，难于在基层真正得以实施。从另一个角度，如果基层人员向上流动的渠道不畅，向下沉沦的可能性会加剧，在一定意义上加剧了基层腐败的可能。公务员选任强调从基层优秀人员中选拔，不仅拓宽基层公务员向上流动的渠道，而且从优秀工人、农民中考录公务员。这个举措涉及不同阶层和群体向上流动的问题，具有全社会性选拔优秀人才和稳定社会全局的价值和意义……

这样有利于使中国共产党的领导与人民当家作主实现互洽，有利于使人民社会的内部不同力量相辅相成实现动态循环平衡，也有利于使执政党和人民群众二者重新统一到政治过程之中，这与人民主体地位这一要求是一致的，也与人民社会的宗旨与性质是一致的。

第二节　并非超越阶级的公民社会

在竞争性民主形态中，选举政治和政党政治的结合目的在于，政党组织人民、人民通过定期选举来选择政党，这样可以实现一个沟通上下的动态联系。也因此，公民资格和公民的平等性是美国政治中的核心内容之一。在这样的一种理论构架之下，公民的概念、公民的权利义务等，逐渐掩盖了人民主权所具有的抽象人格；而是用一个个具体的有差别的公民，因为法治而具有民事权利平等、因为投票而具有政治权利平等，既超越阶级，也淡化了"人民"的概念，制造了一个"美国人民能够通过选举政治领袖决定国家命运"的神话。但是，自20世纪80年代以来，美国政治选举的动员程度和动员效果等无不表明，公民社会并不能够超越阶级。相反，大众民主和资本主义之间的矛盾，精英共治和大众民主之间的矛盾等，让美国梦内部的张力不断紧张化，呈现出另外一幅图景，"西方民主是虚假的，民意受到金钱和特殊利益的操纵，体制被滥用于牟取私利"，特别是2016年美国总统大选向世界昭示，美国并没有通过民主政治成功解决阶级斗争的问题。①

一　大众民主和资本主义的矛盾

资本主义、市民社会和现代民主政治的发展，从某个意义上说是基本同期出现和发展，但也存在相互角力。美国民主政治的历史和现状，尤其是美国"占领华尔街"运动、"民主之春"运动等，证明选举机制不是万能的。全球化背景下政治国家对资本的控制力下降，但对社会的控制能力增强，故而选举本身的作用在相对化和庸俗化，并不能确保政治权力总是服务于人民的共同利益。"占领华尔街"等社会运动就折射出美国金融资本主义深层次的制度性危机，金融资本与政府权力的结合所体现的"公域私化"现象遭致广泛批评。并且如学者郑永年所说，不仅在工业资本主义和金融资本主义之间，大众民主和资本主义之间的矛盾也在日益激化。②

19世纪，英国法学家梅因提出，进步社会的运动迄今为止，是一个"从身份到契约"的演变。梅因对于进步社会的运动的解读，包含了两重意思：第一重是指个人从"身份"属性，也就是个人对社会的"身份"依赖，转向突出"契约"自由，也就是个人权利的独立性和自主性；第二重是指社会的组织方式从通过政治组织社会转向通过经济组织社会和通过政治组织社会两个机制共同发挥作用。这两重意思彰显了权利与权力二者之间的相互依存与相互矛盾，也彰显了个人、政治、经济和社会四者之间存在着利益张力。③

由于社会的组织方式出现多元化，权力并不局限于政治权力，也包括经济权力、社会权力甚至宗教权力。不同权力的拥有者和各种权利的主张者之间的矛盾与冲突，产生了不同的利益主体与利益要求，进而产生了不同的思想价值追求，例如平等、自由和秩序等。而这些不同的价值主张之间也存在张力，由此形成了左翼与右翼等不同思想阵营的现实基础和思想来源。

从血缘家族组织发展到通过政治组织社会是人类发展的共性，虽然各

① Eric X. Li, "Watching American Democracy in China", *Foreign Affairs*, April 19, 2016, available at: https://www.foreignaffairs.com/articles/china/2016-04-19/watching-american-democracy-china.

② 郑永年：《大众民主和资本主义的矛盾》，《联合早报》2011年11月1日。

③ ［英］梅因：《古代法》，沈景一译，商务印书馆2010年版。

自的发展历程和表现形式有所不同。但是，值得注意的是，梅因所指出的
"从身份到契约"的这一进步历程是针对 19 世纪的西欧，特别是英国而言
的，并非放之四海而皆准的对全世界同一历史阶段的"普适"定性。

欧洲的社会组织方式从通过血缘组织社会发展为通过政治组织社会，
从强调血缘组织到强调地缘组织，就形成了具有独立性的政治体，也就是
说"政治"因为社会的发展需要而产生，而政治体（国家）一旦形成，其
本身就具有了相对自主性，具有了自身的利益和逻辑。在欧洲，政治本身
也在不同的历史阶段有着不同的形式：城邦政治、神权政治、君主政治、
贵族政治、民主政治、混合型政府、代议制度……直至梅因所描述的 19
世纪，在古代社会的欧洲，商业民族都是例外，对自由的追求也并未占据
主要地位。

如法国哲学家孔多赛所说，古代人没有个人自由的概念。在雅典的城
邦生活中，大量奴隶的存在使公民可以脱离生产，普遍的政治参与成为可
能。但是，公民的政治自由局限于以集体的方式直接行使主权的若干部
分，同时公民个人有义务完全服从于社群权威，例如个人可以被集体意志
所放逐或者处死：与集体性的政治自由同时存在的是被集体所奴役之下的
个人缺乏社会自由。无论是罗马共和国还是罗马帝国时期，个人都被政治
国家所吞没。战争一方面可以换取国家的安全，另一方面可以通过征服战
败者而迅速攫取大量财富。中世纪时期的欧洲，也就是梅因所指的封建身
份制度主导时代的欧洲，宗族血亲关系与封主—封臣之间的政治依附关系
构成互为表里的两种基本人际纽带，社会流动性很低。由于国王的权力不
足以控制贵族，作为一种政治制度，西欧封建制度是多元权力之间以类契
约关系为基础而建立起来的一种政治联盟。

早期资本主义时代的欧洲，是通过经济组织社会的开始。和战争类
似，市场经济也是一种可以攫取财富的征服手段，区别在于：战争是一种
暴力手段，市场经济是以相互同意的方式去实现征服，从而获取一个人无
法希望以暴力方式得到的东西；战争的结果是不确定的，市场经济用温和
的契约手段获得更为确定的结果；农业社会时代的欧洲有农歇并且节奏缓
慢，战争也有间歇期，而市场经济给人们带来了不断攫取利益的欲望，促
使其永不休止这种追求利益的努力，因而社会节奏不断加快。

市场经济需要劳动力成为自由流动的生产要素，对于私利的追求激发
了对个人独立的追求，要求享受有保障的私人快乐，这种快乐在市场利益

驱动机制之下越来越表现为实现财富追求的快乐。财富拥有者不再局限于保障个人人身安全的要求，为了有效地保障其私人物质财富，他们对秩序提出更高的要求；并且，为了尽可能保护"私有财产神圣不可侵犯"，他们有动力和压力去左右政治权力以符合其利益。

与此相应的是，一方面，民族国家的地域规模和人口数量不断扩大，不再局限于城邦，并摒弃奴隶制，难于实现所有公民直接行使主权；另一方面，由于人们被市场的巨大力量所征服，普通公民越来越沉浸于享受个人的独立以及追求各自的利益因而难于离开财富，越来越减少对政治权力的依赖，直接参与政治的意愿逐渐下降。自此，政治国家的自主性不再仅仅与各种社会势力，也与各种财富利益集团之间存在博弈关系。政治的自主性水平越低，就越代表某些特殊的社会势力或者利益集团，其主权能力日益被财富权力所限制。

市场经济强大的驱动力将曾经的奴隶（农奴）变成雇佣工人。财富权力在与政治权力争夺对社会进行组织的权力的同时，另一股力量也在形成：市场经济带来的巨大物质财富越来越被少数人所占据，贫富分化日益明显。在机器吃人的过程中，工人意识到政治自由的重要性，工人阶级意识逐步形成。自此，左翼和右翼的分野开始逐步形成。1789年6月，在法国大革命的制宪会议上，教士和贵族大都坐在议会右边的席位上，资产阶级、城市平民、工人和农民则坐在左边。由此，"右派"或"右翼"成为保守派、反对社会变革的代名词，而"左派"或"左翼"则支持自由主义和革命。但是，构成左右翼势力的社会群体随着历史的发展而不断变化，所谓左右翼之分是个历史的产物，分别代表不同的阶级利益。

随着资产阶级逐步掌握政权，政治权力越来越为财富权力所左右，18世纪和19世纪的欧洲被广泛批评为"虚伪、苦难和道德沦丧"，个人越来越受自私和贪欲的支配，社会越来越被人为的物质利益需求所残酷奴役。

市场经济与政治权力的结合再次形成新的内部矛盾：一方面，随着传统的社会保护层日益瓦解，"被获得自由的个人"越来越不满于所谓的契约自由背后的剥削，而转向主张政治自由和社会自由。由于越来越多的个人主张获得政治自由，并且个人的自由度不断增大，迫使政治权力必须成倍扩大以实现对社会的有效管理，而成倍扩大的政治权力本能地反对这种扩大政治自由的主张。另一方面，市场经济占据霸权地位后，财产的性质日益转变为资本。资本所具有的高度流通性，使政治权力和社会权力难于对其进行控制，对这两种权力造成了无形的、不可克服的障碍。因此，19世纪的欧洲，不仅仅是"从身份到契约"的时代，也是工人阶级和其他中下阶层为对抗权力的肆意性、争取个人政治权利而进行社会革命的时代；不仅是主张自由和秩序的时代，也是对平等这一价值追求进行主张的时代。

通过长期的斗争和社会主义运动，普选权逐步实现。随着"通过经济组织社会"这一方式逐渐具有普遍性，随着公民资格逐步扩大，绝大多数公民的闲暇时间减少，不再可能由所有公民直接参与政治。在政治和经济权力所维护的秩序之下，公民要么部分地放弃分享政治权力的权利，要么向政府进行简单的授权。于是，代议制度应运而生。

在代议制度下，主权者是由个人组成，即由少数人以全体公民的名义进行支配。虽然有授权和监督过程，但是，真正全体平等的地位在现实中难于实现：财富权力的表面是契约自由，因此是一种更难于被发现和更易于让人服从的权力。因为种种原因（选举、市场、血缘等）而掌握政治、经济和社会资源的社会成员们的地位往往高于一般人的地位。即使在最完善的宪政体制之下，统治者的经验与普通公民的经验、财富者的资源与受雇佣者的资源之间仍然存在着重大差别。所以，大部分公民并没有真正有效地参与政治，也无法进行积极有效的政治监督；但是，为了维护其个人自由，公民们不会放弃政治自由。

在政党政治和代议制度之下，左右翼的区分不仅仅有意识形态和社会群体之别，还有了代表左右翼利益的政党之争：左翼政党偏向下层人民，反对贫富悬殊，认为贫困是由于"不公正"而造成的，在经济政策上主张加强国家宏观控制，扩大税收，特别是针对富人的税收，扩大公共福利；而右翼政党偏向中产阶级与精英阶层，反对"均贫富"，认为个人必须对自己的命运负责，主张自由放任的经济政策，主张小政府、大社会，对经济的干预和宏观调控越少越好。

与历史悠久的欧洲不同，二百多年前，一群从欧洲出发的清教徒在美洲大陆建立了美国。按照德国学者桑巴特的分析，19世纪的美国资本主义通过各种利润分享机制和计件工资制等在经济上把工人整合进来，使其丧失了激进主义的倾向。而成年男性白人所享有的普选权，使美国具有西方世界前所未有的公民整合程度，也使其具有较强的社会流动性，因而美国工人对美国政治制度持友好的态度，抑制了工人阶级的阶级意识的发展。

他更指出，从成立伊始，美国的两大党就都不是意识形态的党，而是以利益为基础以求胜选获任官职为目标的政党。他的分析在理论上奠定了"美国例外论"的基础。① 这种"美国例外论"既是美国的国家特征，也成为美国梦的吸引力之一：被自我宣称或他人誉为"自由帝国"，是"山巅闪耀之城"，是"地球上最后最美好的希望"，是"自由世界的领袖"，是"不可或缺的国家"……

但是，这种由"美国例外论"支撑的美国梦越来越被视为一种错觉②：否决政治使美国政治濒临瘫痪，社会流动性大大降低，儿童贫困问题、婴儿死亡率、高等教育比例等数据在发达经济体国家中表现落后，监禁率、肥胖率和能源消耗率等大大超过世界很多国家，贫富悬殊日益拉大引发了茶党运动与"占领华尔街"运动的对立，等等。

原因在于，随着经济全球化特别是金融资本主义的肆意发展，当代世界的主权国家能力已经被市场经济的力量所局限，无论是欧洲还是美国都被融入这一浪潮之中。拥有财富的个人不仅对主权国家的认同和依附程度降低，而且个人作为生产要素在全球的自由流动，在带动财富流动的同时，在某种程度上也弱化了社会权力，血缘联接和文化认同的作用进一步下降，出现了"现代社会中的个人归属问题"。

"美国的精英们一方面倡导全球化，一方面成为该进程最大的受益者，而普通美国人的收入则停滞不前，甚至下降。同样，精英们宣传的文化多元主义，给富人和企业带来了好处，因为移民降低了劳动力成本，引入了更多人才；但也导致美国工薪阶层失去就业机会，社区凝聚力受到外来者的威胁。"③

市场法则和 GDP 主义日益使经济表现成为衡量政治权力正当性的标准，政治权力本身逐渐处于依附于财富权力的地位。目前，左右翼的区分和斗争再次激烈的同时，也给左翼思想和左翼势力一个新的历史机遇。但是，关键在于，左翼是否能够对如何解决这一全球性的危机提出新的建设

① ［德］W. 桑巴特：《为什么美国没有社会主义》，社会科学文献出版社 2002 年版。
② 斯蒂芬·沃尔特：《"美国例外论"的五大错觉》，《外交政策》2011 年 11 月（http://column. cankaoxiaoxi. com/2011/1121/6467. shtml）。
③ Eric X. Li, "Watching American Democracy in China", *Foreign Affairs*, April 19, 2016, available at：https：//www. foreignaffairs. com/articles/china/2016－04－19/watching-american-democracy-china.

性方案。

二 公民社会语境下的美国梦实质

真正使"美国梦"一词在美国变得家喻户晓的是在美国经济大萧条时期，1931 年 5 月詹姆斯·特拉斯洛·亚当斯（James Truslow Adams）完成了《美国史诗》（*The Epic of America*）一书。这部书的主题是："让我们所有阶层的公民过上更好、更富裕和更幸福的生活的美国梦，这是我们迄今为止为世界的思想和福利作出的最伟大的贡献。"他还说，这种认为明天将会比今天更好的"梦想或希望，从一开始就已经存在了"①。

从亚当斯的阐述中，可以就美国梦的实质进行如下几个方面的分析：第一，美国梦是自由（民主）之梦与精英之梦的竞合；第二，美国梦存在所有社会阶层与部分精英之间的利益博弈；第三，美国作为政治国家对保护公民实现其梦想负有责任；第四，作为"上帝的选民"，美国政府和大部分美国公民认为美国对整个世界负有特殊的使命。

（一）民主梦与精英梦

美国梦所追求的目标是什么？怎样界定"更好、更富裕和更幸福"？曼利曾经对美国历史上一以贯之的三个梦想进行分析，即民主梦、精英梦与美国梦。② 他认为，三个梦想都可以从"五月花"号时期找到渊源：《五月花号公约》的主要起草人威廉·布拉福特（William Bradford）③ 主张自由、抵制精英统治，他所领导的普利茅斯殖民地旨在形成一个众生平等、独立、自由和繁荣的社会，代表了美国民主之梦的雏形。民主之梦认为平等是获得独立与自由的必要条件，虽然可以容忍一定程度的经济不平等，但是总的目标是使中产阶级在社会中占据统治地位。

与布拉福特相反，提出并且在新大陆试图建立"山巅之城"的约翰·

---

① James Truslow Adams, *The Epic of America*, Blue Ribbon Books, 1941.

② John F. Manley, "American Liberalism and the Democratic Dream: Transcending the American Dream", Fall 1990, pp. 89 - 102.

③ 威廉·布拉福德（William Bradford, 1590 - 1657）：《五月花号公约》起草人和签署者之一，普利茅斯殖民地的核心骨干。自 1621 年被推选为普利茅斯殖民地总督之后，布拉福德继任超过 30 届。他所撰写的《普利茅斯垦殖记》是关于欧洲新世界殖民史的早期著作之一。1636 年他协助起草了殖民地法典。在他领导下，普利茅斯殖民地相对更容忍不同宗教信念，并且选择采用基本农业私有制，布拉福德领导普利茅斯殖民地走上了一条介乎于马萨诸塞神圣共和国和罗德岛的宽容的世俗生活之间的中间道路。

温思罗普（John Winthrop）① 认为民主是最糟糕的政府形式。作为马萨诸塞湾殖民地总督，他组织侵占和掠夺印第安人的土地。最初的清教徒移民到达之后的第二年就开始了黑奴贸易。事实上，对于很多欧洲移民者来说，新大陆的吸引力在于有机会成为统治者而不是获得民主，这就构成了精英之梦的雏形：在竞争机会平等的条件下，作为少数的成功者应当享有更多奖励；而作为多数的失败者如若对这种差距进行抱怨，就缺乏公平性基础。

美国梦，在曼利看来，是民主梦和精英梦二者妥协的产物：在经济平等问题上，美国梦持精英主义观点，即美国承诺机会的平等性，而不要求实现或促进社会平等和经济平等。对于民主梦的追求，美国梦主张通过法律面前人人平等和政治平等两个机制来确保和实现。但真正意义的独立、自由和平等是由少数成功者所享有的。② 如果说民主梦主要源自清教徒对宗教自由的追求，那么精英梦就是源自对在新大陆拥有自己的土地和建立自己的商业帝国以增强自身幸福感的追求，也就是发财梦。前者是一种理想主义价值观，后者则是一种现实主义价值观：二者看似相互独立，但又相互矛盾。即使二者以美国梦的形式达成某种妥协，但在美国不同的历史阶段，其竞合关系在不断调整，也进而形成一个新的利益博弈——社会各阶层与部分精英之间的利益博弈。

（二）精英与大众的利益博弈

亚当斯认为享有美国梦的群体应当是美国"所有阶层的公民"，那么，谁具有美国的公民资格？基于民主梦和精英梦二者的对立，对于公民资格和普选权问题，美国同样存在着自然权利论和选举权有限论之间的争论和斗争。1787 年美国宪法中所用的"我们人民"这个词在当时并未包含每个

---

① 约翰·温思罗普（John Winthrop，1588 - 1649），英属北美时期马萨诸塞湾殖民地的重要人物，曾先后 12 次担任马萨诸塞湾殖民地总督、3 次担任副总督、4 次担任殖民地参事会的参事。1643 年，新英格兰联盟成立时，温思罗普是该联盟的首任主席。1630 年，约翰·温思罗普写下了一篇把美国影射为"山巅之城"的布道文，明确地把新世界同耶稣著名的山顶布道联系在了一起。他被弗朗西斯·J. 布莱默誉为《温思罗普：被遗忘的美国奠基之父》。温思罗普在其布道书中提出了在殖民地建立"山巅之城"，认为"我们将成为整个世界的山巅之城，全世界人民的眼睛都注视着我们"。抵达新英格兰就立即着手予以实施，以探索建立"应有的世俗政府形式"和"应有的教会政府形式"。Francis J. Bremer, *John Winthrop: America's Forgotten Founding Father*, New York: Oxford University Press, 2005.

② John F. Manley, "American Liberalism and the Democratic Dream: Transcending the American Dream", Fall 1990, pp. 89 - 91.

在美国生活的自然人。对于有色人种和妇女来说，公民资格的获得经历了长期的斗争。而财产限制、文化程度限制、居住条件限制等各种限制，使部分白人男性也并非从一开始就当然获得普选权。在精英梦的驱使下，美国境内的白人定居者在实现创业和梦想的同时，有色人种却在遭受征服与剥夺。奴隶制曾经成为独立战争时期法律文件起草过程中的障碍，种族主义和各种歧视性限制一直困扰着美国社会和美国政治，黑人直到1970年才最终真正获得普选权。女性，无论肤色与族群，从开始就处于被剥夺的地位，经历了长期的女权主义运动，直到20世纪才实现男女平等的投票权。

在对公民权的平等性进行斗争之外，虽然"美国梦"有其"人人通过奋斗可以获得成功"的美好一面，但是，由于美国的社会空间不可能让每个人都获得"美国梦"所主张的个人利益最大化，永远只能是"某些人"的梦而不可能是"所有人"的梦。美国社会的整部历史，都充满着歧视与反歧视之争：新教内部各种派别之间的矛盾、新教徒曾经对天主教徒的歧视、基督徒对信仰犹太教的犹太人的排斥、高加索人种内部的歧视与排斥现象等并不鲜见。从南北战争、解放黑奴到后来20世纪60年代的民权运动，美国的非高加索人种——印第安人、黑人、亚洲人等等——的历史几乎可以说就是一部反抗歧视、争取平等地去实现自己的"美国梦"的历史。

即使实现了覆盖所有成年男女的真正意义上的普选权，由于美国梦并不认可政治国家对实现社会与经济平等负有义务，社会各阶层与部分精英之间的利益博弈就不可避免。美国梦赋予"机会平等"以绝对的道德至上性与政治正确性，以强调"勤奋劳动"对形成贫富差距和阶层差异所具有的决定性意义[1]；并通过众多类似富兰克林这样的"平民到富翁到政治家"的成功范例，将较高的社会流动性作为美国社会正确性的重要来源，以此证明精英地位的正当性来源。反过来，美国梦对于穷人的定性是：如果你贫穷，那是因为你没有辛勤工作，所以对自己的不幸应当自行承担责任。因此，基于对"贫穷文化"的批判，穷人的行为、态度和价值等都遭受因

---

① 美国社会本质上是一个工作社会，贝里克认为，"美国社会的一个将其区别于其他西方社会的重要特征在于其对工作的高度崇拜。" J. Duerr Berrick, *Faces of Poverty: Portraits of Women and Children on Welfare*, Oxford: Oxford University Press, 1995.

自身原因而陷入"贫困陷阱"的批评。[1]

　　美国通常被归类为自由主义福利国家[2]，甚至被认为具有太强的资本主义性质而严格意义上不属于福利国家。[3] 以市场提供福利的基本理念和个人责任原则的结合，使就业成为决定美国人生活与福利水平的关键因素。2012 年 10 月以来，美国劳工部公布的官方失业率保持缓慢下降，自2013 年 12 月至今该数字一直低于 7%，到 2014 年 10 月的官方失业率数字已经回到 2008 年金融危机爆发之前的水平，2016 年的失业率数字更是低至 5% 左右。因此，仅从官方失业率这个数字来看，美国经济和就业形势已经走出了"大衰退"。与官方失业率数字一路下降趋势相应的是新增就业岗位的增加。2012 年以来，美国每月新增就业岗位水平在波动中整体呈现攀升态势，对于降低失业率发挥了积极作用。

　　上述官方数据显示的失业率下降和就业岗位增加，使得美国的官方贫困率也出现了下降。2014 年 9 月美国人口普查局公布的《2013 年美国收入和贫困报告》显示，2013 年美国贫困率为 14.5%。这是自 2006 年以来该指标首次出现具有显著统计意义的下降，其主要原因是 2012 年度全年全职就业人数增长，使遭遇劳动力市场排斥的人口数下降、贫困率随之下降。

　　与上述乐观的官方数据同时存在的是，并不显著改善的衡量在职和求职人口总数占劳动年龄人口的劳动参与率数字。美国的劳动参与率在2010—2012 年间缓慢上升后，又趋于下降，美国 2016 年 4 月劳动参与率降至 62.8%，仍远低于 2008 年前的水平，处于 1978 年以来的最低点，表明越来越多的求职者离开了劳动力大军，不被纳入到官方失业率统计的基数之中。

　　大量被就业市场所排斥的劳动年龄人口一旦失去了与原有工作相关联的各种工作福利保障，就会陷入贫困，转而依赖政府提供的失业救济、食品券等福利项目。因此，尽管官方失业率和贫困率都在下降、新增就业岗位也在持续上升，但是，美国普通选民并没有感受到收入和生活水平有实

---

[1]　Sara Chamberlain, "Gender, Race, and the 'Underclass': The Truth behind the American Dream", *Gender and Development*, Vol. 5, No. 3, (Nov., 1997), pp. 18 – 25.

[2]　Gosta Esping-Andersen, *The Three Worlds of Welfare Capitalism*, Cambridge: Polity Press, 1990.

[3]　Franz-Xaver Kaufmann, "Variations of the Welfare State. Great Britain, Sweden, France and Germany Between Capitalism and Socialism", *German Social Policy* (ed. by Lutz Leisering, Vol. 5), Berlin Heidelberg: Springer, 2013.

际显著提高，对经济和就业形势仍有更高期待。

根据《2013 年美国收入和贫困报告》，虽然 2013 年度美国贫困率略有下降，依旧比 7 年前高 2 个百分点。由于美国人口总数增长、人口基数增加，美国穷人人数大体不变，仍有 4530 万人。因此，虽然官方失业率等数字有显著改善，美国贫困人口总数并未得到有效减少。

2013 年度的美国贫困家庭中，有 1990 万美国人的家庭收入低于贫困线的 50%，属于赤贫家庭。赤贫家庭人口数占美国总人口的 6.3% 和美国贫困人口总数的 43.8%。其中，650 万是 18 岁以下的儿童，1220 万是 18 岁至 64 岁的成年人，120 万是 65 岁以上的老人，而且各个年龄组别中女性贫困率都高于男性贫困率。生活在贫困线以下的儿童人口比例较之 2012 年已经减少 1.9 个百分点，为 2000 年以来的第一次降低，但仍是三个年龄组别中贫困率最高的。2013 年，已婚夫妇家庭户的家庭收入中位数为 76509 美元，单亲爸爸家庭户的家庭收入中位数为 50625 美元，单亲妈妈家庭户的家庭收入中位数仅为 35154 美元。儿童贫困率仍然是不同年龄组中最高的，原因在于，一方面美国孩子由单亲父母抚养的比例高，特别是由单亲母亲抚养的比例高，导致儿童贫困率高；另一方面，美国缺少工作托儿和全国性的带薪产假等支持家庭的社会政策，并且单亲父母多从事低薪工作，还要付托儿费用，导致单亲家庭易于陷入贫困。

此外，16—19 周岁的美国青少年失业率远远超过官方平均失业率。根据《2013 年美国收入和贫困报告》，2014 年美国共住家庭（shared household）① 的比例远高于 2007 年。2007 年此类家庭有 1970 万，占家庭总数的 17%；而 2014 年，此类家庭有 2350 万，占家庭总数的 19.1%。"额外的"（additional）成年人从 2007 年的 6170 万（27.7%）上升到 2014 年的 7390 万（30.9%），此外，越来越多的 25—34 岁的成年人选择和父母居住在一起。高儿童贫困率、高青少年失业率和共住家庭比例上升等，都体现了美国社会的代际不平等性在不断增强。

中产阶级是美国社会的稳定力量。尽管官方失业率等数字乐观，但官方数字所体现的美国家庭收入中位数增长却停滞不前。美国 2013 年家庭

---

① Shared household 是指至少包含一名以上"额外的"（additional）成年人的家庭。"额外的"成年人既不是家庭主人，也不是其配偶或者同居者。18—24 周岁的在校学生不被统计为"额外的"成年人。

收入的中位数，即典型的美国家庭的年收入为 51939 美元，仅比上一年度增加 180 美元。综合通货膨胀等因素，这一增长几乎可以忽略不计。并且，这一中位数自 2007 年即次贷危机爆发以来减少了将近 5000 美元。也就是说，当下美国家庭的实际收入水平比美国 2007 年陷入经济衰退前少了 8%，这说明占美国人口多数的中产阶级家庭的经济状况原地踏步，并未恢复至金融危机前的水平，甚至由于通货膨胀等因素而在不断缩水。好看的经济数字与实际缩水的家庭收入之间的反差，使得大部分美国人并未感受到经济复苏给他们带来的经济收入和生活水平的实际提高。

除了美国家庭收入增长整体上陷入滞胀，不同家庭因其族群不同、收入水平也具有相当的差距。亚裔族群的家庭收入的中位数是最高的，非拉美裔白人其次，这两个族群都高于美国家庭收入的中位数；而拉美裔家庭收入的中位数居于第三，最低的是黑人，这两个族群都低于美国家庭收入的中位数——不同族群之间的家庭收入差距可达近两倍。并且，这种不同族群的经济社会状况差异不仅体现在家庭收入的中位数这一指针，也体现为失业率的差距，白人失业率显著低于黑人和拉美裔失业率。失业率和家庭收入中位数两组数据所体现的族群经济社会地位差异，成为美国社会不满和社会分裂的重要来源之一。

除了族群之间的差距，不同社会阶层之间的贫富悬殊在 2010 年以来也在不断扩大。美国联邦储备系统在 2014 年 9 月 10 日发布了一系列有关美国收入差距的公告和文章。其数据显示，2010 年至 2013 年间，美国人的平均收入上升了 4%，但是家庭收入的中位数下降了 5%，为什么会出现这种情况？图 5-1 对此进行了解释。

图 5-1 的数据来源于 2013 年度美国消费者金融调查报告，该报告认为在 2010—2013 年间，收入最底层的美国人的实际收入在持续下降，处于 40%—90% 之间的美国中产阶层的收入上涨幅度微乎其微，而只有最上层的 10% 的美国家庭的收入迅速上升——也就是说，收入底层的 90% 美国人的收入有所下降，越是低收入阶层下降得越厉害；与此同时，顶层 10% 的人群收入有所增长。通过图 5-2 所显示的数据表明，美国的财富分配比收入分配还要不平等。

图 5-2 的数据表明，最富有的 5% 的美国人所拥有的财富在 2010 年占据财富总量的 61%，而到 2013 年已经攀升到 63%。奥巴马总统通过强制提高最富有阶层的税率，维持收入差距不至于大幅恶化，但并未在根本

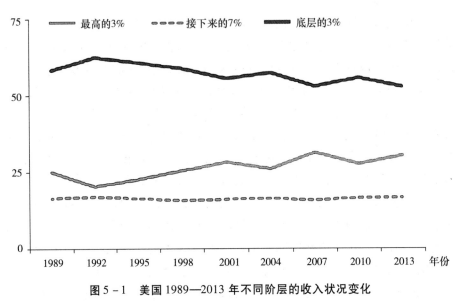

图 5 - 1　美国 1989—2013 年不同阶层的收入状况变化

资料来源：Federal Reserve Bulletin：Changes in U. S. Family Finances from 2010 to 2013.

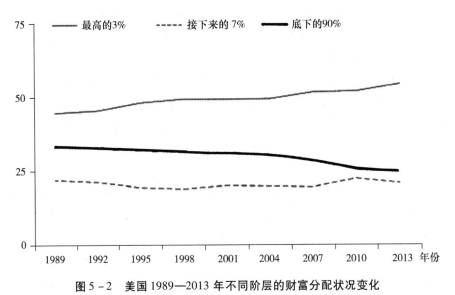

图 5 - 2　美国 1989—2013 年不同阶层的财富分配状况变化

资料来源：Federal Reserve Bulletin：Changes in U. S. Family Finances from 2010 to 2013.

上改变收入差距和财富分配差距持续恶化的趋势。2013 年度美国消费者金融调查报告表示，在 2010—2013 年间，美国的机会不平等和财富、收入不平等事实上呈现为恶化状态。

扣除通货膨胀因素的家庭收入的中位数仍然低于 25 年前的水平，而占据顶层的美国人的财富和收入在不断膨胀。看上去乐观的美国经济和就业数字背后，是不断扩大的贫富差距、族群间经济社会地位的差距、高比例贫困人口的状况未得到有效改善、多个社会福利项目因为官方数据好转而不断削减……官方数字和选民期待之间的差异，社会下行流动性和社会脆弱性、不安全感成为 90％ 的美国人所面临的共同问题，社会幸福感的降低远远超出了常规 GDP 标准所体现的程度。

（三）国家层面的美国梦与个人层面的美国梦

美国第 28 任总统伍德罗·威尔逊（Thomas Woodrow Wilson）曾经将美国描述为"没有阶级区别、没有地位差异"的平等社会。在这个意义上，对于国家和个人的关系而言，美国梦在某种程度上也是一种承诺，即只要"按照规则"努力工作，美国社会提供给每个人平等的获得成功的机会。①

然而，国家的安全与发展，与个人的自由与财富，这两对不同的价值追求之间既有天然的共生性，又有内在的矛盾性。美国梦为谁所享有？这个命题从美国建国以来就存在着认知上的矛盾。也就是说，自美国建国以来，个人与国家两个层面的梦想能否有机结合，国家梦想的对内和对外两个方面之间的张力能否合理协调，是美国梦是否真实可行的决定性因素。

美国的各种制度特别是其民主政治制度曾经被誉为使个人的梦想成为可能的基础，也就是国家的梦想成为实现个人梦想的引擎和保障。但是，谁来制定规则？制定怎样的规则？这是决定美国各项制度的真实有效性的关键所在。20 世纪的美国社会学家米尔斯撰写的《权力精英》一书揭露，美国的多元政治和宪政民主制度只是一种表面现象，实际上，经济、政治和军事三个领域的精英共同组成了权力精英统治，决定了美国社会的基本结构和发展趋向，并左右着美国中下层民众的生活，而这些精英群体的产生和形成联盟都具有长时间的历史渊源。②

① Jim Cullen, *The American Dream: A Short History of an Idea That Shaped a Nation*, New York: Oxford University Press, 2003.

② Charles Wright Mills, *The Power Elite*, New York: Oxford University Press, 1956, pp. 3 – 10.

通过强调机会平等，美国的主流意识形态一直在努力淡化阶级意识。美国作为政治国家的建成，有利于通过法律的形式承认和保护作为个人梦想的"美国梦"和辛勤工作所赢得的物质成果。美国梦承诺通过法律和政治两个层面的平等性来帮助公民实现对民主梦的追求。但是，既然美国公民的美国梦存在着理想主义和现实主义的纠葛、民主梦和精英梦的对立、保障财产自由和保障政治自由两个目标之间的张力以及对宗教的不同态度和不同理解等，美国作为政治国家本身的定位与梦想、政治国家对个人梦想实现的保护方式等就天然地存在多元性和内在矛盾性。这种多元性和矛盾性，构成了美国现实政治中保守主义和自由主义的对立，并因此形成共和党与民主党两大政党轮流执政的两党制政治格局。此外，利益集团也是美国政治权力结构中的重要组成部分，利益集团影响政治运行的目的在于维护、促进本集团成员的经济（物质）利益，天然地与"所有阶层的公民"的共同利益之间存在差异和矛盾。利益集团与美国两大政党一起共同塑造了政治国家的国家行为。

美国政治权力的运行实际上在体现和加深不同利益诉求之间的博弈，而这种利益博弈反过来要求政治国家有能力对不同的利益诉求进行协调，尽可能满足美国梦所要求的"让我们所有阶层的公民过上更好、更富裕和更幸福的生活"。因此，对内以保障自由为中心，通过美国式民主制度和自由资本主义经济制度二者相结合，也就是制定美国社会的规则，与不同种族、族群或社会群体之间的反歧视、反剥削斗争进行调适，实现"多元化"文化熔炉面具下美国精神的"一元化"融合。

（四）美国梦对外战略中的理想主义与现实主义

以"美国例外论"和"上帝的选民"使命感等理想主义价值追求为正当性基础，采取军事、经济等"硬实力"和普世价值观等"软实力"相结合的霸权主义，以绝对地维护和实现美国利益。今天，美国的硬实力主要体现为美国的航空母舰和海外驻军、美元与能源体系等，而软实力则是以"美国价值观"为核心的文化力量。

亚当斯的"为世界的思想和福利作出的最伟大的贡献"这个价值判定，充分体现了美国对外政策的"上帝的选民"心态：一方面，美国民众的主流价值观倾向于以基督教教义为准绳的价值取向；另一方面，美国政府和民众都有一种将自身价值观念普世化的理想主义冲动。但是，这一理想主义的"最伟大的贡献"是以美国本国公民的幸福为基础的，也就是说，基于其对自身利益的现实主义的界定，美国的对外行为往往是国内价值观念和社会属性的延伸。内政和外交之间事实上存在互动关系，执政者通过与国内国外不同利益集团结成联盟或者进行利益交换，使自己的执政合法性与施政正当性最大化。

综合上述四个方面对美国梦的实质的分析可以得出，表面而言，美国梦是通过奋斗可以获得成功的个人之梦，是充满机遇相信明天会更好的国家之梦；但实质上，从美国国内的历史和现状分析，是为少数人或者精英所享有的梦；从对外关系分析，是为美国人自己所享有的梦，而不是全世界所能够共享的梦。美国梦的实现以丛林法则为准则，实现个人梦想可以牺牲他人利益为代价，追求美国发展可以牺牲他国利益为基石。

第六章

文化多样性与文化领导权

各美其美，美人之美，美美与共，天下大同。

——费孝通

（文化）领导权（霸权）主要标志一些阶级同其他社会力量关系的范畴，一个获得了领导权的阶级是一个经由政治和思想意识斗争同其他阶级和社会力量建立起来联盟的阶级，并在这个联盟中它的领导受到其他阶级的欣然同意。

——[意大利] 葛兰西：《政治家、囚徒和理论家》，毛韵泽译，求实出版社1987年版，第161页。

文化多样性是人类文明出现以来的基本特征。不同文化因为其各自的历史性和社会性，形成不同的文化价值观。与现代化席卷全球几乎同时进行的是全球化，全球化带来了世界各地不同文化之间的广泛接触和交流，也产生了文化领导权的问题。随着全球化的不断深入，不同文明如何相处以及不同文明与全球文化之间的关系是当前世界不同文明形态所需要共同面对的问题。

19世纪开始，中国在加速自己向现代社会的艰难转型的时候，要与其他民族国家发生联系，还要面对近代以来资本主义世界性扩张所引发的全球化浪潮。因此，为了救国，中国需要与世界接轨，需要建设新文化，产生了文化传统与新文化之间的矛盾；为了救国，中国既需要抵制全盘西化、避免在文化上沦为殖民地，又需要克服僵化保守、避免在文化发展上无所作为，产生了文化认同危机与文化自信之间的矛盾——上述两重矛盾是近代以来中国文化发展轨迹中几乎贯穿始终的矛盾。中国社会正在经历前所未有的社会转型与社会变迁，中国既要面对其他强势民族国家的文化

（例如美国）的冲击，也要面对全球文化带来的冲击。如何在确保基本的社会公正的前提下实现社会的"经济—政治—文化"的持续与人文发展是实现中国梦过程中的一个重要挑战。

从古至今，西方中心论是西方文化一个不自觉的前提。虽然源自欧洲，因为其多民族大熔炉和资本主义立国等特点，美国形成了自己的文化。无论是基于其欧洲文明根源、其政治神学使命感，还是保障其全球利益的功利性追求，把握文化领导权是美国成为世界强国以来的根本利益之一。由美国霸权主导的全球化进程，将美国模式的社会制度、文化价值观念等塑造成为后发国家模仿的对象，以实现美国对世界的文化领导权。跨国公司和跨国资本已经对全世界进行经济—政治—文化渗透，尽管相当部分的跨国公司和跨国资本的利益需要美国军事力量的保护，但其利益与美国的国家利益并不总是一致的、更不当然是融为一体的，全球文化具有多元互动性，美国文化在一定程度上也受到全球文化的影响。

世界不同文明形态既要有文化自信，也应当有文化自觉。要在承认文化多样性的前提下，"做到'美美与共'，也就是在欣赏本民族文明的同时，也能欣赏、尊重其他民族的文明，那么，地球上不同文化、不同民族、不同国家之间就达到了一种和谐，就会出现持久而稳定的'和而不同'"。①

第一节　文化传统与文化自信

以中华民族作为本体，才可能形成对中华民族伟大复兴的中国梦的普遍认同。自 1840 年以来，伴随着国家命运的衰落动荡、内外战争的此起彼伏、革命和政治运动的浪潮、以市场为基本导向的经济改革……中国传统文化体系已经历经了一个半世纪的冲击：在对传统文化的不断否定、肯定、再否定的过程中，在对西方文化从排斥到崇拜到迷信与怀疑相争的过程中，在全球文化的不断冲击与影响之中，尤其在市场经济下的逐利性与中国传统"成王败寇"思维相结合所形成的巨大力量冲击之下，中国如何继承自己的文化传统、如何建设新文化和如何重建文化自信成为中华民族

---

① 费孝通：《"美美与共"和人类文明》，载《中国文化的重建》，华东师范大学出版社 2014 年版，第 289 页。

伟大复兴进程中一个绕不开的基础性问题。

一 文化传统与新文化

2014 年 4 月 1 日，习近平在欧洲学院的演讲中说道：

> 中华民族 5000 多年文明史，中国人民近代以来 170 多年斗争史，
> 中国共产党 90 多年奋斗史，中华人民共和国 60 多年发展史，改革开
> 放 30 多年探索史，这些历史一脉相承，不可割裂。脱离了中国的历
> 史，脱离了中国的文化，脱离了中国人的精神世界，脱离了当代中国
> 的深刻变革，是难以正确认识中国的。

中国文化中"人文"一词古已有之，在《周易》中就有"观乎天文，
以察时变；观乎人文，以化成天下"的语句。人文区别于自然，有人伦之
意；人文区别于野蛮，有文治教化之义。人文一词的产生，标志着人类文
明时代与野蛮时代的区别，彰显着人之所以为人的人性。随着中华文明体
系的多元一体发展，形成了不掠夺自然、不掠夺社会、不掠夺其他国家与
民族的"天人合一、自然和谐"的思想文化体系。

> "多元互补"是中华文化融合力的表现，也是中华文化得以连绵
> 延续不断发展的原因之一……在中华文化的发展过程中，多元的文化
> 形态在相互接触中相互影响、相互吸收、相互融合，共同形成中华民
> 族"和而不同"的传统文化。中国人从本民族文化的历史发展中深切
> 地体会到，文化形态是多种多样的，丰富多彩的，不同的文化之间是
> 可以相互沟通、相互交融的。①

中华文明浩浩荡荡数千年，中华民族是多民族的复合体，汉族也是如
此。如钱穆所分析的中国人的天下观念，古代中国是一种以中华文化为中
心的普世主义。伦理与政治一体化是中国传统伦理的基石，传统中国以
"君权"为轴心的国家组织系统和以"父权"为轴心的社会组织系统所形

---

① 费孝通：《中华文化在新世纪面临的挑战》，载《中国文化的重建》，华东师范大学出版社
2014 年版，第 38 页。

成的"家国同构"的基石在于二者所共同奉行的传统伦理。数千年前，孔子曾说过，"大道之行也，天下为公"。正如《围城》所体现的，历史往往以其惯性力量影响后世，上述种种大同、平等、民本等传统伦理思想道德经历数千年历史已经渗透到中国社会生活的各领域。"吏不畏吾严，而畏吾廉；民不服吾能，而服吾公；公则民不敢慢，廉则吏不敢欺。公生明，廉生威。"18世纪的中国，在伏尔泰等人看来，从开明专制、能人中国到以农业为基础的国民经济……都值得让西方世界寻找到精神的指教、制度发展的引导等①，种种赞美之词溢于言表。

如果说自周礼以降，中国古代历朝历代大都"以史为鉴"；那么，自1840年鸦片战争以来，中国在西方列强大炮军舰之下，被迫地但也历史性地开始了与西方世界的直接广泛接触。二百年来，在这"数千年未有之大变局"之下，中华民族的古老文明与西方文明进行了前所未有的交锋、碰撞、冲突以至交汇、融合。一方面中国的衰落变成了彭慕兰（Ken Pomeranz）所说的大分流②，另一方面衰落过程中的中国不得不被动地逐步接纳西方文化。

是"中学为体、西学为用"还是"全盘西化"，这个论争已经持续了将近二百年。中国为了"知耻而后勇"，逐步转向"以西为鉴"，"以史为鉴"的传统方式逐渐被以具有"先进性"而自居的"以西为鉴"的现代方式所压倒，传统的"夷夏观念"逐步转变为崇洋观念。

在这种西方强势文化的巨大冲击之下，"以西为鉴"的方法论自身也存在不同的认知：有认为中国文化遭遇到将中华传统连根拔起的挑战，需要"知己知彼"乃至"师夷长技"以保护中国文化；有认为需要将积垢已深的落后的中华传统连根拔起，以实现中国文化的再造和赶超。基于不同的认知，就会对中国的发展有着不同的判断：前者主张道路说，认为中国和其他不同文化体所走的是各自平行的轨道，有所交叉和交融，但从整体来看是各自有其主体性和独立性的；后者主张阶段说，人类历史的发展在同一轨道之上，西方发达国家已经发展到先一阶段，中国作为发展中国家在后一阶段，最终的发展目标是一致的。单线性的阶段式的文化发展论的

---

① Ho-Fung Hung, "Orientalist Knowledge and Social Theories: China and European Conceptions of East-West Differences from 1600 to 1900", *Sociological Theory*, Vol. 3, No. 21, 2003.

② Kenneth Pomeranz, *the Great Divergence: Europe, China, and the Making of the Modern World Economy*, Princeton, NJ, Princeton University Press, 2000.

前提就是，西方比中国先进。

在这样一种"以西为鉴"的改良和革命过程中，基于矫枉过正的心理，以新文化运动为代表的一系列社会思潮中的知识精英们大都倾向于将传统等同于落后，将现代等同于先进，进而将现代化等同于西方化，所形成的对中国传统文化的否定，以及急剧的中国社会转型在国人内心造成了文化自信危机。

尽管存在文化自信危机，但是中国的文化从未丧失其自身的活力。从救国到建国到强国的历程已经无数次证明，必须从中国的实际出发、探索中国自己的发展道路。中共经历了各种挫折与反复后摸索出了"马克思主义中国化"的道路与话语体系。这种发展路径本身就包含着并未对中国自身传统全盘否定，而是有所扬弃的蕴义。从毛泽东的诸多文章和诸多提法中也不难看出，毛泽东在马克思主义中国化过程中对中国传统文化进行了充分的运用。对于如何建设自己的文化，毛泽东早在抗日战争时期就曾经论述道：

> 我们不但要把一个政治上受压迫、经济上受剥削的中国，变为一个政治上自由和经济上繁荣的中国，而且要把一个被旧文化统治因而愚昧落后的中国，变为一个被新文化统治因而文明先进的中国。一句话，我们要建立一个新中国。建立中华民族的新文化，这就是我们在文化领域中的目的。①

在当时的历史背景下，旧文化与新文化的对立、愚昧落后与文明先进的对立，是进行革命动员的口号。在中华人民共和国即将成立之时，对于新中国未来的文化发展，毛泽东非常自信，

> 随着经济建设的高潮的到来，不可避免地将要出现一个文化建设的高潮。中国人被人认为不文明的时代已经过去了，我们将以一个具有高度文化的民族出现于世界。②

---

① 《毛泽东选集》第 2 卷，人民出版社 1991 年版，第 663 页。
② 《毛泽东文集》第 5 卷，人民出版社 1996 年版，第 345 页。

经历了挫折与调整，毛泽东时代的中国共产党在"以史为鉴"的同时也"以西为鉴"，力图按照自己的社会建设理想，吸取苏联等社会主义国家的部分经验，对中国社会进行彻底的改造，建设高度文化。这一改造过程与中国从农业立国向工业国发展的过程是同步的，也是与从"一盘散沙"到现代国家体制的建立过程是同步的。

文化尽管有其自主性，但必然受到其所处的政治和经济环境的影响。在毛泽东改造中国社会的努力中，逐渐形成了人民社会的新文化，中国的传统文化随之受到了巨大冲击，但仍在默默地发挥作用。例如，管子说："仓廪实则知礼节，衣食足则知荣辱"，成为后来邓小平开启改革开放历程的思想基础之一；强调共同富裕、"贫穷不是社会主义"等，既是对马克思主义强调人民的物质生活水平的提高的肯定，也是对中国传统文化中的重要治国思想"民富"的一种响应。

自改革开放以来，一方面中国完成了工业化并迅速向信息化阶段迈进，另一方面西方中心主义在中国尘嚣再上。事实上，20世纪下半叶特别是冷战结束前后，不仅对于改革初期的中国，对于世界上很多其他国家，美国的诸多方面已经成为现代化的标尺，占据了意识形态、经济发展和社会进步的"主流"地位。中国传统文化和毛泽东时代建立的社会主义新文化二者都受到了以美国文化为核心的西方文化的冲击。

如果说当年的真理大辩论等是一次思想解放，那么，近年来中国正在经历另一个思想解放，即"去美国化"。中国发展应当突出中国实际和中国实践，这是一种从毛泽东、邓小平延续至今的实事求是的历史定位，只有突破对美国的迷信和对曾经的苏联的崇拜，对中国数千年来的历史、建党和新中国成立以来的历史、包括改革开放以来的历史进行实事求是的正反两个方面的总结和分析，才能在继承中国传统文化的基础上，使中国的新文化得到不断发展和升华。因此，需要"汲取中华民族的精神力量，增强民族自豪感，增强文化自信，增强作为一个中国人的骨气和底色"。

二 文化自觉与文化自信

"雄关漫道真如铁，而今迈步从头越。"中华民族走上伟大复兴之路，意味着充分发扬中华文化的历史机遇期的到来。文化的繁荣发展，离不开强盛的国力。但是，国力的繁盛只是提供了文化繁荣的基础，是必要条件，但不是充分条件，更不是充分必要条件，并不必然导致文化的繁荣。

面对列强瓜分中国，在中国宣扬"物竞天择，适者生存"的学者严复曾说过，"中国弄不好，有一天会被开除球籍"。面对被日本强签的丧权辱国的《二十一条》，袁世凯也说过，"如果再不奋起，中国将被开除球籍"。1956 年，毛泽东在其著名的球籍演说中强调中国如果"搞了五六十年还不能超过美国"，就要被开除球籍。邓小平也说过，"再不改革开放就要被开除球籍"。今天，这些曾经对中华民族如何确保自己的立锥之地忧心忡忡的历史人物都已经辞世，中国已经成为世界上不可忽视的重要力量，但是，球籍问题所蕴含的危机感应当成为中国发展的宝贵精神财富，敦促中国保持自我更新的动力。

自 1921 年中国共产党成立以来，其革命与建设史经历了从苏联道路到延安道路、从学习美国到强调中国梦的多次回归历程。在不断学习又不断回归的过程中，诚然从苏联和以美国为代表的西方汲取了大量有益成分，但推动回归的根本性力量来自中国本土社会与文化、或者说官方语言常常提及的"中国国情"与"中国实际"。

> 过去我们是通过 30 年的革命和 30 年的建设解决了"挨打"（近代以来受人欺凌、任人宰割、割地赔款）问题，通过 30 年的改革和发展解决了"挨饿"（摆脱了贫困、走出了温饱、进入了初步小康）问题，下一步是要通过确立文化自觉来解决"挨骂"（文化自觉性和正当性）问题……不是如何走出去影响别人，而是我们自己得有一个大家都视之为天经地义、理所当然的文化—伦理格局，然后广大人民身在其中能自得其乐。①

中国传统文化始终蕴含于"中国国情"和"中国实际"之中，这是不争的事实。曾经飙升的革命狂热试图将中国传统文化作为革命对象进行打击，其结果是狂热地消退；二百多年来对西方的顶礼膜拜思潮试图凸显西方文化的普世性来取代中国传统文化，其结果是 21 世纪以来中国传统文化的复兴与对中国本土文化的思考。与中国共产党探索中国特色社会主义道路同时存在的是，中国文化的自我"出走"与"回归"。这种自我"出

_____

① 玛雅：《中国的国际环境与战略选择——专访中国社会科学院美国研究所所长黄平研究员》，《天涯》2008 年第 4 期。

走"与"回归"诚然在一定程度上受到中国共产党自身道路调整的影响，更大程度上具有自主性与内生强大动力。

尽管中国文化发展脉络在过去二百多年来具有自我"出走"与"回归"的特点，但是，不能忽视的是，自20世纪90年代以来从主动"不争论"的改革策略，退化到被动的"怕争论"局面的客观存在。"怕争论"失去的其实就是葛兰西所言的"文化霸权"，或者说国家的儒化能力或文化领导权。文化领导权是指从社会精英到人民大众自觉自愿地遵从，而不只是统治集团及其有机知识分子自说自话。

在快速的、巨型的现代化和市场转型中存在社会问题在所难免，如果只是怕影响安定团结的局面，把这些问题都以"不争论"为由压了下去，那就陷入了"怕争论"的怪圈。"问题"不断积累，只会是使"问题"之争被上升为"主义"之争，遇到问题言必称"制度原因"或"体制原因"，把可以解决问题的机会拱手让了出去，失去了道德、精神、文化和法治的领导权。失去文化领导权，也意味失去政权正当性即真正大众民意支持。这样就不难理解，为何中国在经济、社会和政治发展均取得举世瞩目的成就的同时，文化自觉和文化自信却没有相应建立起来。

> 中国共产党人是马克思主义者，坚持马克思主义的科学学说，坚持和发展中国特色社会主义，但中国共产党人不是历史虚无主义者，也不是文化虚无主义者。我们从来认为，马克思主义基本原理必须同中国具体实际紧密结合起来，应该科学对待民族传统文化，科学对待世界各国文化，用人类创造的一切优秀思想文化成果武装自己。①

历史虚无主义否定近代以来中国历史，质疑社会主义的历史必然性和合理性；文化虚无主义全盘否定中华历史与中华文明，主张"西方中心论"。这两种主张事实上都在试图将中国的发展历程从不同节点"拦腰截断"，这恰好是与习近平"解释清楚自己从何处来，向何处去"的努力是相矛盾的。从30年到60年之争，到今天的孔夫子是否复活和是否应该复活之争，背后的逻辑冲突始终也是以"从何处来，向何处去"为核

---

① 习近平：《在纪念孔子诞辰2565周年国际学术研讨会暨国际儒学联合会第五届会员大会开幕会上的讲话》（2014年9月24日）。

心的。

对此，习近平认为，"不忘历史才能开辟未来，善于继承才能善于创新。只有坚持从历史走向未来，从延续民族文化血脉中开拓前进，我们才能做好今天的事业"。它所蕴含的意思就是，从今天的中国开始倒推，从改革开放以来的中国倒推向 1949 年以来的中国，到辛亥革命以来的中国，到晚清以降的中国……站在今天，客观全面地回顾历史，才能厘清"从何处来，向何处去"，也才能厘清"自己究竟应该坚持什么，摒弃什么"。

可见，习近平的努力目标在于打通对不同历史阶段的评价，将中国的精神命脉溯及既往地连续起来。关键点在于如何有机融合？习近平在讲话中主张，"要坚持古为今用、以古鉴今，善于把弘扬优秀传统文化和发展现实文化有机统一起来、紧密结合起来，在继承中发展，在发展中继承，坚持有鉴别的对待、有扬弃的继承，努力实现传统文化的创造性转化、创新性发展。"言下之意，既不能连同洗澡水和孩子一块扔了，也不能二者都留着，而是要倒掉洗澡水、留下孩子。

因此，"怎么把那个时代产生的伟大思想，把 60 年来的革命建设和 30 年来改革发展中积累起来的伟大思想，以及几千年来延续下来的智慧，重新整合，让它们再生，这是一个很大的挑战。"① 这些伟大思想，被甘阳总结为"通三统"，即"一个是改革来形成的传统，基本上是以市场为中心延伸出来的很多为我们今天熟悉的概念例如自由、权利等；另外一个传统则是共和国开国以来，毛泽东时代所形成的传统，这个传统的主要特点是强调平等，是一个追求平等和正义的传统；最后，当然就是中国文明数千年形成的文明传统，即通常所谓的中国传统文化或儒家文化，中国传统文化常常难以准确描述，但在中国人日常生活当中的主要表现简单讲就是注重人情和乡情。"② 为了将上述三种传统融会贯通，就应当有文化自觉和重建文化自信。

文化自主性，或者也叫文化自觉。缺乏文化自觉，就不会去想在文化上怎么构成一支。费孝通认为，"文化自觉，意思是生活在既定文化中的人对其文化有'自知之明'，明白它的来历、形成的过程、所具有的特色

---

① 玛雅：《中国的国际环境与战略选择——专访中国社会科学院美国研究所所长黄平研究员》，《天涯》2008 年第 4 期。

② 甘阳：《新时代的"通三统"——三种传统的融会与中华文明的复兴》（http://www. sociologyol. org/yanjiubankuai/tuijianyuedu/tuijianyueduliebiao/2008 - 10 - 26/6375. html）。

和它发展的趋向。自知之明是为了加强对文化转型的自主能力，取得决定适应新环境、新时代文化选择的自主地位。"①

　　而重建文化自信，不是一个简单地回到某个教条里面，或者回到传统文化去寻找自信，更不是以民族中心主义对抗西方中心主义，而是在现有文明的基础上进行有创造力的想象，"追求自己的话语乃至话语体系，建立起自己的关于历史、关于世界、关于未来的叙述，而且是言之成理、持之有据的，让别人即使不同意也会尊敬和倾听的叙述。"为了实现文化自觉和重建文化自信，就需要"现在真正需要的是重新打点自己，收拾内部，形成一个新的格局，从理念和思想，到体制和政策，再到行动和实践，以适应和迎头赶上新的世界、新的挑战。"②

第二节　普世价值论与文化领导权

　　中国的文化自觉与文化自信的重建，常常被解读为"普世价值论"与"中国特殊论"的论战，"是继续三十年来的改革开放，坚守人类的普世价值，融入全球主流文明；还是寻求独特的中国价值，为世界提供一个另类现代性？"③ 这种论战背后的核心在于是否存在普世价值论，以及普世价值论背后的文化领导权的问题。普世价值论是美国梦文化战略的重要组成部分，将国内政策与文化外交等有机地糅合在一起，通过推行以美国中心主义为核心的普世价值论，以实现美国对世界的文化领导权。

一　揭开普世价值论的面纱

　　关于普世价值问题的讨论，首先应当区分两个概念，即共同价值与普世价值论：数千年人类历史长河中，不同国家和民族形成各自的文明形态；各文明形态不断交流和碰撞，形成多个特点分明但又相互交融的文明体系。对人类美好事物的共同追求，例如对和平、安宁和美好生活的向往

---

① 费孝通：《中华文化在新世纪面临的挑战》，载《中国文化的重建》，华东师范大学出版社2014年版，第35页。
② 玛雅：《中国的国际环境与战略选择——专访中国社会科学院美国研究所所长黄平研究员》，《天涯》2008年第4期。
③ 许纪霖：《普世文明，还是中国价值？——近十年中国的历史主义思潮》，《开放时代》2010年第5期。

等，成为不同文明体系交流与合作的基础，也是促进人类社会不断进步的动力，形成了人类社会普遍认同并追求的共同价值，当然，这些内容本身是历史地形成并历史地实现的；而"普世价值论"则是西方世界的意识形态表述，被用来引导甚至强行安排世界秩序，由于采用了"普世"的说法，看上去较容易占据道义制高点。

人类的历史是分散、孤立的人群由分到合的过程，在这一过程中形成共同价值是一个自然的过程。但是，对于这些价值的内涵的界定，既是历史地形成的也是历史地实现的，与认可这些价值的文明体的自身特质紧密相关，因此是具体的、相对的。如果对这些价值内涵的界定仅仅由某种强势文化所把持，被用来引导甚至强行安排世界秩序，就转化为了普世价值论或者普世主义等。

"普世文明的概念是西方文明的独特产物……普世文明的概念有助于为西方对其他社会的文化统治和那些社会模仿西方的实践和体制的需要作辩护。普世主义是西方对付非西方社会的意识形态。"① 塞缪尔·亨廷顿这种基于西方中心主义的观点，清晰地表明西方将普世价值论作为实现西方对世界的文化领导权的工具。这种西方中心主义以现代—传统、西方—东方的社会形态转型的必然性为基本思想依据，既有其宗教来源，也有其现实利益基础。就20世纪下半叶以来由美国中心主义把持的普世价值论而言，与新教有着莫大关联。

　　　　新教徒认为美国是建立基督王国的地方，在整个十九世纪，不仅新教徒持续为美国提出千禧年的希望，天主教徒与犹太人也认为美国是神意许诺的土地。即使在世俗的政治论述里，人们也用最具道德意义的术语来描摹美国的轮廓。历史上的每一次战争都被说成是道德十字军，以期抵抗"撒旦的妓女"（对法战争与印度战争），消灭君主统治（革命战争与1812年之战），废除奴役（南北内战），确保民主世界的安全（第一次世界大战），抵抗极权的扩张主张（第二次世界大战、韩战、越战）与独裁者的扩张性剥削（波斯湾战争）。政治人物与国家的领导者继续把美国说成是"世界各国的民主自由楷模"，是

① ［美］塞缪尔·亨廷顿：《文明的冲突与世界秩序的重建》，周琪、刘菲等译，新华出版社2010年版，第45页。

"世界新秩序"的领导者。不论是外交事务，还是国内政治，美国的大众辩论从来不说是不同利益的竞争，而说成是善恶的斗争。①

以善恶斗争来掩盖利益斗争，美国的对外文化扩张与其利益扩张同时进行，有利于建立其政治正确性和对世界进行领导的当然性地位。

> 争取进步联盟所做的不仅仅是将现代化理论的中心观念吸收到其政策目标和实践当中。它也树立了美国的这样一种身份：一个帮助那些苦苦挣扎中的社会走上它自己的经历所指明的道路的发达国家。像更古老的帝国主义意识形态和天定命运论一样，"新边疆"口号中的现代化如此界定作为仁义之邦的美国的好处：它有能力帮助那些长期停留在文化和发展阶梯中较低位置上的国家。争取进步联盟吸收了现代化意识形态，进而强调美国推动变革的力量，使美国对拉美各国的直接干涉正当化，并促使决策者和广大公众把自己看成是深切的利他主义的、人道主义的传教使命的一部分。②

这种直接干涉正当化的实质就是美国要实现对世界的文化领导权。葛兰西曾一针见血地指出要区分"统治"（依靠强力的压制）和"领导"，而"领导权"的实现依靠对于"文化霸权"的把握。他认为依托于"文化霸权"的领导权，是一种通过大众同意进行统治的方式。③

葛兰西对西方资本主义社会进行了细致的考察分析，指出西方资本主义社会，尤其是具有较高民主程度的发达资本主义社会，其统治方式不再是通过暴力，而是通过宣传，建立其在道德、精神等文化方面的领导地位，让广大人民接受统治集团一系列的世界观或法律制度来达到统治目的。一个社会集团在赢得政权、行使统治权之前，往往是先争得了"领导权"——"文化霸权"；在实施统治时，不止依靠统治，还需要把握文化

---

① ［美］J. D. 亨特：《文化战争：定义美国的一场奋斗》，安荻等校译，中国社会科学出版社 2000 年版，第 66 页。

② ［美］雷迅马（Michael E. Latham）：《作为意识形态的现代化：社会科学与美国对第三世界政策》，牛可译，中央编译出版社 2003 年版，第 145 页。

③ ［意］葛兰西：《葛兰西文选（1916—1935）》，中共中央马克思恩格斯列宁斯大林著作编译局国际共运史研究所编译，人民出版社 1992 年版。

霸权，有效行使领导权。在葛兰西看来，文化霸权不是靠压制或暴力获得的，赢得大众的同意需要有双方的谈判、让步或折中；由此，文化霸权也不是静态的，而是不断变化的动态平衡。

民众的"同意"是获取文化领导权的前提。如何让民众同意呢？阿尔都塞在其《意识形态和意识形态国家机器》一文中认为，意识形态推广就是要告诉人们，什么方式的行动和思维是最自然不过的。人们一旦接受这种"自然法则"，就会自觉地复制这种行动和思维方式，并通过这种复制来再现特定的权力关系。①

葛兰西和阿尔都塞两个人对文化领导权的界定是以民族国家为分析框架的。西方国家的扩张带来了意识形态的全球性扩张。尽管美国实现其对世界的文化领导权的努力以"神学使命"、"现代化"等各种美好形容词证明其正当性与当然性，但是，文化领导权不是先验的、既成的或神授的。美国梦对内以"人人通过努力都可以获得成功"和各种消费主义的指标来吸引国民，认为自己过的是"好生活"，从而产生感召力、导向力和凝聚力。尽管美国的文化传播实际上由少数人所把持，"新闻传播将各种观念灌输到美国人民脑子里，人们耳濡目染的、该看到什么、该听到什么，全都是由那些控制传播工具者来决定"②；但是，已经在美国建国以来的数百年历程中内化为美国人所认可的精神内涵，"为了防止在政策形成过程中，可能遇到妨碍政策推行的思想和意见的发展，参与舆论形成过程的领袖人物们，便试图建立并加强美国信念体系的基本原则，……这些原则强调个人主义、自由企业、竞争、机会平等和在解决社会事务时尽量少地依靠政府。这些原则在欧洲资本主义制度上升的数百年时间中缓慢地趋于明确，传入美国时已经接近完善。美国既无封建主义的过去，又无国教，因此这些原则没有遇到认真的抵抗。通俗地说，多数老百姓把这些道德观念简单明白地称作'美国精神'。③

美国梦对外形成的文化感召力，能够被其他国家的人民所认同和向往，从而产生吸引力、认同力和效仿力。因此美国梦本身成为美国实现其

<hr>

① ［法］阿尔都塞：《意识形态和意识形态国家机器》，载陈越编《哲学与政治：阿尔杜塞读本》，吉林人民出版社2003年版。
② ［美］迈克尔·巴仑蒂：《少数人的民主》，四季出版公司1980年版，第197页。
③ ［美］多姆霍夫：《当今谁统治美国——八十年代的看法》，中国对外翻译出版公司1985年版，第102—103页。

对世界的文化领导权的一个重要工具与手段，而美国对世界试图实现的文化领导权也被称为文化霸权，被认为是一般霸权的延伸。在物质、产品、技术和资本的全球性流通日益加速的今天，文化产品的流动速度加快，带来文化的意义和文化的表达的重建。这种重建过程，就或多或少体现为美国依靠其"先进性"或者经济上的领导地位、采用非强制的方式削弱其他国家的文化独立性和自主性，通过各种隐形渗透方式实现美国文化对世界各国和各地区的"教化"，进而实现美国的文化霸权。

二　文化世界梦的内部困境

任何政治权力，要想持久稳固，必须获得某种程度的赞同。[1] 美国高度重视通过文化事业推动美国梦所代表的意识形态，通过世界各国人民对美国文化的认同与追随，以赢得他们对美国的世界领导地位的认可与赞同。因此，其外交政策和国内政策的制定不可避免地相互交结纠缠。按照阿尔都塞对于意识形态的理解，"称之为意识形态国家机器的东西，它指的是一整套宗教的、道德的、家庭的、法律的、政治的、审美的以及诸如此类的意识形态机构，统治阶级运用这些机构，在整合自身的同时也成功地把自己特殊的意识形态强加给被剥削阶级，使之成为后者自己的意识形态"[2]，美国所希望实现的文化世界梦的内容包罗万象。

根据不同时代背景，美国不断调整自己的文化政策和文化战略。在国内面临困境时，美国政府会直接支持文化事业。例如在1933—1943年的11年间，联邦政府财政雇用了艺术家、音乐家、演员、作家、摄影师和舞蹈家等。不仅解决了这批文化产业工作者失业的问题，更关键的是促进对罗斯福所主张的"更丰富多彩的生活"背后的"美国梦"。

同时，美国文化集团不断向海外扩张，美国的文化产品，尤其是好莱坞影片、几大电视网的娱乐节目、自由的无线广播等在世界各地形成了媒介霸权，利用大众传媒和电子媒介向全世界推广美国文化。当"外来威胁"或"危机"来临时，美国联邦政府便积极介入和资助文化外交计划。例如，1946年，美国开始实施富布莱特法案。根据这个法案，美国国务院

---

① ［意］葛兰西：《葛兰西文选（1916—1935）》，中共中央马克思恩格斯列宁斯大林著作编译局国际共运史研究所（编译），人民出版社1992年版。

② ［法］阿尔都塞：《哲学的改造》，载陈越编《哲学与政治：阿尔杜塞读本》，吉林人民出版社2003年版，第239页。

有权与外国政府签订行政协议，而且可以利用通过销售美国作战剩余物资所得的外国货币为学院和文化交流活动提供经费。后来，美国联邦政府每年都提供年度拨款，用以维持和继续这项开始被称作富布莱特法案基金的计划。美国1948年新闻和文化交流法令，声明交流活动的目的是"促进其他国家对美国的进一步了解，和增进美国人民与其他各国人民的相互了解"，扩大了国际教育和文化交流计划的权限。

又如，冷战期间，美国文化与艺术将美国生活方式对内对外进行广泛传播，而消费主义和追求物质文明逐渐成为美国梦的主要内容，保守主义和反共情绪成为文化宣传的主题，宗教因素被作为反对共产主义的一种重要工具而运用。美国很多政府部门，如联邦调查局、中央情报局、国防部、航空航天管理局以及国土安全部等都乐于为文化产业提供帮助，例如美国军方与好莱坞合作由来最久，每个兵种都在洛杉矶设立了专门办公室负责与好莱坞联络。如《真实的谎言》（1994）、《空军一号》（1997）、《巴顿将军》（1970）、《世界大战》（2005）等都离不开军方帮助。

美国政府会通过其控制的半官方性机构向文化产业提供资金支持，其中的典型代表是国家艺术捐赠基金会（National Endowment for the Arts），这是一家由美国国会成立于1965年的机构，负责向全美的艺术性事业提供资金资助。

以好莱坞电影为例来说明美国以文化为介质争取其对世界的文化领导权。"美国梦"一直是好莱坞电影的核心主题。以好莱坞电影业的发展为例，从20世纪初开始，美国政府便以内外有别的法律体系为依托，以强大的政治经济实力为后盾，通过外交手段、税收杠杆、资金和设施服务等方式扶持好莱坞电影业的海外扩张。其中的史实证明，好莱坞之所以能不断地推进其全球化的脚步，主导全球的电影工业，并不单纯是依靠其自身的产业力量和电影产品本身的魅力，也离不开美国政府在其中所发挥的作用。

美国政府对好莱坞全方位的帮助，是基于好莱坞电影所能发挥的重要的经济、文化和政治价值。美国国会先后制定了三部法律，对美国企业对外贸易活动中的垄断行为给予法律豁免，容许、鼓励与扶持对外贸易联盟到国外从事垄断经营。其中最重要的是1918年通过的《韦伯-波莫雷内出口法》（Webb-Pomerene Export Act），在1982年被修订为《出口贸易公司法案》（Export Trading Company Act），并一直沿用至今。

　　1945 年，美国电影协会又成立了专门的国际业务部门美国电影出口协会（Motion Pictures Export Association），目的是"在世界市场上重建美国电影，并应对日益高涨的保护主义，避免其设置障碍，限制进口美国电影"。它自称为"小国务院"，在布鲁塞尔、新德里、里约热内卢、新加坡、墨西哥城、多伦多和雅加达等地均建立了分支机构，担任驻外代表的往往是有深厚政治背景的人物，如在 1946—1949 年间担任驻巴黎代表的弗兰克·麦卡锡曾是马歇尔将军的前助理，并担任过助理国务卿。

　　美国式的文化领导权扩张试图将美国梦融入对内激励国民与对外公共外交之中，以实现在文化价值观上美国对世界的领导权。一方面遭致包括西方世界内部的质疑乃至反对，另一方面自身内部也出现了文化意义的困境。

　　在《新教伦理与资本主义精神》中，韦伯研究意识到了以新教伦理为核心的资本主义精神正处于危机、崩溃之中。他在该书的结尾处指出，

　　　　自从禁欲主义着手重新塑造尘世并树立起它在尘世的理想起，物质产品对人类的生存就开始获得了一种前所未有的控制力量，这力量不断增长，且不屈不挠。今天，宗教禁欲主义的精神虽已逃出这铁笼（有谁知道这是不是最终的结局？），但是，大获全胜的资本主义，依赖于机器的基础，已不再需要这种精神的支持了。启蒙主义——宗教禁欲主义那大笑着的继承者——脸上的玫瑰色红晕似乎也在无可挽回地褪去。天职责任的观念，在我们的生活中也象死去的宗教信仰一样，只是幽灵般地徘徊着。当竭尽天职已不再与精神的和文化的最高价值发生直接联系的时候，或者，从另一方面说，当天职观念已转化为经济冲动，从而也就不再感受到了的时候，一般地讲，个人也就根本不会再试图找什么理由为之辩护了。在其获得最高发展的地方——美国，财富的追求已被剥除了其原有的宗教和伦理涵义，而趋于和纯粹世俗的情欲相关联，事实上这正是使其常常具有体育竞争之特征的原因所在。①

---

　　① ［德］马克斯·韦伯：《新教伦理与资本主义精神》，于晓、陈维纲译，生活·读书·新知三联书店 1987 年版，第 178—179 页。

对于这种精神危机，20 世纪的资本主义世界已经有社会运动在表示抗议。1968 年在巴黎刮起五月风暴，5 月 13 日张贴在巴黎邦索大学门口的一张大字报上写道："当下这个革命不但质疑资本主义社会还要质疑工业社会。消费社会注定得暴毙。将来再也没有任何社会异化。我们正在发明一个原创性盎然的全新世界。想象力正在夺权。"这种资本主义的精神危机在当下愈演愈烈，布热津斯基对此提出警告，以相对主义和享乐至上作为生活的基本指南，构不成任何坚实的社会支柱，一个社会没有沟通遵守的绝对确定的原则，相反却助长个人的自我满足，那么，这个社会就有解体的危险。①

第三节　全球文化与跨文化交流

世界上不同文明诞生于各自独特的历史和自然环境，并造就了今天这个多元且多姿多彩的世界。生物的多样性有利于保持自然界的生态平衡，与此相类似，文明形态的多样性与多元化有利于推动世界和平与人类不同文明的和谐发展。直至今日，经济全球化的发展并未使得跨国经济力量取代民族国家的制度设计，政治国家仍具有在其领土范围内使用暴力的唯一正当性地位。但是，经济全球化使得国际秩序的主体不再限于现代民族国家、跨国资本力量、国际非政府组织甚至个别个人都在不同层面成为主体——这使得今天的国际秩序不再能够囿于现代民族国家和国际政治的框架内，全球性对于现代性的超越或者替代，导致全球失序的风险增强。

赵汀阳在《坏世界研究》一书中指出，世界仍将是一个"非世界"。亚洲要努力让世界成为世界，其前提则是让西方成为西方，还原美国等主导的所谓普世价值为西方价值普世性。②世界尚未因为资本力量的不受约束而变平，各国各地区的文化也并未因为美国梦试图成为世界梦的努力而变得同质化。纵然今天全球失序成为一种共识，但仍处于世界各国经济上越来越休戚相关、政治上在相当程度上依旧可以各行其是，而文化上"各美其美"的格局之中。这种经济—政治—文化三个维度并不一致的格局不

---

① ［美］兹比格涅夫·布热津斯基：《大失控与大混乱》，潘嘉玢、刘瑞祥译，中国社会科学出版社 1995 年版。

② 赵汀阳：《坏世界研究：作为第一哲学的政治哲学》，中国人民大学出版社 2009 年版。

断处于动态变化过程之中，一方面形成了全球文化；另一方面也增强了跨文化交流的可能性与必要性。

一　突破民族性的全球文化

经济、产品、技术、信息等的大规模和高速度的跨国化流动，带来了新的文化与生活方式。

> 后发国家面对的不仅仅是西方某国文化的挑战，而是全球文化的冲击。所有的民族国家都遇到了与全球化的关系。在发展中国家，面对全球文化，人们更愿意将其理解为西方文化或美国文化并加以抵制。这当然还是一个严重的问题，但是也可能会造成认识上的偏差，会漏掉一个很重要的东西，就是全球文化。①

尽管源自美国的大众商业文化在全球文化中具有很大影响力，不仅与后发社会的部分群体（特别是其中比较不"接轨"的群体）会发生冲突，而且也会与整个地区性文化（包括以民族国家形式为标识的文化，如法国文化）发生冲撞；但是，在这个日益全球化的"地球村"，全球文化已经不能简单地还原为美国的民族国家利益，而更是代表了跨国资本的利益。

由于资本、技术、信息、文化的跨国流动，民族国家本身作为一种体系实际上已经不是从前意义上的了，或者说它已经遭遇到了来自全球化的严峻挑战，而不只是来自其他民族国家（如所谓"列强"）的挑战。越来越由跨国资本所控制的媒体和信息系统在散布全球文化并使其合法化的过程中发挥了关键作用，以图使世界各地各阶层的民众自觉主动遵从其逻辑。全球文化的发展，已经带给世界各国原本基于民族性的文化认同危机，而这种危机对于后发国家而言尤为严重。

> 从社会观点来看，这种模式导致一种特殊的现象，即：群众的"贫穷化"——换句话说，导致若干贫困化的机制：农业小生产者和手工业小生产者的无产阶级化，农村的半无产阶级化，以及组织在村社里的农民趋于贫困化而没有无产阶级化，城市化，城镇地区公开失

---

① 黄平：《全球化：一个新的问题与方法》，《中国社会科学》2003 年第 2 期。

业与就业不足的大规模增加，等等……在这个多样化和不发达深化的阶段，就出现了新的统治和依附的机制。那是文化上，政治上，也是经济上的技术依附以及受跨国公司的统治。①

在"不平等的发展"过程中出现的"新的统治和依附的机制"，必然会使为数众多的"后发国家"和"外围国家"产生深刻的"文化认同危机"或"自性危机"，使得各国文化发展的自主能力受到限制。这种危机感不仅仅来自后发国家，发达国家对跨国资本所带来的全球文化也有反思乃至反抗，因此，反全球化运动越来越呈现"全球化"的趋势。

正如跨国资本力量并未使世界变平，全球文化也并未使世界各国文化变得同质化。西方中心主义的世界体系的形成和发展的确给非西方文化带来了很大危机，但是，由于资本的趋利性本能，世界经济中心日益从西方向非西方国家和地区转移。与这种转移相适应的是，全球文化的内涵越来越从由以美国为代表的西方国家进行规定，变为不同新兴国家参与其中，这有利于不同民族的文化自觉，有利于生活在不同文化体的人，在对自身文化有"自知之明"的基础上，了解其他文化及其与自身的关系。

这种"全球化过程中的'文化自觉'，指的就是在全球范围内实行和确立'和而不同'的文化关系……人生活在不同的文化或价值观念体系中，这样的生活必然给人的创造带来深刻的影响。"② 因此，全球文化带给全球化进程中的民族国家和个人以挑战的同时，也促进了不同文化体的沟通与交流，对文化自觉而言既是挑战，也是契机。不同国家和民族的文明所具有的内在强大力量（所谓"传统力量"），无时无刻不在寻求突破以强调西方优越性为前提的单一性和排他性的二元对立叙述。全球化让现代性成为一种世界现象，但今天的现代性不仅仅是多元的（即多纬度的），也是多样的（即复数的），这种多重现代性使得超越西方主导的文化屏障进行平等、相互尊重的跨文化交流成为当今人类文明进步的共同需要。

---

① ［埃及］萨米尔·阿明：《不平等的发展：论外围资本主义的社会形态》，高铦译，商务印书馆 1990 年版，第 162—163 页。

② 费孝通：《新世纪·新问题·新挑战》，载《中国文化的重建》，华东师范大学出版社 2014 年版，第 75—76 页。

二　宽容共存的跨文化交流

"不同的文化价值是平等的：同等真实，同等终极，同等客观，不存在价值的等级秩序。"[①]为了在这个经济和文化上越来越息息相关的世界实现和平与发展，需要在精神文化领域里建立起一套促进相互理解、宽容和共存的体系，费孝通称之为"跨文化交流"。[②]

世界文化按国别划分，包括中国文化、印度文化、美国文化、英国文化、法国文化、俄国文化等等，不一一列举。世界文化按洲别划分，包括亚洲文化、欧洲文化、非洲文化、澳洲文化、南北美洲文化。世界文化按东、西半球划分，包括东方文化、西方文化。

> "在不同文化传统中应该可以通过文化的交往与对话，在商谈中取得某种共识，这是由'不同'达到某种意义上的'认同'的过程。这种'认同'不是一方消灭一方，也不是一方'同化'一方，而是在两种文化中寻找某种交汇点或者是可以互补的方面，并在此基础上推进双方文化的发展，这正是'和'的作用。"[③]

全球化时代下的民族与民族、国家与国家、地域与地域之间文化上的交往越来越频繁，世界日益成为一个不可分割的整体。但是，庞大的移民群体和人员国际间流动带来的大规模多层次跨文化交流以及不同国家和民族的文明形态所具有的内在生命力，加上信息技术的高速发展等，使得全球化时代背景下的各国文化不是被单一化和同质化，而是实现了交融与创新。并且，世界各国和各民族的文化日益从精英文化向大众文化转移，各国的本土文明传承和多元社会力量对于文化的发展发挥着越来越重要的作用。精英文化和大众文化的结合，使得文化意义上的多重现代性日益成为全球化的深层内涵，客观上有利于重构多元、协力和负责的全球社会秩序和治理结构。

任何文明如果固守其曾经的辉煌而固步自封，必然的结果就是落后直

---

①　以赛亚·伯林：《扭曲的人性之材》，岳秀坤译，译林出版社2009年版，第78页。

②　费孝通：《新世纪·新问题·新挑战》，载《中国文化的重建》，华东师范大学出版社2014年版，第75页。

③　汤一介：《"和而不同"原则的价值资源》，《学术月刊》1997年第10期。

至衰亡。跨文化不只是地理或空间意义上跨越各种阻隔的交流与对话，更是对现有文化的超越，无论其过去和现在多么伟大。自己的文化越伟大，反而越难超越，越容易对自我文化保持优越感，而歧视他人文化。正如一二百年前的满清政府，沉湎于古老的"中华文明"，以"中央之国"自居，却被西方的坚船利炮溃败一样，今日的以美国为代表的西方国家也不自觉地落入了这个逻辑之中。

只有承认并保护文化差异的存在，各个文明形态和文明体系之间才有可能相互吸取、借鉴，并在相互参照中进一步发现和发展自己。对于欧美代表的西方文明而言，需要突破西方中心主义，用一种"非我的"、"陌生化"的眼光来重新审视自己，突破过去的"自我设限"，寻求新的发展；对于曾经受到西方中心主义限制的非西方文明形态和文明体系而言，急需突破西方世界自启蒙运动以来构筑完成的一整套概念体系，也就是一套遍及于政治、经济、文化各个领域的，长期占统治地位并被广泛运用的话语体系，在新的基础上，在与西方的平等对话中，更新自己的古老文化传统，完成自己的文明现代转型，重建与发展文明自信。实现上述两种突破，才能实现"各美其美，美人之美，美美与共，天下大同"。

第七章

平等互利与丛林法则

不论大国小国，互相之间都应该是平等的、民主的、友好的和互助互利的关系，而不是不平等的和互相损害的关系。

——《毛泽东外交文选》，中央文献出版社、世界知识出版社 1994 年版，第 192 页。

"资产阶级，由于开拓了世界市场，使一切国家的生产和消费都成为世界性的了。……迫使一切民族——如果它们不想灭亡的话——采用资产阶级的生产方式；它迫使它们在自己那里推行所谓的文明，即变成资产者。一句话，它按照自己的面貌为自己创造出一个世界。"

——《马克思恩格斯文集》第 2 卷，人民出版社 2009 年版，第 35—36 页。

21 世纪以来，世界格局从冷战结束后的单极世界朝多极格局方向曲折发展，大国关系不断变化和调整，世界上各种政治力量不断分化和组合，一大批新兴市场国家和发展中国家迅速发展，多个发展中心在世界各地区逐渐形成，任何国家或国家集团都再也无法单独主宰世界事务。在世界政治秩序中，形式上应当各国平等；但是，真正意义上的各国平等、国家自治仍然只是追求的目标，也并未建立起国际政治的民主秩序。

以"美国例外论"和"上帝的选民"使命感等理想主义价值追求为正当性基础，采取军事、经济等"硬实力"和普世价值观等"软实力"相结合的霸权主义，以绝对地维护和实现美国利益。国际秩序的丛林化，使得竞争性民主所代表的平等人权等普世价值体系流于破产。全球化背景下的国家权力危机要求国家权力的转型，克服国家权力结构和国家与社会关系的双重结构性矛盾；更需要国际政治经济秩序的重构，使不同国家和地区的人民能够得到真正的平等对待和公平回应。与此同时，"国家"事实与"国际"事实正在变得界限模糊不清，而跨国的经济力量、媒体力量、政治力量、全球网络及市场正在一起超越现代国家的政治、经济以及文化上的边界。①

第一节 "和而不同"与平等互利

习近平在纪念毛泽东同志诞辰120周年座谈会上的讲话中提到，

> 人类历史上，没有一个民族，没有一个国家可以通过依赖外部力量、跟在他人后面亦步亦趋实现强大和振兴。那样做的结果，不是必然遭遇失败，就是必然成为他人的附庸。

从独立自主、自力更生到和平共处五项原则到今天提倡"平等互利、合作共赢"，中国与外部世界的关系随着中国国力的增长和国际秩序的变化而不断调整。中国梦带给世界的是机遇而不是挑战，中国梦与各国自己的梦想、与世界梦的互动互促将有利于世界的和平与发展。

一 和平发展、和而不同

有着五千多年历史的中华文明，始终崇尚和平。和平、和睦、和谐的追求深深植根于中华民族的精神世界之中，深深溶化在中国人民的血脉之中。中国自古就提出了"国虽大，好战必亡"的箴言。中华民族自古就有以诚为本、以和为贵、以信为先的优良传统。中国在处理国际关系时始终遵循这一价值观。中国对外政策的宗旨是维护世界和平、促进共同发展。"以和为贵"、"和而不同"、"化干戈为玉帛"、"国泰民安"、"睦邻友邦"、"天下太平"、"天下大同"等理念世代相传。中国历史上曾经长期是世界上最强大的国家之一，但没有留下殖民记录。

古人曰："天下非一人之天下也，天下之天下也。阴阳之和，不长一

---

① 恩诺·鲁道夫、赵汀阳：《未来哪个权力将领导这个新天下？》，《南国学术》2014年第2期。

类；甘露时雨，不私一物；万民之主，不阿一人。"又曰："天下非一人之天下，乃天下之天下也。同天下之利者则得天下，擅天下之利者则失天下。"中国在历史上有过兴衰的经验和教训，但中国严格意义上没有欧洲中世纪意义上的封建社会的历史阶段。

回顾历史，自公元前 3 世纪开始直到 19 世纪末期，朝贡体系存在于东亚、东南亚和中亚地区，以中国中原帝国为主要核心建立起纵向等级制网状政治秩序体系。朝贡体系尽管表现出明显的"中心—边缘"的结构特点，但是，以边缘地区对中心地区的文明需求为动力、以中心地区向边缘地区的经济流动为实质，依靠中原王朝压倒性的国力优势，进行"厚往薄来"政策的"利诱"，而这种"利"，除了物质财富的丰裕，更多是精神生产的充沛，也因此，中国传统意义上是一个文明，而非西方意义的民族国家；中国传统意义上是一个文明体的向外辐射与吸引，而非西方意义的从中心向边缘的"帝国式"扩张。

以明清王朝与朝鲜、琉球、越南等"属国"的关系来看，朝贡制度是中国与这些属国的双边贸易、文化交流、边疆管控和司法合作的基本机制；在属国遭遇国家安全危机的时候，作为"上国"的明清王朝对其进行积极的政治、外交乃至军事上的援救。但是，这种制度并未形成各"属国"围绕"上国"的合作联盟机制①，不是一种帝国联盟性质的制度安排，这就显著区别于西方殖民体系：该体系的中心地区与边缘地区之间是一种征服与被征服、剥削与被剥削、掠夺与被掠夺的关系。也就是说，中国曾经做过世界老大，但是这种世界老大地位的获得与维系的儒家伦理价值基础，迥异于西班牙殖民者崛起以来西方（欧美）世界对全球进行征服与掠夺的丛林法则。

亚洲地区绵延两千年的朝贡体系与威斯特伐利亚体系（条约体系）、殖民体系等并称，是世界主要国际关系模式之一。19 世纪以来，亚洲古老的朝贡体系遭遇植根欧洲文明的殖民主义和以主权国家为中心的威斯特伐利亚体系的冲击。从 1840 年鸦片战争到 1949 年新中国成立的一百多年间，中国社会战火频频、兵燹不断，内部战乱和外部敌入侵循环发生，给中国人民带来了不堪回首的苦难，也给中国人留下了刻

---

①　陈尚胜：《朝贡制度与东亚地区传统国际秩序——以 16—19 世纪的明清王朝为中心》，《中国边疆史地研究》2015 年第 2 期。

骨铭心的记忆。消除战争，实现和平，是近代以后中国人民最迫切、最深厚的愿望。

经历了从救国到建国的过程，中华人民共和国亟待再建自己的国际关系模式。对于中国与外国的关系，毛泽东认为，

> 应当承认，每个民族都有它的长处，不然它为什么能存在？为什么能发展？同时，每个民族也都有它的短处。有人以为社会主义就了不起，一点缺点也没有了。哪有这个事？应当承认，总是有优点和缺点这两点。……我们的方针是，一切民族、一切国家的长处都要学，政治、经济、科学、技术、文学、艺术的一切真正好的东西都要学。但是，必须有分析有批判地学，不能盲目地学，不能一切照抄，机械搬用。他们的短处、缺点，当然不要学。……对外国的科学、技术和文化，不加分析地一概排斥，和前面所说的对外国东西不加分析地一概照搬，都不是马克思主义的态度，都对我们的事业不利。①

正是基于这种将传统与现状相结合的"和而不同"思想，追求和平发展是中华人民共和国建立以来持之以恒的追求。中国的和平发展道路来之不易，提出和坚持了和平共处五项原则，确立和奉行了独立自主的和平外交政策，向世界承诺永远不称霸、永远不搞扩张，始终强调中国是维护世界和平的坚定力量。

"和平发展、和而不同"的核心理念在于"和"。2008年北京奥运会的主题口号为"同一个世界，同一个梦想"。对于中国想表达的"同一个梦想"的回答其实在北京奥运会开幕式中得到了最好的诠释，那就是通过不同字体表现出来的"和"。这个凝聚了中国数千年政治文明与政治理念的"和"字，跳出了百年来对于西方理论和观点的迷信，跳出了对于西方价值体系所具有的"普世性"的崇拜，从中国自身的文明视野出发，提倡超出意识形态，摆脱霸权思想，尊重多样性和多样化、尊重自主性和独立性。也就是说，不是要把世界变成中国，不是中国的"普世化"，而是尊重世界范围内任何一种文化与文明，尊重其存在的道理。

中国梦的提出对于提高中国的软实力大有裨益，但是，提高软实力不

---

① 《毛泽东文集》第7卷，人民出版社1999年版，第41—43页。

意味着谋求文化霸权。"和"所要表达的就是，希望包括中国的制度文明在内的各种不同的文明形式，都应当平等并且和平地共处于同一个世界，即达到共赢。

中国周边地缘环境复杂，邻国众多且情况各异，各种敏感问题、热点区域汇聚，民族、宗教、边界、资源等各种矛盾交织，使近年来中国边疆形势和周边环境日趋复杂，面临着诸多新问题、新挑战。海疆问题往往具有历史与现实交织的特点，例如钓鱼岛问题、南海问题等都是历史和现实交织的复杂问题。

具体到国际关系中，"和"代表协调与合作，"不同"意味着差异或者说不同的做法与观念，以及各自的独立性和独立意识，"和而不同"就是指不同道路的探索能够彼此相协调与合作。例如中美之间既有战略竞争关系、也有经济层面的相互依赖关系，因此形成了既互相防范又彼此依存的复杂关系，"和而不同"的思路有利于这种关系的良性发展。①

然而，这种良性发展取决于中国自身能否更好地统筹国内国际两个大局，取决于中国能否办好自己的事情，取决于中国自身的独立自主战略的物质基础建设和共同思想基础建设。

要增强中国巨大国内市场的活力，促进内部经济循环的良性独立发展，是在新一轮国际竞争中真正做到"独善其身"的根本立足点。粮食危机曾经引起越南等国的经济危机，为何大米出口国家面临粮荒？就是因为被国际市场的指挥棒所控制而产生的结果。利益天平过分倾向资本收益率，必将使得劳动收入相对减少。只有增加国民的财产性收入，才能切实提高国民的消费能力，使得国民"有钱可花"。而医疗、养老、教育、住房等相应社会保障制度的建立，将让国民有安全感和安定感，增加国民的可支配收入，使得国民"有钱敢花"。

要通过共同思想基础建设，凝聚共识，再现中国历史上曾经具有的强大精神生产能力与吸引力。并且，只有精神上独立自主，才能增强做中国人的骨气和底气，才能以更自信自主的心态办好大国外交，才能绝不屈服于任何外来压力，坚决维护国家主权、安全、发展利益。在此基础上，才能形成中华文明在文化层面的复兴。

---

① 王帆：《论中美关系的和而不同》，《国际关系学院学报》2006 年第 4 期。

二 平等互利、合作共赢

中国发展到今天，客观上到了一个新的时期。这个时期不是中国自己一家造成的，大国作用很大，各个地区各个国家，乃至各种组织，都在起作用，区域和全球挑战使全球关系和双边—多边关系都在变化。传统意义上的国际关系，也就是国与国之间的关系，现在加进来其他一些关系，多边的、区域的或全球的关系。区域的关系十分明显，我们要处理的不是和哪一个国家的关系，是和整个区域的关系——与东盟，与亚太，与欧洲。还有全球性的关系，不只是国家之间，大量的跨国集团、非政府组织都在当中扮演角色，主体越来越多。①

国际舞台上的主体越来越多元复杂，不同国家和地区有着独立发展的历史，区域性组织、跨国集团和非政府组织等都是在不同主体的相互作用下形成各自的发展历程；但是，多元化的主体以及多元的发展历程，却是以西方（欧美）征服世界史作为一个共同的历史分析背景，这是当前世界失序的一个重要深层次原因——不同主体有着讲述自己历史的原动力与诉求，却因为仍然占据主导地位的西方中心主义，或多或少缺乏或者被压制了讲述自己历史的意愿与能力。为了保护或者增强这种能力，中国的发展与复兴不应当也不会采用"用新的强权代替旧的强权"的思路，而是要通过平等互利、合作共赢，推动国际秩序的合理性与平等性发展。

应然与实然之间总是存在差距，一个崛起的中国让外部世界难免会产生一些复杂的认识：有些人不接受中国的崛起，中国崩溃论和中国唱衰论等各种说法长期存在；有些人对中国的崛起存在疑虑，希望在各种大国力量之间取得战略平衡；也有一些人总是戴着有色眼镜看中国，认为中国发展起来了必然是一种"威胁"，给中国维护国家核心利益的主张扣上"强硬"的帽子，甚至把中国妖魔化，在军事安全领域蓄意煽动所谓中国威胁论；还有一些人对中国的和平发展道路进行片面解读，认为中国为了寻求

① 玛雅：《中国的国际环境与战略选择——专访中国社会科学院美国研究所所长黄平研究员》，《天涯》2008 年第 4 期。

发展会不断降低原则和底线，因而屡屡制造事端，对中国进行挑衅。

大国崛起必然带来国际力量格局的深度调整，各方面都要经历反复磨合、博弈甚至激烈的斗争过程，外部压力和挑战空前增多。外部世界对中国崛起和中国梦的误解甚至恐惧，源自于西方（欧美）征服世界的历史理解，也源自于西方冷战思维和零和博弈的束缚。在人类社会日益成为一个共同体的今天，冷战思维和零和博弈已面临种种危机，但仍然占据重要地位。

20 世纪 80 年代以来，中国从融入由美国领导的世界体系到逐渐意识到需要建立自己的历史叙述，用了不到 30 年时间。为什么中国能够如此快再现这种自我叙述的要求？数千年绵延不绝、善于兼容并蓄的中华文明是最重要的动力来源。而"平等互利、合作共赢"既是中华文明延续的必然产物，也是通过更好地与"他人"建立合作来更好地认识与发展"自己"的必然要求。

据商务部统计，中国加入世界贸易组织 10 年，平均每年进口 7500 亿美元的商品，相当于为贸易伙伴创造了 1400 多万个就业岗位。在华投资的外商企业累计汇出的利润是 2617 亿美元。中国对外投资企业聘用的当地员工近 80 万人，每年在当地纳税超过 100 亿美元。① 国家统计局公报显示，2013 年，中国货物进口总额达 19504 亿美元，增长 7.3%；服务进口总额 3291 亿美元，增长 17.5%；全年非金融领域对外直接投资额 902 亿美元，比上年增长 16.8%；国内居民出境 9819 万人次，增长 18%。其中因私出境 9197 万人次，增长 19.3%。2013 年中国经济增长对全球经济增长的贡献将近 30%，大大高于中国占全球经济规模的比重，发挥了超过中国经济规模的带动力。

经济全球化的力量席卷了包括美国和中国在内的世界各国，带来了各种全球性挑战的同时，各国相互联系、相互依存成为命运共同体。世界各国需要充分发挥比较优势，共同优化全球资源配置，完善全球产业布局，以建设利益共享的全球价值链。作为这一命运共同体的一员，中国仍然是一个最大的发展中国家，仍然面临一系列严峻挑战，还有许多需要面对和解决的问题。这些问题的解决，根本上讲依靠中国人民的艰苦奋斗，同时也需要和世界各国互利合作实现共赢发展。另一方面，随着中国对外开放

① 《"中国拖累世界经济说"很荒诞》，《人民日报》（海外版）2013 年 8 月 31 日。

水平不断提高，企业和人员"走出去"的规模不断扩大，日益呈现出本土利益和海外利益并重的巨大转变。维护好、发展好不断扩大的海外利益依靠中国综合国力的不断增强，需要我们与各国保持和平友好关系，需要我们促进地区与世界的和平稳定。

坚持互利共赢的开放战略，需要坚持正确义利观，有原则、讲情谊、讲道义，扎实推进同各国的务实合作，多向发展中国家提供力所能及的帮助。"对于人民、国家和全球共同体而言，没有正义，就不会有可预见的和平"。① 坚持正确义利观需要坚持中国重视道义与责任的传统，重视道义与责任是中国传统文化的重要内容，重义轻利、先义后利、取利有道，是中华民族数千年来一以贯之的道德准则和行为规范。坚持正确的义利观，有利于建立一个普遍和谐的合作秩序：因为国际社会的主体之间事实上是不平等的，如何让一种秩序获得正当性地位，仅仅依靠支配物质利益的物质力量是不够的，还需要有支配精神生活的精神力量，这种精神力量如果是用一种文明/文化去统治或同化其他文明/文化，历史证明是难于可持续的，相反，应当从正确的义利观出发，形成不同文明/文化可以和平共处的共识——这是一种可持续的合作秩序的精神力量所在。

中国致力于推动国际关系民主化、推进人类和平与发展。积极主动参与国际发展议程的制定，对全球治理体系的变革发挥建设性作用，缩小南北发展差距，推动以合作共赢为核心的新国际秩序的建立，使国际秩序朝着更加公正合理的方向发展，为世界和平稳定提供制度保障，促进全球更加平衡的发展。大力推动建设全球发展伙伴关系，促进各国共同繁荣。"大学之道，在明明德，在亲民，在止于至善"，治理国家用王道，世界的和平与发展的保持也需要用王道，平等互利合作共赢的提出就是王道所在。

中国梦不仅致力于中国自身发展，也强调对世界的责任和贡献；不仅造福中国人民，而且造福世界人民。中国梦与世界各国人民的美好梦想相通，实现中国梦给世界带来的是和平，不是动荡；是机遇，不是威胁。中国同国际社会一道，推动实现持久和平、共同繁荣的世界梦。

---

① Ken Booth, *New Thinking About Strategy and International Security*, London：Harpercollins, 1991, p. 342.

第二节　丛林法则下的世界领导权

当今世界，人在地理学意义上属于世界，并且全球化浪潮下的个人特别是精英，越来越具有全球流动性；然而，人在政治学意义上却只属于国家（无论是单一国籍还是多国籍）。因此，保持其世界领导权仍是美国的核心利益之一。

从对外关系分析，美国梦是为美国人自己所享有的梦，而不是全世界所能够共享的梦。把握世界领导权是美国梦的重要内容，美国梦的实现以丛林法则为准则，实现个人梦想可以牺牲他人利益为代价，追求美国发展可以牺牲他国利益为基石。冷战结束后，国际社会出现美国主导世界的单极世界格局。美国主导全球化，以实现对全球的干预，这是单极时代国际政治的一个突出特点。① 随着单级世界格局向多极世界格局的发展，随着全球失序状态的加剧，世界事实上处于无政府状态，甚至世界上很多国家和地区不同程度陷入霍布斯所形容的丛林状态，使得基于丛林法则的美国的世界领导权面临挑战。

一　通过规则领导世界

为什么美国如此高度重视其所制定和主导的"游戏规则"是否被严格遵守？这是因为，有别于英国的"日不落帝国"的旧殖民统治方式，美国对外不采用直接殖民主义，而是以军事霸权为保障，通过更松散的方式，例如利用规则制定和秩序设计等，对其他国家或地区进行间接控制，以维护和加强美国在全球政治、经济和文化等方面的中心地位。② 通过美国梦进行意识形态输出，美国对其他国家或地区进行间接控制，维护和加强美国在全球政治、经济和文化等方面的中心地位，利用全球的人才和资源来加强美国国内的稳定与发展。

美国并非自其建国伊始就遵循这种用美国自身所主导的"游戏规则"来"管理世界"的方法。随着其国力的增长，美国对以英国、法国为代表

---

① Chalmers Johnson, *the Sorrows of Empire：Militarism，Secrecy，and the End of the Republic*, New York：Henry Holt, Metropolitan Books, 2004.

② G. John Ikenberry, "Illusions of Empire：Defining the New American Order", *Foreign Affairs*, Vol. 82，No. 2，2004，pp. 144 - 154.

的欧洲旧殖民主义的教训和不足进行总结，结合自身的意识形态和地理资源等方面的优势和特点，在其成为世界头号经济强国之后，在政治、文化、科技、军事等各方面建立和维护其世界霸主地位，从而建立"国际游戏规则"的管理方式。

回顾历史，由于美国国父华盛顿确立了孤立主义的外交原则，美国立国后的上百年间，除了对法国大革命表示支持，几乎从不对任何国外大事进行明确表态。随着美国国力的增强，1823年美国发表了门罗主义，自动将其在政治上和外交上的活动半径划定在西半球，宣告美国开始作为大国在国际舞台独立地发挥作用。1898年，美西战争揭开了"美国世纪"的大幕。

此后，随着奥匈帝国、德国、俄国、英国、法国以及日本等竞争对手相继衰落或者被击败，美国在世界秩序中开始占据主导地位。美国业已积累的巨大财富提供了其对外扩张的经济基础，进步时代建立的强大政府和有效社会治理等提供了政治和社会基础，美国人长期以来的"上帝的选民"政治神学使命感和自由主义传统提供了思想基础。

"要成为第一的思想特别强烈地延展到整个国家，我们被教导要爱美国，因为它是世界上'最伟大的国家'。这种假定仿佛意味着：如果美国不是那么伟大的话，它就不值得爱了。美国之所以'伟大'，是因为它有值得称赞的目的及策略，它有强大的军力，这么一来，'伟大'所表示的不再是'美德'而是'力量'。强烈的爱国者通常是最具黩武思想的人。由于美国的'伟大'部分来自美国要阻挠那些鼓吹不同类型社会秩序的革命者，对全世界的安危负责，因此'爱国'就必须赞同巨额的军事预算及在世界上实行军事干预"。这样使得我们相信，"自己的目的是崇高的，自己的动机是无私的，自己的行动是有利于其他民族的，因此我们假想美国有权去充当世界警察。"①

在上述基础之上，美国成功地卷入了第一次世界大战，一方面大发战争财；另一方面在凡尔赛会议上向世界宣告美国的理想主义，美国的对外政策从门罗主义发展为威尔逊主义。提倡民族自决、经济向全球开放、集体安全等思想的威尔逊主义的本质在于，以美国的价值观和制度标准作为国际秩序的原则，把美国塑造成国际正义的化身和担当者，占据了意识形态的制高点。

第二次世界大战结束后，世界上只剩下美国和苏联两个超级强国，这

① ［美］迈克尔·巴伦蒂：《少数人的民主》，北京大学出版社1980年版，第36—37页。

是美国从经济强国变成政治强国和军事强国的过程。美国具有了向世界推广美国梦的物质基础和精神基础，从上升时期发展到帝国主义时代，建立起输出军事、政治、经济和价值观的帝国外交体系。由于其在各项经济指标上都占据世界的绝对优势地位，基于罗斯福新政的基本理念，美国主导设计了第二次世界大战后西方世界的经济秩序：自由贸易规范、布雷顿森林会议确立以美元为中心的货币金融体系和以美国为中心的国际贸易体系、成立世界银行和国际货币基金组织贸易体系等。军事上以北大西洋公约组织为依托，建立了美国领导西方世界的军事霸权等。

但是，越南战争使美国政府的财政赤字连年扩大，不得不大量发行美元，美国陷入财政困难。1971 年美国政府被迫宣布停止履行对外国政府或中央银行以美元向美国兑换黄金的义务，也就是结束了布雷顿森林体系的稳定汇率，布雷顿森林体系彻底崩溃。与此同时，日本和德国的经济迅速崛起，在西方经济体系内部对美国的经济霸权构成了挑战。

20 世纪 80 年代，在第二次世界大战后国际经济秩序的基础之上，美国以新自由主义的理念和方式，对国际国内经济秩序进行了重构。自此，美国主导的经济全球化将自由市场经济奉为推动经济增长和繁荣的唯一正确路径。对美国乃至被卷入全球化的大部分部分国家而言，市场力量的统治地位打破了政治国家与市场经济之间的平衡。

对此，美国学者乔姆斯基曾经写道，

> "在上个千年的最后几年里，人们看到了一场自我吹捧的好戏。这场戏极尽肉麻浮夸之能事，甚至超过了人类历史上前几次不甚光彩的自我吹捧表演。政治领袖们宣称，要致力于崇高的'理想和价值'，建立一个'理想的新世界，消除一切不人道现象'。这种言论在人类有史以来还是第一次出现，委实令人心生敬畏。我们将要迎来一个文明与仁慈的时代；在这个时代中，所有的文明国家都将在美国的率领下（届时美国将'处在最辉煌的时刻'），本着'利他主义精神'和'道德热情'，为追求崇高理想而努力。"[1]

---

① ［美］诺姆·乔姆斯基：《霸权还是生存》，张鲲译，上海译文出版社 2006 年版，第 65 页。

美国用民主化运动来解释"非我族类"国家内部的社会抗议行为，再加上"人权高于主权"的政治口号，在其国内用上述解读影响民意的同时，也用它们作为政治、经济乃至军事干预他国的正当性来源。美国不仅再次主导国际政治经济秩序的重构，而且着力于向世界推动建立华盛顿共识，把美国梦所代表的价值观作为一种普世的行为准则与衡量标准进行宣传。

自1989年开始的苏东剧变，苏联领导的社会主义阵营的崩溃，使当时的美国赢得了意识形态的胜利，曾被美国学者福山总结为"历史的终结"，进一步增强了华盛顿共识的"普世意义"。全球化时代下的世界各地被全球化网络不断吸纳的同时，也帮助美国得以对世界任何"陷入麻烦的地区"进行迅速的干预。①

冷战结束后，在以美国为主导的单极世界格局之下，美国借助大众文化的传播和扩张，结合自己在政治、经济、军事以及科技等方面的综合霸权地位，通过各种渠道向其他国家和地区积极渗透和大力推行美国梦，使各地各国文化不同程度地呈现"美国化"的趋势，以削弱其他国家的意识形态甚至政权的正当性基础，维护以美国为主导的世界政治经济秩序。同时，在西方体系内部，美国用浮动汇率制为基础的新国际货币制度击败了日本和德国，这充分体现了美国所主导的"游戏规则"所能发挥的巨大作用，也进一步加大了美国通过"游戏规则"领导世界的动力和欲望。

二 世界领导权的危机

亚当斯的"为世界的思想和福利作出的最伟大的贡献"这个价值判定，充分体现了美国对外政策的"上帝的选民"心态：一方面，美国民众的主流价值观倾向于以基督教教义为准绳的价值取向；另一方面，美国政府和民众都有一种将自身价值观念普世化的理想主义冲动。但是，这一理想主义的"最伟大的贡献"是以美国本国公民的幸福为基础的，也就是说，基于其对自身利益的现实主义界定，美国的对外行为往往是国内价值观念和社会属性的延伸。内政和外交之间事实上存在互动关系，执政者通

---

① Chalmers Johnson, *The Sorrows of Empire*: *Militarism*, *Secrecy*, *and the End of the Republic*, New York: Henry Holt, Metropolitan Books, 2004. 冷战结束后，出现美国主导世界的单极世界格局。美国主导全球化，以实现对全球的干预，约翰逊将这种全球干预视为单极时代国际政治的一个突出特点。

过与国内国外不同利益集团结成联盟或者进行利益交换，使自己的执政合法性与施政正当性最大化。

第二次世界大战之后，整个亚非拉地区掀起了民族解放的浪潮。原来的主权国家重新建立，还建立了数十个新兴主权国家，也因此，民族国家的框架在几乎全世界范围内建立起来。但是，在老的殖民体系逐渐瓦解的同时，新的以美国为主导的西方暴力系统形成了，其规模与能量是世界上前所未有的：美国在第二次世界大战期间和第二次世界大战结束之后在世界各地建立的半永久性军事基地网络，"是没有历史先例的；历史上，没有任何国家在和平时期如此长久地把本国军队部署在如此众多的其他主权国家领土上。"①

1947 年，美国提出杜鲁门主义，其实质就是要遏制共产主义，以抵御"极权政体"为理由宣布干涉别国内政，控制其他国家的纲领和政策。20世纪七八十年代拉美国家的"债务危机"以及社会骚乱和人民生活急剧恶化的主要原因在于美国需要转嫁其制度成本，20 世纪 80 年代日本在广场协定后从黄金十年变成失去的十年，1997 年在对冲基金吞噬下爆发的亚洲金融危机等。而爆发于 2011 年初阿拉伯国家的民众街头政治凸显多米诺效应，起因却在于美国等西方国家转嫁本国危机而制造的全球通胀危机，粮价和原料价格陡涨使经济水平低、失业率高但又必须进口粮食或一般制成品的发展中国家普通民众生活难以为继。

通过全球化，美国试图创建一个全球性的资本主义民主帝国。② 在全球化浪潮中，分工将世界上的主要经济体分裂成三类国家：以美国、欧盟和日本为代表的资本和消费型国家，以中国和印度为代表的生产型国家，以中东、俄罗斯、巴西、澳大利亚为代表的资源型国家。在这三类国家中，由于贸易分工和金融分工不断深化导致全球经济金融结构出现失衡。

20 世纪 80 年代，美国以新自由主义的理念和方式，对国际国内经济秩序进行重构，也对国内的社会经济政策进行了重新定位。以跨国公司和私人金融机构为代表的资本力量与政治力量二者相结合，使得政治上推行美式民主、经济上奉行新自由主义的华盛顿共识成为美国梦的主要内涵。

---

① Stephen Krasner, "A Trade Strategy for the United States", *Ethics and International Affairs*, No. 2, 1988, p. 21.

② G. John Ikenberry, "American Power and the Empire of Capitalist Democracy", *Review of International Studies*, No. 27 (Special Issue), 2001, pp. 191–212.

美国着力于向世界推动建立华盛顿共识，把美国梦所代表的价值观作为一种普世的行为准则与衡量标准进行宣传。随着苏联解体和冷战结束，随着经济全球化的不断膨胀，美国梦在 20 世纪 90 年代越来越具有世界梦的雏形。

但是，在资本不受约束的全球化流动时代，美国的政治利益与资本利益紧密结合在一起，导致社会利益与经济利益产生直接冲突。当前美国的社会体制确保其精英阶层所拥有的特权地位的政治正当性，促进了统治阶层的联盟，极大降低了美国的社会流动性。美国特色的资本主义，由于产业空心化和财富分配不公平，正面临着高失业率、普遍的经济不平等和严重的两极分化，美国社会模式正确性的重要基石即相对经济平等性在遭受破坏。虽然美国的种族冲突在隐性化，但美国的政治权力日益难于制约资本力量，资本的肆意性正在破坏其政治的民主性，美国政府陷入国债危机和否决政治的困境之中，无力提供解决当前各种问题的有效方案。为了追求物质财富可以放弃道德、信仰等价值精髓的当代美国梦，由于缺乏有效监管的过度自由最终恰恰葬送了其所追求的自由，美国梦已经不足以阻止其自身社会的分裂趋势。

长期冷战后美国赢得"历史终结性"的胜利开始其所主导的单极世界格局，"把美国的国家意识形态甚至'美国'的存在本身发展成一种宗教式的信仰，这几乎是一种新的政治神学"[①]：在政治上，通过华盛顿共识、颜色革命、阿拉伯之春等方式强制推广美式民主和美国价值观；在军事上，发动阿富汗战争和伊拉克战争等，对世界任何"陷入麻烦的地区"进行迅速的干预；在经济上，虽然金融危机在美国爆发并蔓延至全球，但不断利用其国际金融霸权通过量化宽松等政策转嫁危机给他国……美国的国际形象自 21 世纪来不断恶化，其国际地位也处于相对下降的态势，国际格局向多极化发展，美国国家梦想的对内和对外两个方面之间的张力日益紧张。

随着世界格局从单极格局向多极格局发展，全球化推动世界各国走向现代化，各种新兴力量兴起。21 世纪以来，美国主导的"游戏规则"全球治理方式受到来自国内和国际两方面的挑战：首先，因为本土遭遇恐怖袭击，美国民众基于美国地理优势所具有的安全感遭受沉重打击；其次，因为美国社会贫富悬殊日益拉大、失业严重、社会流动性减弱等，美国国

---

① 赵汀阳：《美国梦，欧洲梦和中国梦》，《跨文化对话》2006 年第 18 辑。

内社会对自身体制是否具有绝对合理性开始存在质疑；再次，美国次贷危机于 2008 年爆发，从而引爆了 20 世纪初大萧条以来最严重的世界金融危机，美国经济陷入泥沼、自身的经济增长能力进一步萎缩，同时，国际社会对美国的不满和批评增多；第四，美国政治经济体制的结构性缺陷凸显，例如否决政治机制、财政悬崖问题等，使其被金融资本主义所捆绑而缺乏有效应对能力，自 2008 年以来，美国政府并未能采取有效的措施，刺激其经济的全面复苏；最后，美国力量处于相对衰落的趋势，以中国为代表的新兴力量迅速崛起，一定程度上威胁到美国模式所具有的先进性和普世性，寻求突破已经成为美国的当务之急。但是，不容否认的是，美国梦仍然是当今世界最具有影响力的梦想。

第三节　21 世纪的大分岔：以南海争端为例

中国和美国之间的合作关系仍然在发展，2015 年中国更是历史性地成为美国最大的贸易合作伙伴；但是，两国之间的矛盾和对立也在增强，这种对立根源于地缘政治和意识形态的原因，而不仅仅是由经济因素所决定的。① 下面以南海争端为例来分析中美之间的对立加剧。

亚洲取得的长足发展，得益于冷战后本地区相对和平与稳定的大环境。当亚洲绝大部分国家仍然将与美国的关系视为最重要的双边关系之时，实际上亚洲国家身份并未根本解决，依然是围绕在美国世界领导地位周围的附庸，并未能完全实现亚洲的自立自强。也正是因为这种无法自立自强，今天的亚洲处于"亚洲悖论"之中，具有两个侧面：一个是致力于实现区域经济一体化的"经济的亚洲"，另一个是被民族主义裹挟、成员间各有诉求的"安全的亚洲"。

自 1997 年亚洲金融危机以来，"经济的亚洲"促使亚洲区域经济一体化得到迅速发展，亚洲各国的经济政治联系日趋紧密，事实上已经挑战了美国长期以来在亚洲所扮演的领导者角色。因此，"两个亚洲"在美国继续其世界领导权的努力之下，现在处于越来越激烈的冲突之中，让美国作为亚洲安全提供者的角色得到了强化。为了弥合这"两个亚洲"之间的冲

① Aaron L. Friedberg, *A Contest for Supremacy: China, America, and the Struggle for Mastery in Asia*, New York: W. W. Norton & Company, 2011.

突，就必须让亚洲成为亚洲，也就是说，让亚洲人在思维方式和行为方式等各方面重新赢得自主，而不是自觉不自觉地将自己视为附庸。

西方世界一种常见的说法是，因为中国的崛起、中国的体量变大了，所以会挤占别国的空间、给现有国际秩序带来不平衡性威胁。言下之意就是中国破坏了相对和平与稳定的大环境，给亚洲整体的发展带来了威胁。因为这种所谓威胁的存在，危害到了周边国家的安全，所以，美国以此为理由来"保护"南海地区安全，日本以此为理由推动解禁集体自卫权，菲律宾和越南等国以此为理由与中国发生种种冲突——似乎中国太容易被惹，是因为中国先"惹"了别国。在这样一套"中国威胁论"的话语体系之下，显然中国被包装成为亚洲既有秩序的"破坏者"。

东亚地区新兴经济力量崛起，世界经济中心逐渐向以中国为代表的亚洲转移，东亚和东南亚地区的能源消费量巨大并且需求增长迅速。这种世界经济中心的转移与美国在军事霸权地位事实上的不断加强形成了分岔——世界军事和经济力量的分岔。这种分岔使得从资源、军事和安全等多个角度考虑，南中国海地区的战略地位日益重要。

南中国海包括东沙、西沙、中沙及南沙群岛，西南起新加坡和马六甲海峡，东北部延伸至台湾海峡，西太平洋的一部分，牵涉到许多国家和地区的利益，是个非常敏感的区域。21世纪以来，随着世界经济权力中心逐渐从欧洲向亚洲转移，南中国海被视为中国与美国硬实力竞争的地理中心[1]，围绕着究竟哪个国家对南中国海的具体岛礁或者具体海域实施行政管理具有合法性，形成了"六国七方"的争端局面。

长期以来，美国始终坚持在南中国海有航行自由和飞越自由，企图视南中国海为由美国势力所掌控的"公海"。近年来，随着"重返亚太"战略，多次声称南中国海地区事关美国的国家利益，要确保美国在该地区的绝对航行自由。[2]

南北差异、贫富悬殊等在不断扩大，导致权力的领土逻辑之间的冲突

---

[1] Robert D. Kaplan, "While U. S. is distracted, China develops sea power", *the Washington Post*, September 26 2010, available at: http://www.washingtonpost.com/wp-dyn/content/article/2010/09/24/AR2010092404767.html, accessed March 26, 2014.

[2] Office of the Press Secretary, White House, *Joint Statement of the 2nd United States-ASEAN Leaders Meeting*, Washington, DC, September 24, 2010. U. S. Secretary of State Hillary Clinton, "Statement on South China Sea", Hanoi, Vietnam, July 23, 2011.

加剧，进而使得非均衡性的地理环境因素更加凸显。非均衡性地理环境不仅包括资源的高度不均衡分布，还包括财富和权力通过非对称性交换所形成的高度集中。① 非均衡性的地理环境因素的凸显是南海争端加剧的重要原因：历史上越南政府长期承认南沙、西沙岛礁是中国的领海、领土，包括1958年越南范文同总理声明对此进行了承认；但是，越南事实上以法国殖民时期的版图占据南沙、西沙岛礁。越南、菲律宾等国家自20世纪60年代开始已经实施了侵占南中国海多个岛屿的行为，并逐步提出主权要求；但直至21世纪，围绕南中国海主权问题所产生的政治权力之间的地缘冲突才逐步激化。这一方面与1982年《联合国海洋法公约》等为代表的现代海洋法的发展密切相关，根据这些海洋法的相关规定，越南、菲律宾等国可以立法等形式对南沙群岛的全部或部分岛礁提出主权要求。② 另一方面，以美国为代表的在现有非均衡性地理环境中处于优势地位的西方国家，需要保持甚至扩大其垄断性地位，以实现"在损害其他领土利益的情况下，获得更多的财富和幸福。"③ 因此，美国对南海争端的介入和干预，既符合美国自身领土逻辑，也符合美国所保护的资本力量的逻辑要求。

在现有非均衡性地理环境中，包括中国在内的南海争端的"六国七方"都处于相对劣势地位。这些处于劣势地位的国家，基于权力的领土逻辑，一方面有建立和发展开放与公平的世界市场的共同要求，使得以能源为代表的稀缺资源在国际范围内得以进行公平和自由的市场流动，保证其经济增长和资源安全④；另一方面希望本国更多占有各种稀缺资源，赢得某种垄断性地位，以增强自身的国际竞争能力。因此，这些国家既有改变现有非均衡性地理环境的要求，又希望能够在现有非均衡性地理环境中获得更多自身利益。

哈维判断，由于美国对于世界经济增长的贡献率持续下降，对于美国而言，"当前，权力的领土逻辑与资本逻辑之间的关系显然处于高度紧张的状

---

① David Harvey, *The New Imperialism*, New York：Oxford University Press, 2003, pp. 31 – 32.

② Clive Schofield and I Made Andi Arsana, "Beyond the Limits?：Outer Continental Shelf Opportunities and Challenges in East and Southeast Asia," *Contemporary Southeast Asia*, Vol. 31, No. 1, 2009, pp. 28 – 63.

③ David Harvey, *The New Imperialism*, New York：Oxford University Press, 2003, p. 32.

④ 于洪源：《全球能源治理的功利主义和全球主义》，《国际安全研究》2013年第5期。

态。"① 资本的空间逐利性，使得全球财力和生产力正在不断向东亚和东南亚地区、特别是向中国集中。这种权力的资本逻辑中心的转移，一方面导致权力的资本逻辑在这些地区和国家具有越来越大的影响力；另一方面也增加了改变该地区现有非均衡性地理环境的可能性，也就是说，权力的领土逻辑和资本逻辑二者的结合体在一定程度上产生了分裂，导致南中国海地区空间性垄断力量的基础发生动摇，使得南海争端复杂化和易于激化。

所以，在这样一种高度紧张的状态之下，不能仅仅将南海争端局限于"六国七方"对自然资源的争夺这一层面，应当更进一步分析试图改变和竭力保持现有非均衡性的地理环境这两种不同利益要求之间的冲突，这种冲突不能仅仅被描述为"南中国海"与"西美国海"之争，还应当强调东南亚诸国的利益参与。

东盟是美国第四大出口国和第五大贸易合作伙伴②，无论是"泛太平洋战略经济伙伴关系协定"（Trans-Pacific Partnership，TPP）、"美国—东盟扩大经济合作"（U. S. – ASEAN Expanded Economic Engagement，E3）行动计划、《东南亚友好合作条约》（TAC），还是对东南亚国家开展所谓"巧实力"外交、美国积极介入南海争端，都是美国保持其在亚太地区垄断性地位、抵挡中国力量增长的举措。③ 但是，东盟对美国经济的依赖度正在逐步减少，对中国经济的依赖度迅速上升。

权力不是一种单向作用力（force），而是一种双向性关系（relation）。④如果支配国引领多个国家朝其所预期的方向发展、且这种引领和发展被认为是在追求一种共同利益，那么就超越了单向的"支配"，而是得到了"认同"。⑤ 能够使支配国领导权得到膨胀的不是单向作用的支配权或强制手段，而是基于"认同"而建立起具有共同利益的双向性"关系"。现在，在南中国海地区，这种以"认同"为基础的双向性"关系"所具有的

---

① 于洪源：《全球能源治理的功利主义和全球主义》，《国际安全研究》2013 年第 5 期。

② Office of the United States Trade Representative, " Association of Southeast Asian Nations (ASEAN)", available at: http: //www. ustr. gov/countriesregions/southeast-asia-pacific/association-southeast-asian-nations-asean, accessed November 25, 2013.

③ Douglas Paal, "The United States and Asia in 2012: Domestic Politics Takes Charge", pp. 12 – 21.

④ Max Weber, *Theory of Social and Economic Organization*, Glencoe: Free Press, 1949, p. 324.

⑤ Giovanni Arrighi and Beverly J. Silver, *Chaos and Governance in the Modern World System*, Minneapolis: University of Minnesota Press, 1999, pp. 26 – 28.

张力在增加。过去一个世纪，美国得以对南中国海地区具有支配权力的根本原因在于：有能力"输出富裕"，是其软实力的根基所在；有能力"输出保护"，是其硬实力的重要组成部分。

目前，美国"输出富裕"的这种能力处于衰退之中：东南亚金融危机提升了美元的地位，却使泰国、印度尼西亚、马来西亚等国经济陷入困境。21 世纪以来，中国带动东盟经济发展的贡献率已经超过美国，2013 年中国与东盟的进出口贸易额为 4436.1 亿美元，同比增长 10.9％，中方顺差445.3 亿美元，顺差额为 2012 年的 5.3 倍，体现出中国与东盟区域经济之间的互动活力。作为东盟第一大贸易伙伴和第一大出口目的地，中国事实上已经成为带动东南亚地区经济发展的主要力量，该地区多个国家经济发展与中国经济的相互依存度和经济融合度也在迅速提高。

2014 年 5 月国际货币基金组织（IMF）一份最新的名为《亚太区域经济前景》的报告显示，以马来西亚、泰国等为代表的全部 11 个出口型亚洲国家，在 1995 年都将日本作为更大的出口市场；在不到 20 年之后的2012 年，这其中有 10 个国家对中国有了相比日本更大的依赖，而且大多数情况下都遥遥领先——只有印度尼西亚对日本出口了更多的商品。

正如 IMF 经济学家罗梅恩—杜瓦尔（Romaine Duval）所说："中国是其中的核心，不管是作为组装港还是最终需求的来源——而后者已经越来越明显。"显然，从这份报告来看，亚洲区域经济正越来越依赖于中国。自 20 世纪 70 年代以来，日本是曾经长期占据"世界第二"位置的亚洲唯一的发达国家，但是，即使在日本经济最辉煌的 20 世纪七八十年代，日本所提出的能够带领亚洲国家发展的"雁行模式"最根本的前提还是依靠美欧等外部市场的出口导向型经济模式，日本自身无法提供可以消化亚洲各国经济成长的内需市场。

自 2005 年前后，中国已逐渐从亚洲多国的双边贸易中的贡献者变成汲取者，吸收了亚洲多国的资源，使大部分的亚洲国家在贸易和经济上越发依赖中国，也就是说中国巨大的体量自身使中国能够在地区经济整合中占据主导地位，其最核心的因素就是不断成长且极具潜力的内需市场。中国的优势在于庞大的内需市场使摆脱对欧美发展模式与欧美市场的依赖、单独创造一种发展模式成为可能。

这就形成了很多亚洲国家经济上靠中国、安全上靠美国的"亚洲悖论"。这一"亚洲悖论"体现了亚洲地区力量对比开始发生根本性的转变，而一系列"出人意料"的中国南海矛盾激化正是全球地缘政治变局的缩影。同时，这一"亚洲悖论"显然对美国维持其在亚洲地区的绝对领导权具有不利影响，因而有了美国"重返亚洲"举措。奥巴马在西点军校的演讲中明确表示，"美国是一个不可或缺的国家，而且至今仍然如此。这是上一个世纪的现实，也将是下一个世纪的现实。"为了凸显这种"不可或缺性"，美国当然不希望自己在亚洲地区的影响力仅仅局限于安全层面，而非经济领域，因为后者最终会危及前者的基础。

因此，美国需要加强自身"输出保护"的能力。美国在不断表达"发展美中新型大国关系"、软硬兼施推进对华贸易合作之时，很难作出为了"保护"菲律宾等国家与中国直接发生武装冲突的决定。一方面，美国以美菲盟国关系为基础，通过提供军事与经济援助等加强联盟关系，通过菲律宾对中国在南中国海地区影响力进行限制，甚至引发局部冲突，将其作为美国亚太战略的重要组成部分。① 为了输出危机，美国抛出了全球失衡的根源是中国等新兴市场国家高储蓄率的论调，将危机的根源归咎于中国，力图推卸肇发危机的责任。而目前中国面临的南海危机更是具有浓厚的危机输出的色彩。

另一方面利用自己的影响力使南中国海地区的局势复杂化和混乱化，将南中国海地区的各种双边或多边主权争端演变为一个国际性争端。各国受困乃至受害于这种混乱秩序之时，对建立或者维护某种秩序就会存在共同需求或共同利益。将中国"打造"为侵害或者威胁东南亚国家安全与利益的"非正义者"，而美国作为"民主政权"的典范，基于对民主和人权的支持，所以对"受害"的东南亚国家出手相助。美国将自己"定位"为东南亚诸国的利益保护者、对抗中国在该地区的新"霸权"地位，以期从中获得巨大的政治、经济和军事利益。② 正因为美国这种强烈的"出手相助"愿望，尽管今天的亚洲仍然是世界上最具发展活力和潜力的地区，但也是安全形势最复杂严峻的地区之一，也使得"经济的"亚洲和"政治的"亚洲之间的分岔难于弥合。

但是，美国上述两个输出能力之间的分岔决定了，除了美国的盟国菲

---

① Renato Cruz De Castro, "The US-Philippine Alliance: An Evolving Hedge against an Emerging China Challenge", *Contemporary Southeast Asia*, Vol. 31, No. 3, 2009, pp. 399 – 423.

② Matthew Baker, "Counteracting Chinese Hegemony in the South China Sea", *American Security Project*, August 2012.

律宾，在南中国海地区和中国发生领土争端的其他国家会希望在美中角力中更多地赢得自身利益，而不是将美国维护其垄断性地位的行为认同为其共同利益所在，这反过来有利于南海争端在动荡中保持基本稳定、中美关系在竞争甚至某种程度的冲突中经济合作仍进一步加强的格局。

第八章

共同挑战与机遇：
风险社会与全球化

"人们自己创造自己的历史，但是他们并不是随心所欲地创造，并不是在他们自己选定的条件下创造，而是在直接碰到的、既定的、从过去承继下来的条件下创造。一切已死的先辈们的传统，像梦魇一样纠缠着活人的头脑。当人们好像刚好在忙于改造自己和周围的事物并创造前所未有的事物时，恰好在这种革命危机时代，他们战战兢兢地请出亡灵来为自己效劳，借用它们的名字、战斗口号和衣服，以便穿着这种久受崇敬的服装，用这种借来的语言，演出世界历史的新的一幕。……"

——《马克思恩格斯文集》第 2 卷，人民出版社 2009 年版，第 470—471 页。

世界潮流，浩浩荡荡，顺之者昌，逆之者亡。今天的现代性不仅仅是多元的（即多纬度的），也是多样的（即复数的）；现代社会带来了繁荣，也因为激烈的变迁导致各种现代病的出现。经济全球化是当代经济发展的一种趋势，对世界各国来说，既提供了前所未有的历史机遇，也提出了严峻的挑战，既可能从中获利也有可能受损。在全球化时代，各国相互联系、相互依存成为命运共同体。世界各国需要充分发挥比较优势，共同优化全球资源配置，完善全球产业布局，以建设利益共享的全球价值链。在全球化浪潮中，中国梦和美国梦不仅仅存在竞争关系，还需要共同面对现代性和全球化带给世界的诸多挑战。

第一节　风险社会与现代病

工业化、资本主义、国家对信息的控制和对社会的监督，以及对暴力手段的支配和战争本身的工业化，构成了现代社会的四个基本维度，缠绕在一起共同编织了现代社会的总貌。现代性是一种双重现象，现代社会的发展，及其在全世界范围的扩张，为人类创造了数不胜数的享受生活的机会。但是，现代性更有一个极大的阴暗面。韦伯认为，现代世界是一个自相矛盾的世界，人们在其中要取得物质的进步，必须以摧残个体创造性和自主性的官僚制度的扩张为代价。① 现代性的发展不仅强迫许多人臣服于愚蠢的纪律和重复的劳动，更具有破坏社会结构、社会伦理和毁灭物质生态环境的潜力。这就使现代社会变成了风险社会，而现代社会的脆弱性也导致现代社会病成为中国和美国所面对的共同性问题。

一 不平等与风险管理：风险社会

在现代社会体系形成过程中，工业化和资本主义的极度发展改善了社会大多数成员的物质生活水平，但同时带来了核危机、生态危机等足以毁灭全人类的巨大风险。② 工业社会运行机制压缩了人们的生存空间，随着社会分工越来越精细、越来越专业化，个人越来越依赖于整个社会运行系统而生存。国家对信息的控制和对社会的监督，以及对暴力手段的支配和战争本身的工业化等因素使得国家对个人的掌控能力不断增强，一项决策可能毁灭地球上的所有生命。③

工业文明和城市化二者都需要精细的社会运行系统提供保障，任何一个社会运行环节出现故障，都有可能对整个系统造成威胁，而这是现代社会所不可承受之重——形成了现代社会的脆弱性。现代社会中的个人被卷入工业化和资本主义链条之后，越来越依赖社会而生存——进而加强了现代人的脆弱性。这种双重脆弱性使得个人和社会对现代国家管理的专业性和技术性提出了更高的要求。

但是，越是先进的文明，越是对自然进行强有力的征服，这种征服将面临的风险，维持这种文明所需要的代价，就越变幻莫测。越是依赖专业性和技术性的管理，就越依赖制度性规范下的社会运行，而忽视了突发性事件可能造成的现有技术和规则所从未预设的破坏性，将人限定

---

① 黄平：《解读现代性》，《读书》1996 年第 6 期。

② ［德］乌尔里希·贝克：《从工业社会到风险社会（上篇）——关于人类生存、社会结构和生态启蒙等问题的思考》，王武龙译，《马克思主义与现实》2003 年第 3 期。

③ 同上。

于制度框架之内而忽视了人的创造性和参与度，就会使得整个社会运行系统遭受系统性崩溃的危险。随着工业文明不断发展，现代社会脆弱性不断增长，应当建立有效的纠偏机制以对这种专业化管理所形成的依赖性进行纠偏。

由于现代国家控制信息、监督社会和支配暴力手段，相较于前现代国家，其掌控能力和对国民的庇护能力大为增强。更多权力就意味着更多责任，国民对政府承担广泛的公共事务责任也会不断提出更高的要求。一旦现代社会脆弱性爆发导致社会系统运行失灵，又因为政治官员体系与专业性管理机制协调失灵、而不能履行其承担社会公共事务的承诺，甚至"我们身处其中的社会充斥着组织化不负责任的态度，尤其是，风险的制造者以风险牺牲品为代价来保护自己的利益"，那么就会爆发现代政治国家的脆弱性危机。①

日本大地震以及引发的海啸、核泄漏，美国的飓风灾难处理不力等一系列破坏性事件就突出了这三种脆弱性：现代社会的脆弱性，专业化制度化管理自身的脆弱性和政治运行机制的脆弱性。

现代国家制度设计和社会管理虽然在一定程度上帮助现代人克服处于现代社会中的心理脆弱性，但并不能从根本上克服现代社会运转的脆弱性。一方面，"创新"被教条化为"先进"的代名词，但"创新"仍处于商业、科学和技术等的管辖范围内，并不受到政治国家的直接规制而事实上在发挥塑造社会的领导性作用。② 另一方面，政治国家有责任应对"创新"带来的各种风险，运行国家机器的具体个人为了降低个人责任又倾向于依赖或遵循既有的制度设计，就会导致施政失去其灵活性和应急性。此外，政治人物和官僚体系之间的协调问题处理不当，引发政治领导和专业管理二个群体之间的摩擦和矛盾，就会导致整个政府运作机制的脆弱性增强，尤其在面对突发性破坏事件的时候，因为组织松散而降低其工作效率。

尽管文官制度源自于中国，但从英国 19 世纪建立文官制度以来，文官制度成为西方成熟的民主国家机器的"骨架"。经由选举产生的政治人物群体和官僚体制（或者说文官制度）是互为补充的：前者是在代议制民

---

① ［德］乌尔里希·贝克：《风险社会》，何博闻译，译林出版社 2004 年版。

② 同上。

主政治下，因为经过选举而具有了正当性地位；后者由专业化人才组成，应当具有非政治党派性、非人格化、强等级化和精细的专业化分工。在理想模式下政治人物应当居于官僚体制之上，实施政治统治。而官僚体制应当服从于代议制民主，作为"技术性专业化官僚"，履行其行政管理职能，中性地执行各项政策。这种代议制民主和专业主义互相配合、互为纠偏的理想模式，构成了西方民主克服现代社会脆弱性的重要机制，美国也具有这样的体制特点。

由于现代社会的快速发展，公共事务日益复杂化、综合化、技术化，导致公共行政专业化的趋势不断加强。能够赢得民主选举的政治人物由于专业知识的局限，在立法、行政等领域不得不受制于专业化的官僚行政机构，因此使得官僚体制赢得越来越大的自主性。随着公共事务的增多，官僚体制的规模日益庞大，官僚体制对政治人物的反制约能力随之也越来越强。理想模式毕竟只是停留于理想，实际情况是西方各国都或多或少存在着政治人物和官僚体制之间的矛盾，例如，2011 年 1 月奥巴马在其国情咨文中用鲑鱼讲笑话就显示其改革官僚体制的雄心。

尽管中国政府在较长一段时间内反复强调要从"全能政府"转变为"服务型有限政府"，但至今尚未改变因"全能政府"所导致的"全责政府"的现状，这就使得快速发展的中国社会面临日益膨胀的高风险，政府因此处于负荷日益加重的"全责"之中，这就必然对中国政府的施政效能提出更高要求。中国没有施行美国式的选举政治，也没有明确的政治官员和行政官僚之间的区隔，但是，中央—地方关系、各部门利益等形成了错综复杂的条块关系，这些条块关系既有利于稳定中国的政治架构，也反过来对改革形成一定的阻碍作用，容易形成政府自我革新的步伐滞后于风险社会发展、政府不善于应对各种突发风险的尴尬局面。

二　脆弱性与社会排斥：现代社会病

现代社会中，除了贫穷与不平等这些传统的社会问题，存在另一个新的现代社会问题——社会排斥，导致各种社会矛盾、冲突乃至极端行为频发，这印证了韦伯对于现代性摧残个体创造性的判断。

波兰尼对 19 世纪工业革命进行分析之后，得出社会体系自身的完整性与工业增长之间的消长关系，以及社会与市场之间的双向运动，证明了"自我调节市场"这一西方思想的乌托邦的破灭，号召"还市场于社会"。① 进入 20 世纪，如亨廷顿所说，劳工组织被普遍认为是工业社会的一个自然特征。第二次世界大战后，长期的社会冲突终于赢得了其斗争结果——欧洲国家普遍实现了政治普选。此外，由于残酷的战争冲击，对人和对社会价值的重新认识，欧洲各国也纷纷建立了各自的福利国家制度。

在经济参与自由化、政治参与普遍化和福利资本主义国家制度相继建立的情况下，欧洲和美国的社会稳定日益遭受社会排斥的威胁，这既体现了人的社会需求的复杂性，也表明了现代社会中个人的脆弱性。社会排斥是一个相当动态复杂的过程，同时也是一个多面向、多元性与多重剥夺的结果，这些被排除的群体或者个人缺乏能力或者渠道赢得社会机会，使得个人或者群体不能充分参与他们所处社会的经济、社会和政治生活。从经济排斥的角度来看，当个人被劳动力市场排斥在外，个人很难重新进入而实现对经济参与的融入，并且因为不能融入劳动力市场而易于被消费市场所排斥，甚至无家可归；从社会排斥的角度来看，个人由于不能经常使用社区的公用设施，公共事务参与程度低，家庭中和家庭外的闲暇活动机会少以及弱社会网络等，产生孤独感；从政治排斥角度来看，个人不积极或者缺乏参与政治活动的渠道。②

相较于传统社会结构保持较好的发展中国家，社会排斥的问题在个人主义盛行的发达国家更为突出。社会排斥经常与贫富差距、机会均等联系在一起，因为一些特定的群体总是较之于其他群体更容易遭受排斥；社会排斥同时也与精神类疾病有着密切联系。在美国，社会排斥与以校园血案为代表的犯罪行为之间有着越来越紧密的因果关系。持续上升的犯罪率表明，越来越多的人感觉不到自己存在于所处社会的价值感。当合法的手段满足不了他们确保其所需的基本社会经济地位时，他们就往往转向采用犯罪方式乃至极端行为。因此，社会融合政策受到了高度重视，如何实现真正意义的广泛社会参与成为欧美治疗"现代社会病"的主攻方向。

现代社会病现在也成为中国社会面对的问题。在毛泽东时代，社会主义运动相当程度上瓦解了家族制度，而单位制度是政治组织、经济组织、

---

① Karl Polanyi, *the Great Transformation*, New York & Toronto: Farrar & Rinehart. Inc. , 1944, pp. 3 – 7.

② Anthony Giddens, *Sociology*, Cambridge: PolityPress & Blackwell Publishing Company, 2001, pp. 323 – 325.

道德组织和社会组织的融合体，因而形成了"个人—单位—国家"的社会结构。个人被吸纳到"单位"这个"小社会"中，也较少和国家发生直接利害联系。自20世纪90年代后期以来，因为对盎格鲁－撒克逊发展模式的高度崇拜，以及对市场经济的迷信，让中国的人口流动从广度到速度都呈现前所未有的发展，经济与社会转型快速进行，传统的农业家庭结构受到巨大冲击，城市的单位制度也基本被瓦解。

在这样一种大瓦解的过程中，个人价值得以脱离"小社会"，赢得个人发展的自由空间；而与此同时，个人也难于得到"小社会"（社群组织）的庇护，安全感大大降低，转而对"大社会"抑或国家提出更高的安全保护要求。因此，"个人—国家"的现代社会结构初现雏形。但是，越是简单化的社会结构，国家与个人之间的利益冲突就会越直接和激烈，这个二元结构因为缺乏传统的中间组织的缓冲和协调，而变得脆弱。

一方面，一个现代意义的统一的大社会逐步出现，而非以前相互独立的由家族或者单位等多个"小社会"组成；另一方面，家国同构的政治文化却没有得到根本改变，政府治理并未跟上大社会形成的步伐，反而在应对各种新问题时多采用"控制"而非疏导，被迫采取"全能化"的方式，形成一个怪圈：出现某个新问题，就加强某个方面的控制；新问题越多，越疲于应付；越疲于应付，新老问题就交织出现，需要应付的问题就会更多。

此外，这个疲于应付的治理怪圈背后还有一个中央—地方利益非一致性的矛盾支撑：唯有中央政府对政权正当性承担最终责任；而地方政府是层层对上负责，各级政府的施政行为的错误最终却是以中央政权的正当性埋单的。在发展主义占据霸权地位的时代，经济增长、政治稳定都可以成为地方政府追求政绩的目标，而社会发展却是一个极其难于量化甚至"费力不讨好"的工作，往往流于形式。

但是，市场经济并非伦理经济，人却不能单纯作为经济动物而存在，相反有着强烈的伦理需求和安全要求。虽然经济的迅速发展使得国家具有改善社会福利的能力，但是也同时使得相当数量的民众陷入社会排斥的困境：体制内与体制外冲突，城乡差异，地区差异……社会迅速转型与利益群体的逐渐固化，使得一些个人和群体在社会中被逐渐边缘化。当个人面对"大社会"感到孤立无助，甚至遭受社会排斥时，对社会不满，对政府行为正当性表示质疑，对正规渠道解决不满表示失望，甚至系列校园血案所反映的报复社会的情况出现，也就不足为怪了。这种社会排斥所导致的极端社会报复行为，对作为一个整体的社会安全和人民幸福造成威胁和伤害。要从寻找社会排斥的根源入手，而不仅仅是以头痛医头、脚痛医脚的方式去减轻其后果。

为了减缓社会排斥，首先应当确保劳动力市场的合理运转。在现代社会中，工作不仅仅给个人带来收入，同时也是个人身份和自我价值感的源泉，大多数人的社会网络和社会角色也源自于其所从事的工作。因此，是否从事工作，是否得到有效的劳动保护，是否得到合理的工作收入，是实现社会融合的关键机制。

其次，应当确保正当申诉途径和合法保护手段的有效性。政策制定、施政行为等的正当性有利于减少社会不满的发生。而现代社会应以司法作为权利纠纷的终极性处理机制，因而司法是否公正和有效是吸收社会不满的重要保证。尤其对于弱势群体当事人，完善的社会救助和保障机制有利于减少他们被社会边缘化的感受，进而尽可能避免极端行为的发生。

再次，应当完善和加强基层社会治理。基层政府不仅仅是政治国家、经济国家，也应该是社会国家的基层细胞。因此，基层社会治理模式应当进行相应的转型，以促进社会融合作为主要政府行为目标之一。建立公众社会参与机制、建立心理安抚机构、加强社会工作的力度和广度、加强社会自我疏导功能、完善针对被社会排斥者的特殊机制、促进社区建设和社会群体建设等等，都应当成为基层社会治理的主要工作内容，以适应现代社会中"脆弱的"现代人的社会管理需求。

第二节　经济全球化与政治治理

与现代社会的工业化、资本主义、监督、暴力手段四个维度相对应，全球化表现为国际分工、资本主义世界经济系统、民族—国家体系和世界军事秩序四个方面。[①] 全球化首先是因资本力量带动经济全球化，随后带动资本、技术等多种元素的全球化；因此，包含了全新的政治意义和文化意义。在全球化过程中存在各种各样的问题，例如跨国大资本和大资本集团在全球化过程中把弱势群体和弱势地区变得更边缘化、区域化，其实是如何把他们排除出去。这些问题既体现为资本力量随着全球化浪潮

---

① 黄平：《解读现代性》，《读书》1996 年第 6 期。

对政治国家构成越来越严重的挑战，也体现为全球危机下政治治理的共同困境。

一　资本力量对政治国家的挑战

教皇弗朗西斯（Pope Francis）的首部宗座劝谕书《福音的喜乐》批判了现代资本主义制度的种种弊端，写道，"资本主义的本质是谋杀"，"资本主义是新的偶像崇拜"。随着国际金融帝国的日益膨胀，流动的金融资本在不断改变和塑造着世界格局。

（一）资本力量与政治国家的角力

资本与政治的结合使得国际形势变得更加复杂。与有边陲而没有边界的古代国家不同①，现代国家的产生几乎同时创设了两个具有共同性质的概念：不仅通过发明个人权利而发明了政治意义上的"权利个人"，而且通过发明主权而发明了"主权国家"。② 在以美国为代表的资本主义国家，资本主义经济体制是一个少数人制定的隐形规则，而大众民主政治制度是一个多数人决策的现行规则，"少数人"和"多数人"都是处于这个国家内部的社会成员，因而在一国内部形成了一个脆弱的三角平衡关系，即"资本主义经济—大众民主政治—多元社会利益"，其中相对立的劳资关系由于政府的规制和公共支出而得以协调。

但是，经济全球化让现代国家的"边界"变得再度模糊化，因为全球化带来的结果之一就是，全球经济游戏主体是"法人化"的企业，而企业因为大公司的结盟和相互持股、因为具有瞬间性的货币市场的"非法人化"和无处不在，就变得越来越"非国家属性化"，使得政治国家对此难于监管。同时，个人也越发陷入身份认同的困境，政治边境日益模糊化，这给政治国家治理和全球治理都带来了新的挑战。一方面政府在新自由主义教条下坚信财政紧缩政策，另一方面资本的全球流动事实上也是躲避政府征税的重要方法、反过来削弱了政府的财政能力。

经济全球化与各国追求经济自主性、独立性这两种利益追求之间的张力日益明显。③ 前者体现为资本力量日益突破主权国家的约束，在全球范

---

① ［英］安东尼·吉登斯：《民族、国家与暴力》，胡宗泽等译，生活·读书·新知三联书店1998年版。

② 赵汀阳：《从国家、国际到世界：三种政治的问题变化》，《哲学研究》2009年第1期。

③ 龚柏松：《经济全球化对国家主权的挑战》，《江汉论坛》2004年第3期。

围进行扩张，导致各国在经济上日益相互依赖，甚至相当多数国家，尤其是发展中国家的经济自主性日益被国际资本力量所侵蚀，由发达国家与国际资本力量联手建立的国际经济规则不断地改变着各国国内相关立法与实践。同时，资本为了追求利益最大化，寻找成本最低、法律管制最宽松的投资环境，大量工厂转移到亚洲等发展中国家和地区，发达国家中下层人民的就业机会不断减少，由失业而引发的各种社会矛盾日益激化，例如中国在成为"世界工厂"的同时却不得不面临严重的环境污染、贫富差距、社会冲突加剧等问题。各种由经济全球化带来的社会问题需要各主权国家解决，不断攫取利益的资本力量由于其非道德性而对此完全不必承担责任。也就是说，各主权国家的国家财政汲取能力必须不断增强，本国经济必须提供足够的就业机会，以确保充足的资源去解决本国的社会问题，避免由于社会危机而引发政治危机。

而国际资本为了攫取利益，必须依靠政治力量，通过国际政治交易促进商业利益，这就是为何各国政府首脑出访时，其随行团员的相当部分是各大企业老板的原因所在。跨国企业和国际金融机构的总部大都位于以美国为首的发达国家，一方面，这些国家的政治利益与国际资本利益相结合，缔造国际金融帝国和贸易帝国，以非军事化的"看不见的手"去影响甚至掌控其他国家的经济主权；另一方面，这种政治和资本利益的联盟，在对外扩张和攫取的同时，却使得本国内部创造力和活力降低，社会差别和社会矛盾加剧——这种矛盾表明，追求主权国家自身政治利益的政治国家与寻求资本利益最大化的国际资本二者，在最终价值追求上是不同的。这就使得全球化背景下的国际社会，呈现各国国家利益、各国内部政党矛盾、社会矛盾、国际资本利益与国际政治关系等各种因素的相互纠结，从而出现前所未有的复杂局面。

在这样一种复杂的国际形势之下，面对两种张力之间的矛盾，多国人民对于经济全球化本身产生了怀疑。但是，在主权国家对国际资本的控制能力较弱的情况下，只能选择突破对某种力量的依赖，加强自身的经济自主性和独立性。这是一场资本扩张的贪婪性与非道德性与政治国家的社会责任、人类的社会性本质之间的赛跑。而具体到各个国家，谁能够抢先在新的格局形成之前进行变革，谁能够再塑并加强自身相对于资本霸权的自主性和独立性，并对未来世界格局的形成施加自己的影响，谁就能在下一轮的国际竞争中占据优势。

（二）全球治理的悖论

在全球化力量推动下，由美国和欧洲等发达国家主导的各国合作模式"全球治理"（Global Governance）模式曾经风靡一时，被视为解决全球安全等问题的完美途径。[①]

"全球治理"的概念出现于 20 世纪 90 年代初期。在那个时代，一方面，东欧剧变、苏联解体，冷战正式结束以后，各种国际力量在激烈变动中重新组合；另一方面，以美国为代表的西方阵营历史性地赢得了其所主张的准则和价值观的政治正当性，老布什在 1991 年提出的"世界新秩序"（A New World Order）的概念开始发酵，"华盛顿共识"所代表的新自由主义资本主义模式和其所推动的全球化浪潮席卷全球，因而具有了领导全球的力量和基础。在这样一种既动荡又迷惘的时代背景下，人类历史的发展方向是什么？这一历史性问题引发了全世界的关注，其中最有影响力的思考之一莫过于福山的"历史的终结论"。但是，在美国霸权主义力量迅速膨胀的同时，多极化力量的发展也不容忽视，因此，在美国等主导下的"全球治理"的概念应运而生，成为见证和引导世纪之交世界历史发展的重要组成部分。

随着全球资本主义市场经济体系持续扩张，环境保护等议题迅速成为全球性议题，各类国际组织、非政府组织、跨国企业等机制日趋活跃。在全球化力量的带动下，资源、产品、资本、通信和信息等在全球范围内的自由流动形成了全球性市场，这就给传统的国家领土观念带来了挑战，也给传统领土国家内的政治治理能力构成了威胁。一国内部的政治、经济、社会和文化等日益受到其他国家和地区的影响，不同国家和地区之间的彼此依存度大大增强，民族国家和领土国家之间的界限呈现模糊化的发展趋向，现代社会和世界秩序处于重组进程之中。

"全球治理"不同于世界治理，并不是要建立一个世界政府。顺应全球化发展趋势，"全球治理"针对超出一国或一地区的某一问题，主张由各国政府进行政治协商以实现共同解决。该理念试图把人类社会作为一个整体来考虑，把全球社会所面临的生存与发展问题，作为全球公共问题和公共事务，通过各种跨国协商机制和机构的运行，来加以治理和管理。

· [①]　庞中英：《全球治理的"新型"最为重要——新的全球治理如何可能》，《国际安全研究》2013 年第 1 期。

　　于是，在"全球治理"的理念指导下，世界贸易组织（WTO）曾经被视为"全球治理"中"最精密最可靠"的机制，甚至有西方学者将 WTO 治理结构与国家政体进行理论上的比拟，倾向于将其塑造成宪政体制。[①]欧盟（EU）被塑造为当代世界区域一体化成功的典范和多极世界的楷模，实现了治理模式的创新。1999 年亚洲金融危机之后，美国主导创建 20 国集团（G20），并于 2008 年将 G20 升格为"政府首脑峰会"。原本被美国作为推动全球再平衡的工具，G20 试图将自己建成为"全球治理中心"，将发达国家和新兴国家的利益捆绑到一起，实现新兴国家与发达国家在全球治理框架下的互动。上述种种"全球治理"的理论和实践的成功，促进了"地球村"和"全球社会"等概念的兴盛一时。

　　但是，自"全球治理"的概念被提出之日起，其自身就存在诸多悖论：

　　第一重悖论是，如果说"全球治理"试图适应和推动全球化的发展，那么，到目前为止全球化主要指"经济全球化"，并未实现政治全球化和文化全球化，也并未给发展中国家、特别是欠发达和不发达国家创造更多的有效参与"全球治理"制度的空间，因此，以实现经济全球化为核心的"全球治理"的基础并不全面也并不坚实。

　　第二重悖论是，"全球治理"试图突破各主权国家的政府权威，将自身建立在以大国为主导的全球治理机制基础之上；但是，"全球治理"机制自身建立在保留现有各国政府管理机制和力量的基础上，在形式上并不否认主权平等的根本原则，因而，"大国主导"和"主权平等"这两个治理基础之间存在结构性矛盾。

　　第三重悖论是，一方面，基于"合作最有利于国家利益的实现"的观点，各国参与"全球治理"是为本国的国家利益服务，旨在维护甚至加强主权国家的政治治理能力；另一方面，在经济全球化的冲击下，主权国家的政治治理能力实际上受到来自资本力量的越来越大的约束，甚至政治权力也被部分地让渡给流动金融资本和有关国际组织，跨国垄断资本政治塑造一种全球意义上的"资本帝国"[②]，使国家主权、基于民族国家的公民

---

　　① Jeffrey L. Dunoff, "Constitutional Conceits: The WTO's 'Constitution' and the Discipline of International Law", *European Journal of International Law*, 2006, No. 17, p. 647.

　　② 李滨、陈光：《跨国垄断资本与世界政治的新变化》，《世界经济与政治》2014 年第 6 期。

权、对经济进行规制的机构例如央行和货币政策……这些基本制度都难以有效地发挥其原有作用，甚至被迫产生转型①，构成了主权政治国家参与"全球治理"的政治目的和实际结果之间的矛盾。

第四重悖论是，一方面，试图通过"全球治理"机制解决全球或者地区不安全问题；另一方面，随着传统生活方式和社会文化受到全球化的冲击，信息传播的全球化进一步构成繁杂的观念和信息冲击，全球一体化事实上带给各国民众经济、社会和物质上不同程度的不安全感，部分民众转而向其所属的主权政治国家寻求保护，产生了安全与不安全之间的"双刃剑"关系。

在上述悖论之下，全球化的发展也罢，"全球治理"的推进也罢，都未能阻止全球性的经济金融危机的发生。而正由于上述重重悖论，在全球经济危机发生之后，"全球治理"机制并未有效发挥作用，反而被金融时报等媒体批评为乏善可陈、不要指望"全球治理"解决全球危机云云，全球化本身遭受了广泛批评和怀疑。

美国实际上主导着WTO、IMF和世界银行这三大主要国际组织，并且主导G20等的进程，但是，其自身的霸权地位正处于相对衰落的过程之中，无力继续其20年前规划的"世界新秩序"的梦想。作为唯一一个发达国家和发展中国家成员数目相等的多边峰会，G20事实上在一定程度上形成了国际经济事务话语权的分流，发达国家仍是峰会主导，呈现出"发达国家要钱，发展中国家要权"的格局，各种分歧表现得非常明显，并未真正达成解决全球经济危机的共识，而只是把问题踢给了国际货币基金组织（IMF）作为逃避。全球金融危机爆发以来，曾备受诟病的贸易保护主义成为各国赖以应对危机的重要手段，曾经的WTO的主要推手美国转而采用TPP和TIPP试图构建一个新的以美国和跨国垄断资本的联合体所制定的规则来主宰的贸易体系，其结果是，以促进全球性贸易自由为主旨的WTO多边贸易体制正在陷入困境。

"全球治理"并未阻止全球经济金融危机的发生，也未阻止各种地区争端乃至全球政治危机的萌生。在金融和经济危机衍生出多重全球性和地区性新挑战的情况下，第六十七届联大主席、塞尔维亚前外长耶雷米奇在

---

① Saskia Sassen, *Losing Control?*: *Sovereignty in an Age of Globalization*, New York: Columbia University Press, 1996, pp. xi – xii.

联合国大会开幕式上指出，如果主权平等只被单纯理解为政治原则，而忽视了经济范畴，也就失去了其大部分意义，联合国大会应更积极地推进全球经济治理议程。也就是说，发展中国家要求打破由美国等发达国家控制和主导的现行"全球治理"结构；但是，如何打破该结构和如何重构秩序，始终没有形成共识。

与全球危机同时存在的是各国内部的政治治理危机，这些危机之下，不但引发了自 2015 年以来越来越恶化的欧洲难民危机，还导致不同国家或文明形态的民族主义者之间的冲突加剧。

二 全球危机与民族主义

今天的全球经济正处于一个失衡状态之中，美元过度供给将美国的次贷危机转嫁到全球，全球性的通货膨胀和经济萎缩正在加剧，贸易条件进一步恶化，"第三次世界大战"、"冷战重新开始"等各种悲观论说不绝于耳。

（一）国际秩序危机

西方国际关系主流观点认为，国际关系的本质是无政府状态。欧亚大陆数千年文明史，不同历史阶段存在着不同的帝国，凭借铁骑赢得战争胜利而建立的各个帝国代表了帝国势力范围内的某个地区形成了共同体，而各个帝国兴衰的背后则是该地区秩序的剧烈动荡和重组。航海技术的大发展使地球各大洲联接在一起，随着欧洲的殖民地扩张和西方文明的占据主导，主权国家的概念被推广到各大洲的几乎所有国家，丛林法则在国际秩序中的主导性地位日益凸显：无论是征服者针对被征服者、还是征服者内部抢夺地盘，战火在世界各地相继被点燃，直到 20 世纪上半叶的两次世界大战相继爆发，使战争等级发展到极致。

为了限制战争的肆虐，需要建立和维护基本的国际秩序。19 世纪的英国曾经被称为"日不落帝国"，只要有太阳照射到的地方就会有它所涉及的一部分领土；当时，英国主导的殖民秩序统治着世界。第一次世界大战后，英国因为国力迅速衰败而被称为"欧洲的病夫"。20 世纪初，尽管欧美列强毋庸置疑地在世界占据统治地位，由它们所占领和控制的殖民地、半殖民地国家的领土面积占世界土地总面积的 2/3，人口数量占世界总人口的近六成；但是，与英法衰落、美德崛起相并存的是缺乏维护国际秩序的保障机制，因此两次世界大战的爆发是应有之义。可以说，1945 年联合国诞生之时，正是美国取代英国成为世界霸主之日。

无论是第二次世界大战这种"热战"所形成的雅尔塔国际体系，还是美苏对峙这种"冷战"结束后形成的美国独霸世界体系，都是由处于战胜国地位的美国作为世界头牌大国和强国对国际秩序进行规定和维持。回顾整个 20 世纪，美国在制定与维护相对稳定的国际秩序方面发挥了积极作用，甚至被西方国际关系学者认为其地位是不可或缺的。[①]

月盈则亏，水满则溢，中国的古语深刻地阐述了人类历史上国家间力量变化的一般性规律。"冷战"结束后，美国成为唯一超级大国，实力大幅度提升，因此设计了一整套由其进行主导的国际秩序，一度被视为创建了一个全球性的资本主义民主帝国。[②] 但是，这一秩序必须具备一个先决条件，即美国在经济力量和军事实力上相对世界其他任何国家拥有足够的优势，使其有能力推行维持这种秩序的相关规则。并且，这种美国主导的国际秩序的一个重要特征是基于推广美国政治制度和价值观的普世性，通过文化霸权，使世界各国"主动地"、"协商性"地共同维护由美国主导的国际秩序。全球化和信息化有助于美国的霸权建立，但新兴国家同时也得到跨越式的迅速发展，反过来逐渐有实力对美国的霸权地位形成挑战。小布什主政时期的美国单边主义战略已经破坏了美国原本构想的理想化秩序的"协商性"，2008 年开始的国际金融危机则危及这种秩序的先决条件，世界不同文明形态所具有的内生力和自我保护性本能地对美国文化霸权进行反作用力。

全球化和信息化的发展具有巨大的吸力，世界各个国家和地区不同程度上被这一强大的全球化网络所不断吸纳，世界各个角落的经济、社会和政治利益越来越紧密地链接在一起。与此同时，"冷战"结束后的美国已经不再有强大的外部约束力量，特别是小布什执政时期采用单边主义路线，凭借其强大的军事力量，利用全球化和信息化，对世界任何"陷入麻烦的地区"进行迅速的干预，彰显其世界霸主地位。[③] 这种单边主义战略

---

① G. John Ikenberry, "Democracy, institutions and American restraint", *America Unrivaled: The Future of the Balance of Power*, ed. G. John Ikenberry, Ithaca: Cornell University Press, 2002, pp. 213 – 238.

② G. John Ikenberry, "American Power and the Empire of Capitalist Democracy", *Review of International Studies*, No. 27 (Special Issue), 2001, pp. 191 – 212.

③ Chalmers Johnson, *The Sorrows of Empire: Militarism, Secrecy, and the End of the Republic*, New York: Henry Holt, Metropolitan Books, 2004.

加重了美国的负担，也使得美国的国际形象直线下降。自"9·11"事件后，反恐战争不仅使美国自身在阿富汗与伊拉克两个战场深陷泥潭，更使美国和伊斯兰世界的关系跌至谷底。反恐战争的深入和美国文化霸权的强势推进，导致美国与伊斯兰世界的矛盾已经超出了国家范畴，向社会和意识形态领域延伸，某种程度上形成了美国作为一个国家对抗伊斯兰世界这一宗教群体的局面。奥巴马试图通过调整国家安全战略使美国抽身脱困，表面上高举多边主义的大旗，但没有改变美国追求绝对霸权的战略目标，只是在具体的操作方式上同小布什有所区别。

全球化浪潮之下，资本力量越来越有能力脱离美国政治国家能力的掌控，资本和就业机会的大量自由"移民"，美国国内产业空心化和社会排除现象日益严重。并且，在美国主导设计的经济全球化不断扩大的过程中，美国的国内问题与全球问题已经纠缠在一起，经济、社会等各方面的问题变得更加错综复杂，美国国内政治和社会中正在出现明显的"极化"现象，价值观和基本信念也在趋向极化发展……美国国内秩序逐渐出现问题。

随着新兴国家力量的迅猛崛起，这些国家逐步进入世界产业链的中高端环节，特别是中国经济长期保持高速发展、"中美国"体系的逐步形成，给以美国为代表的发达国家所设计和主导的国际经济秩序带来威胁。为了维护本国的主权国家利益，并且在本国社会力量施压之下，为了维护政权的政治正当性，新兴国家也在不断怀疑甚至否定曾在美国主导下建立的国际规则和制度。七国集团以及后来的八国集团在国际舞台叱咤风云数十年；而今，"二十国集团峰会"取代"八国集团峰会"不仅仅是一种呼声，更是一种现实，世界上诸多媒体和评论认为 G20 全面取代 G8 只是时间问题。

这种以美国为首的西方发达国家和以中国为代表的新兴国家之间力量的此消彼长，必然给现行国际秩序带来巨大冲击。为了把握难得的和平发展机遇，中国尽管有更多参与到国际规则制定过程中的要求，但整体上依旧服从于美国主导的国际秩序，某种程度上倾向维持现有美国主导的国际秩序，以打破地区性对抗对其发展机遇所形成的挑战。

但是，树欲静而风不止。科技的进步和全球化大潮，所造成的经济冲击和全球社会不平等性的加剧，对世界各地的社会稳定形成了巨大的影响，因而遭到了包括美国自身在内的反全球化社会力量的巨大反作用力。

以美国为代表的西方世界强势推广其价值体系的行为，也遭致包括西方世界自身在内的极端反抗：自 2008 年以来，各种恐怖主义袭击在欧洲、非洲和亚洲频频发生，这些恐怖主义行为背后，既有卡伊达组织所代表的伊斯兰极端原教旨主义所倡导的、针对以西方价值为代表的现代世俗社会展开的全球恐怖袭击形式，也有反对伊斯兰教、反对多元价值的西方民主的个人"圣战"形式。这种快速滋长的极端意识形态背后的原因值得深入思考，特别是欧美世界内部的极端思潮抬头，表明资本力量将工作机会带到成本最低、利润最高的地区的同时，将"失落的一代"、"自我极端化"等社会问题留给了主权国家。

无论是美国所力求的保持主导地位不变、中国所希望的稳中求变，还是反全球化力量的重提贸易保护主义、恐怖主义的极端行为，都从不同侧面表明，现行国际秩序事实上处于危机之中，不得不发生变化。但是，谁来主导变化？如何变化？在蔓延的反美情绪日益演化为文明冲突之际，必须承认的是，全球化在中国方面夹杂着美国化，甚至现代化在不少发展中国家已经被诠释或演绎为美国化。"要现代化，不要美国化"，是一句口号。如何脱美国化，是国际秩序重组绕不开的核心议题。在这个议题尚未得到基本共识之前，与濒临危机的国际秩序相伴而生的是，"政治正确性"标准的紊乱。曾经，美国政治体制是最优越政治体制的代名词，而这一坚定的"政治正确"命题的基石正在动摇。这种紊乱与动摇，已经渗透到了包括美国自身在内各国国内秩序的方方面面，中国当然也不例外。

（二）民族主义的复兴

"全球治理"模式表面上坚持主权平等的协商机制，实质上导致缺乏监管的资本泛滥和资本强权；经济全球化冲击下，形式上的政治平等、实质上的经济不平等正在不断扩大，主权国家的政治能力正在不断被蚕食，最终加剧政治层面的实质不平等。资本的肆意性正在各国之间和各国内部泛滥，因此，这种经济和政治上的不平等不仅仅体现在不同主权国家之间，也体现为主权国家内部的阶级与阶层之间的差异扩大，导致普通民众对政治国家的不满加剧，形成主权国家内部政治治理的危机。民众为寻求安全感，在向政治国家表达不满的同时，民族主义情绪高涨；政治国家为了纾困，试图借民族主义情绪缓解民众对其国内政治治理的不满，反过来容易被民族主义对政治治理无能的怒火所吞噬……这就构成了今天全球危机之下，民族主义和主权国家内部政治治理之间的复杂关系。

　　"自由、民主和法治"等价值理念被无限推崇、经济自由化被贴上政治正确的标签、便利迅捷的交通和通信等，既是全球化的推动力，反过来也得到全球化力量的推动。全球化也把无序、风险和危机传导、扩散到世界各国；此外，各国都有相互难于充分理解、复杂甚至受偶然事件影响的国内状况。故而，全球化并非旨在扩大美国全球利益和传播美国价值观的单行道。以美国为震源的金融危机爆发后，世界范围内刮起了一股"灰色贸易保护主义"旋风，并形成了一种反全球化的思潮。

　　"阿拉伯之春"通过内外结合的力量，强制性地让阿拉伯世界走向"民主化"，但一旦宗教组织按照西方民主制度的标准，"合法地"、"民主地"成为执政党，西方民主价值和制度的普世性就具有了双刃剑的作用：在民主的外衣之下，阿拉伯世界正在从"泛阿拉伯民族主义"走向"泛伊斯兰主义"。

　　与阿拉伯民族主义与伊斯兰教之间的复杂关系和伊斯兰教国家反美浪潮不同的是，中日之间围绕钓鱼岛发生的领土争端，在相当程度上是美、中、日各方利益纠葛与中日两国国内矛盾之间相互作用的结果。中日两国有沉重的历史包袱，随着中日两国近年来的力量消长变化，两国之间的关系将重心集中于经贸关系，低调处理战略关系；并且，在这种小心翼翼的两国关系调整过程中，中日双方都会充分考虑各自和美国的关系，事实上坚持以美国为轴心而进行。但是，日本对中国在经济上的依赖不断增强，使其更加焦虑于对美国的战略依赖的可靠性，这种双重依赖导致日本的不安全感大大增强，因此安倍主义在日本受到欢迎具有较为广泛的民意基础。

　　出于对"中国崛起"的恐惧，美国"重返亚洲"的根据是其所认知的"国家利益"，是以军事领先的，这就在中日关系中强化了战略竞争的因素，也使中美双方进入战略竞争的阶段。"重返亚洲"战略打破了中美日三国之间脆弱的利益关系，激化了中日之间的领土冲突，也刺激了民族主义的兴起。

　　除了美、中、日三国关系的失衡，自2015年来的焦点集中于贸易领域和南中国海地区。2015年10月，在美国等十二国国经贸部长发表联合声明，宣布由美国主导的《跨太平洋伙伴关系协定》（TPP）谈判结束之后，奥巴马认为TPP协定"强化了我们（美国）与伙伴及盟友在本区域的战略关系"，并且，"不能让中国这样的国家书写全球经济的规则。"

言下之意，TPP 就是针对中国设立的经济铁幕。而美国导弹驱逐舰闯进中国南海岛礁、美国军机闯入南海岛礁附近等，都加重了中美之间的火药味。

"政治伊斯兰"正在取代阿拉伯世俗民族主义成为阿拉伯世界的政治主流、围绕钓鱼岛争端中日两国的民族情绪都在高涨、美国从经济和军事等多个方面对中国的战略包围仿佛拉开了帷幕……今天全球危机之下，"全球治理"乏善可陈，民族国家主义再度兴起；民族国家内部的政治治理困境与全球危机的结合，使民族主义高企；而民族主义的高企反过来对政治治理产生更高的要求……我们所要见证的历史，是民族主义和全球危机下的全球治理二者激烈碰撞的历史，也将是见证制度创新和世界格局重构的历史。

第三节　差异与合作

以史为鉴，然而，历史却不是简单的再现。这种对于历史的态度，有利于促进中美双方关系的良性发展，放弃"冷战"思维，实现新型合作伙伴关系；同时，也有利于中国突破过于关注美国这一焦点的局限性，提升布局全局的外交能力，建立和发展全球思维。

> 世界文明形态具有多元性，这当然包括制度文明的多元性。不同制度文明之下，各国政治制度的差异性是客观存在的，这种差异是不同制度文明之间冲突或者合作的渊源所在……世界各国政治制度既有差异，也有相似或共同之处。各国基本价值观的差异是形成政治制度差异性的主要原因之一，但各国历史传统与政治环境的不同，对这种差异性的形成具有更为重要的作用。世界各国在探究彼此差异性的同时，更应当认识到，制度文明的多元性是自古存在的，但绝非不可逾越，加强不同政治制度的合作也不会因为这种差异性而失去可能。当然，这种跨越制度文明差异性的合作，应当以尊重并认可这种差异为前提。①

---

① 魏南枝：《差异与合作——帕斯奎诺教授谈当今中国政治》，《求是》2013 年第 19 期。

如媒体人玛雅所说，美国人把宗教信仰与爱国主义相结合，创立了所谓的"民族宗教"（national religion），认为美国人是"上帝的选民"，杜鲁门所说的"America，become No.1，keep No.1（美国，争第一，保第一）"的名言概括了美国精神之魂。① 一句"但使龙城飞将在，不教胡马度阴山"的名句非常贴切地体现了中国古往今来不喜战事、追求安定生活的民族性。正因为中国这种民族性，虽然欧美各国大呼"中国制造征服世界"，无论在政治上还是军事上，中国都持内敛态度，坚持"不教胡马度阴山"的传统底线，无意与美国相争。实际上，中国制造走向世界，一方面是因为中国政府主动施行对外开放，使中国融入由西方资本主义世界所建立的全球经济秩序之中；另一方面也是美国自身推动全球化、将产业资本大量投向欧美以外地区的结果。

中美两国处于多极化的世界格局之中，而非冷战时期两个阵营的对峙格局。中国已经高度融入了经济全球化进程。并且在这一过程中，不仅仅全世界很多人都享受着更廉价更丰富的"中国制造"消费品，中国在经济上不遗余力地推动自由贸易，与美国已经形成事实的"利益共同体"，成为多极化和全球化进程的受益者。中国和美国已经互为对方重要的市场，中美两国经济方面的相互依赖性不断增强，但两国在政治、军事和安全等领域的合作关系远远落后于经济领域的合作和交融，导致中美关系在不同领域存在事实上的"二元结构"。

在这种二元结构之下，一方面，无论在双边关系还是多边关系中，美国有动力和压力采用"游戏规则"的手法，压制中国遵守由美国进行主导的世界规则；另一方面，随着中国经济实力的增长，对海外利益进行保护的要求加大，本国内部民族主义思潮的力量也在膨胀，导致中国自身立场和原则的独立性增强，越来越不会迁就美国的主张，甚至进一步主张参与到国际规则的制定之中。当年对日本和德国所采用的"游戏规则"式的修理，难于被中国政府和中国社会所接受。因而，用美国主导的"国际游戏规则"对中国进行规制，并将其作为双方建立合作关系的前提，只能是美国的一厢情愿。

美国降低能源对外依赖度的同时，中国的能源依赖度迅速增加。而美

---

① 玛雅：《美国的独特性、文化政治及其霸权主义逻辑》，《美国的逻辑》，中国经济出版社2011年版。

国的大量驻军和对各种国际组织的支持等，在美国看来，是美国付出了巨大代价来"维护世界秩序"，中国在享受这种世界秩序的保护的同时，却没有履行相应的义务，所以美国有理由要求中国遵守"游戏规则"。

推动了全球化的美国并没有做好准备接受经济全球化带来的各种结果，仍然固守其"美国中心主义"和"冷战"思维战略，保持其进攻性与扩张性。并且以捍卫美国"全球霸权"为己任的美国庞大的军事力量，更需要通过强大的敌人来证明扩大军费开支的正确性，中国"当仁不让"地成为新的假想敌。因此，中美之间的经济摩擦政治化、"输出民主"和"人权外交"、加强针对中国的军事部署、推动 TPP 等都在美国政界、媒体、学界乃至民众中具有相当的基础。

一味采用忍让的方式换取和平，事实上对今天的中国来说难以为继。避免冲突的根本性解决方案是中国发展自己的国际战略体系和话语体系。中国的崛起已经成为当代主导性的地缘政治问题，如何在崛起的同时，更深入和全面地掌握第一手资料，认识和分析不同国家和不同文明形态，总结出自己的话语体系，并让自己的话语体系赢得其他国家和地区的认可甚至认同，才能让美国难于理直气壮地要求中国遵守其制定的规则。中国进入一个反思改革和真正摸索中国自身发展道路的时代。

在这样一个时代，中美关系无疑是最重要的双边关系。而中国要在中美新型合作伙伴关系的建立和发展中占据主动，就需要基于反思和探索精神，发展全球思维。

随着美国实力的相对衰落、世界格局向多极化方向深入发展，全球社会处于各种不确定因素之中，全球化对主权国家能力的冲击、中东的再度动荡、世界中心逐渐向亚太转移等，使由美国所主导的现有国际秩序缺乏稳定性。在这种变局之下，中国的崛起使国际社会对中国承担更多国际责任的要求增加，中国的态度在解决不少地区冲突的过程中发挥着越来越重要的作用。实践已经证明，华盛顿共识难于成为对全世界不同文明形态都具"普世性"的现代化模式。这一方面使两国之间发生冲突的可能性大大增强，另一方面也给两国带来巨大的共同挑战，即如何维持或者重建稳定的世界格局，如何探索不同文明形态所能够接受的多元现代化途径等，中美两国之间存在巨大的合作空间——这构成了中美两国所共同面对的第二重挑战。探求符合各国自身历史与国情、符合地球资源可承受和可持续发展要求的多种现代化模式，是世界发展的必然要求和趋势。

　　中国应当清醒地将历史与现状相结合，坚持以人民大众为本，不回避和害怕矛盾，将国内矛盾解决好了，才能减轻对美国"战略包围"中国的焦虑感，才能坚持开放的心态。在自信和开放的基础之上，才能确保中国对于古今中外各种不同类型的社会发展实践的认识、思考和反思能力，才能保持中华文明的吸纳能力，才能建立全面、理性和包容的全球思维。

结　语

美洲金银产地的发现，土著居民被剿灭、被奴役和被埋藏于矿井，对东印度开始进行的征服和掠夺，非洲变成商业性的猎捕黑人的场所：这一切标志着资本主义产生时代的光。这些田园诗式的过程是原始积累的主要因素。

——《马克思恩格斯文集》第 5 卷，人民出版社 2009 年版，第860—861 页。

现在欧洲每年向美国移民的潮流，只是促使那里的资本主义经济及其一切后果发生到极点，因而那里早晚势必发生严重的破产……

——《马克思恩格斯全集》第 19 卷，人民出版社 1963 年版，第338 页。

"东亚过去曾是一个强大的地区，处于世界发展前沿至少有两千年之久，后来，一直到 16 世纪、17 世纪或甚至 18 世纪，才陷入了相对短暂但刻骨铭心的衰落。"① 知耻而后勇，经历了这样刻骨铭心的衰落，中国人民经历了革命解决了"挨打"的问题，经历了建设解决了"挨饿"的问题，现在所要实现的中国梦是要解决"挨骂"的问题。

中国的发展已经进入一个研究大问题、形成大思维、展望大未来的时代。无论对全球发展的研究还是对中国的研究，都应当避免囿于狭隘的视野来研究细节问题，而是基于宏观视野来研究宏大问题。而这一宏大问题的研究与叙述，都应当建立在对自己从哪里来、到哪里去的准确认知基础

---

① Gilbert Rozman, *The East Asian Region*: *Confucian Heritage and Its Modern Adaptation*, Princeton, NJ, Princeton University Press, 1991, p. 6.

之上。获得这种准确认知的前提是，突破西方中心主义的桎梏，通过对自己和他人的道路进行清晰地梳理，建立自己的理论自信、道路自信、制度自信和文化自信……这种自信与中华文明的"和而不同"的传统是一致的，而赢得与发展这种自信的集中体现在于中国梦的提出与实现。

毛泽东在《纪念孙中山先生》一文中曾说过，

> 再过四十五年，就是二千零一年，也就是进到 21 世纪的时候，中国的面目更要大变。中国将变为一个强大的社会主义工业国。中国应当这样。因为中国是一个具有九百六十万平方公里土地和六万万人口的国家，中国应当对于人类有较大的贡献。而这种贡献，在过去一个长时期内，则是太少了。这使我们感到惭愧。[1]

民族国家理念源自于西方世界，而中国自古是一个文明国家，这种历史渊源的不同决定了中国与西方世界对于国家理念等存在根本性差异。中国的崛起使西方世界越来越关注中华文明，以了解这种文明渊源对中国迅速崛起所具有的重要作用。中国的历史与传统与今天的中国道路和中国腾飞之间具有紧密联系，中国梦的实现不仅仅在于中华民族的伟大复兴，不仅仅在于国家富强与人民幸福的实现，还在于对人类的较大贡献。

因为我们在近代以来对人类的贡献太少了，我们曾经感到惭愧；所以，"民族自卑"和"历史虚无"成为中华文明的腐蚀剂。如果不剔除"民族自卑"和"历史虚无"，就不可能铸就中华文明新辉煌。同样，故步自封、抱残守缺、孤芳自赏，也不可能铸就中华文明新辉煌。一方面，警惕比"棒杀"来得更可怕的"捧杀"的危险，破除自大和自满心理，坦然面对各种批判和不足，始终保持耻不如人的开放心态，避免故步自封；另一方面，运用自身影响力，推广国家之间的平等原则，促进国际和平，以维护难得的和平发展阶段。

美国梦由资本主义的理念与发展实践凝聚而成。个人层面的美国梦主要指在机会平等之下、人人皆可通过自我奋斗而获得成功，追求个人自由和物质财富。美国梦包括一系列的理想，例如追求自由、发财致富和通过辛勤工作实现经济和社会的向上流动等。国家层面的美国梦经历了从建国

---

[1] 毛泽东：《纪念孙中山先生》，《人民日报》1956 年 11 月 12 日。

梦到强国梦的演进过程，美国社会的主流价值观强调以国家利益引导个人梦想、说服一切个人利益冲突，以维护既有的政治和经济秩序。美国梦是一个不断发展、不断深化、复杂程度不断加强的概念。美国不采用直接殖民主义，而是以军事霸权为保障，通过更松散的方式，例如利用规则制定和秩序设计等，并把美国梦作为一种普世的行为准则与衡量标准进行意识形态输出，对其他国家或地区进行间接控制，维护和加强美国在全球政治、经济和文化等方面的中心地位，利用全球的人才和资源来加强美国国内的稳定与发展。

21 世纪以来，在资本不受约束的全球化流动时代，美国的政治利益与资本利益紧密结合在一起，导致社会利益与经济利益产生直接冲突。美国的政治权力日益难于制约资本力量，资本的肆意性正在破坏其政治的民主性，为了追求物质财富可以放弃道德、信仰等价值精髓的当代美国梦，由于缺乏有效监管的过度自由最终恰恰葬送了其所追求的自由，美国梦已经不足以阻止其自身社会分裂趋势。国际格局向多极化发展，美国国家梦想的对内和对外两个方面之间的张力日益紧张。美国经济尚未产生新的革命性增长点，政治体制缺乏打破固化的利益格局的自我革新能力，"美国梦在褪色"已经成为一个全球性议题。

事实上，目前中国已经对全球化秩序具有很大影响力。在这样的时代背景下，中国梦的提出，不仅可行而且必要，中国梦凝聚了中国发展道路、制度、理念、文化、价值观和对外战略等各方面，在继承传统、立足当下和吸纳人类不同文明优秀成果的基础上，放眼未来，为人类文明的多元发展提供了另一种可能。

中华民族伟大复兴的中国梦的实现，标志着 16 世纪以来西方中心主义霸权地位的终结。在这样一个进程中，其他发展中国家和地区需要经历一个很长时间来进行全球力量的再次组合与分层，这也必然会出现新的政治力量融合与地区政治变化，它的变化特点是由发达国家的发展和发展中国家的崛起而主导的。

如阿里吉所说：

　　长期的暴力升级和无休止的世界性混乱仍有可能发生。什么样的世界秩序或失序最终将变成现实，主要有赖于人口稠密的南方国家——首先是中国和印度——能不能为自己和世界开拓出这样一条发展道路，即它比导致西方致富的那条道路在社会上更公正，在环境上更可持续。①

在未来的发展中，中国梦的实现要坚持自己的中国特色社会主义道路。要正确看待中国经济发展速度放缓，不能继续以高投资为动力、以高污染为代价等实现经济的高增长，而是关注经济结构的调整与优化，实现真正意义上的可持续发展。要有效克服区域发展不平衡问题，不能继续将各种资源集中投入到北京、上海等超大都市或都市群，而是应当在全国各地形成多个地区性中心城市或城市群，结合各地区特色进行发展规划，促进区域经济平衡发展。要确保发展模式的可持续性，通过提高能源利用效能、节约水资源等，在确保自然资源可支撑和可持续的前提下，进行中国自己的发展议程设置。要加强中国人的中国身份认知与认同，需要强调中国发展道路与中国历史、传统之间的紧密联系，需要让所有的中国社会成员分享中国发展成果，需要通过就业政策和社会政策等克服迅速转型给社会形成的冲击。

对发展主义的迷信导致不少发展中国家失去了自我认同感，相当数量的中国人也陷入这种迷惘之中，这不利于中国梦的实现。要建立中国自身全球大战略，在对自身进行深入调整的基础上，中国的全球战略务必克服对西方中心主义的迷信，对外战略不应当以美国为代表的西方国家的国际规则和战略设置为中心，被动应对甚至被动追随。要主动建立自身全球战略规划，加强与其他发展中国家和印度、巴西等新兴经济体的密切合作，加强与周边国家的深入交流与合作。

如毛泽东所说，

> 道路总是曲折的，前途总是光明的。我们一定要努力把党内党外、国内国外的一切积极的因素，直接的、间接的积极因素，全部调动起来，把我国建设成为一个强大的社会主义国家。②

---

① ［意］乔万尼·阿里吉：《亚当·斯密在北京：21世纪的谱系》，路爱国、黄平、许安结译，社会科学文献出版社2009年版，第10页。
② 《毛泽东文集》第7卷，人民出版社1999年版，第44页。

　　人类文明的多样性，决定了梦想的丰富多彩，广大的国际社会正在推动实现持久和平、共同繁荣的世界梦。"中国梦"不是关起门来做自己的"小梦"，而是一个开放、包容、共享的"大梦"，是奉献于世界共同利益的梦。"穷则独善其身，达则兼济天下。"这是中华民族始终崇尚的品德和胸怀。中国一心一意办好自己的事情，既是对自己负责，也是为世界作贡献。连接中国与世界其他国家的不仅是友谊和利益纽带，还有包括中国和美国在内的世界各国的梦想。十几亿中国人民共同建设中国特色社会主义，只要中国全面建成了小康社会，就为世界人民特别是占世界人口五分之四的发展中国家人民指出了一个重要的奋斗方向，有利于世界人民共同构建共同繁荣的大同世界。中国梦的实现，不仅造福中国人民，而且造福包括美国人民在内的世界人民，为推动实现持久和平、共同繁荣的世界梦和全球发展作出贡献。

　　2014 年 12 月 13 日，习近平在南京大屠杀死难者公祭仪式上讲道：

　　　　今天的中国，已经成为一个具有保卫人民和平生活坚强能力的伟大国家，中华民族任人宰割、饱受欺凌的时代已经一去不复返了，中国人民正在意气风发地沿着中国特色社会主义道路，为实现"两个一百年"奋斗目标、实现中华民族伟大复兴的中国梦而奋斗。中华民族的发展前景无比光明。

　　加强沟通和了解，必然能够促进相互的理解和认同。面对变幻的国际政治形势、复杂的国家利益矛盾与贪婪的资本扩张需求，将国家之间、不同国家的人民之间的误解、矛盾和冲突简单化，一味地相互指责甚至对抗，只会导致更深的隔膜甚至敌对。这就对一个成长中的中国所应当具有的政治智慧和胸襟提出更高的要求，只有沉着地面对各种批评和压力，冷静地处理各种争端和危机，自信地展示自己的价值观和发展模式，才能走向真正的全面复兴之路。

　　今天的中国比任何时期都更接近民族复兴目标，但是，攀登珠穆朗玛峰往往是最后的几百米最艰难也最容易遇到各种不可预测的风险。习近平表示，"我们从哪里来？走向何方？我无时无刻不提醒自己"。这种警醒，既是习近平的，也应当是中国人民所共有的。只有警钟长鸣，才能始终胸怀梦想，而只要坚持，梦想总是可以实现的。

参考文献

［1］《马克思恩格斯全集》第 1 卷，人民出版社 1956 年版。

［2］《马克思恩格斯全集》第 4 卷，人民出版社 1958 年版。

［3］《马克思恩格斯全集》第 12 卷，人民出版社 1998 年版。

［4］《马克思恩格斯全集》第 16 卷，人民出版社 1964 年版。

［5］《马克思恩格斯全集》第 19 卷，人民出版社 1963 年版。

［6］《马克思恩格斯全集》第 27 卷，人民出版社 1972 年版。

［7］《马克思恩格斯全集》第 30 卷，人民出版社 1995 年版。

［8］《马克思恩格斯文集》第 1 卷，人民出版社 2009 年版。

［9］《马克思恩格斯论中国》，人民出版社 1997 年版。

［10］《列宁全集》第 27 卷，人民出版社 1990 年版。

［11］《斯大林全集》第 2 卷，人民出版社 1953 年版。

［12］《斯大林全集》第 7 卷，人民出版社 1958 年版。

［13］《毛泽东选集》第 1—4 卷，人民出版社 1991 年版。

［14］《毛泽东选集》第 5 卷，人民出版社 1977 年版。

［15］《毛泽东著作选读》下册，人民出版社 1986 年版。

［16］《建国以来毛泽东文稿》，中央文献出版社 1992 年版。

［17］《毛泽东文集》第 7 卷，人民出版社 1999 年版。

［18］《邓小平文选》第 1 卷，人民出版社 1994 年版。

［19］《邓小平文选》第 3 卷，人民出版社 1993 年版。

［20］习近平：《莫斯科国际关系学院的演讲》，《人民日报》2014 年 3 月 24 日。

［21］习近平：《在纪念孔子诞辰 2565 周年国际学术研讨会暨国际儒学联合会第五届会员大会开幕会上的讲话》（2014 年 9 月 24 日）。

［22］习近平：《在纪念毛泽东同志诞辰 120 周年座谈会上的讲话》，

http：//theory. people. com. cn/n/2013/1227/c40531 – 23954508. html.

[23] 习近平：《在联合国教科文组织总部的演讲》（2014 年 3 月 27 日），
《人民日报》2014 年 3 月 28 日。

[24]《习近平在布鲁日欧洲学院的演讲（2014 年 4 月 1 日)》，《人民日
报》2014 年 4 月 2 日第 2 版。

[25] 费孝通：《乡土中国》，北京大学出版社 2012 年版。

[26] 费孝通：《美国人的性格》，华东师范大学出版社 2013 年版。

[27] 费孝通：《中国文化的重建》，华东师范大学出版社 2014 年版。

[28] 胡鞍钢、王绍光、周建明、韩毓海：《人间正道》，中国人民大学出
版社 2011 年版。

[29] 黄平、崔之元主编：《中国与全球化：华盛顿共识还是北京共识》，
社会科学文献出版社 2005 年版。

[30] 黄平：《梦里家国：社会发展、全球化与中国道路》，社会科学文献
出版社 2015 年版。

[31] 黄平：《误导与发展》，中国人民大学出版社 2006 年版。

[32] 黄炎培：《延安归来》，《八十年来——黄炎培自述》，文汇出版社
2000 年版。

[33] 玛雅：《美国的逻辑》，中国经济出版社 2011 年版。

[34] 王绍光：《政体与政道：中西政治分析的异同》，《理想政治秩序：
中西古今的探求》，生活·读书·新知三联书店 2012 年版。

[35] 王绍光主编：《选主批判：对当代西方民主的反思》，欧树军译，北
京大学出版社 2014 年版。

[36] 张岱年、程宜山：《中国文化与文化论争》，中国人民大学出版社
1990 年版。

[37] 张朋园：《中国民主政治的困境，1909—1949》，吉林出版集团 2007
年版。

[38] 赵汀阳：《坏世界研究：作为第一哲学的政治哲学》，中国人民大学
出版社 2009 年版。

[39]［埃及］萨米尔·阿明：《不平等的发展：论外围资本主义的社会形
态》，高铦译，商务印书馆 1990 年版。

[40]［德］W. 桑巴特：《为什么美国没有社会主义》，社会科学文献出版
社 2002 年版。

［41］［德］马克斯·韦伯：《新教伦理与资本主义精神》，于晓、陈维纲译，生活·读书·新知三联书店 1987 年版。

［42］［德］马克斯·韦伯：《社会与经济》，林荣远译，商务印书馆 1997 年版。

［43］［德］马克斯·韦伯：《学术与政治》，冯克利译，生活·读书·新知三联书店 1998 年版。

［44］［德］马克斯·韦伯：《儒教与道教》，王荣芬译，商务印书馆 2003 年版。

［45］［德］乌尔里希·贝克：《风险社会》，何博闻译，译林出版社 2004 年版。

［46］［法］埃德加·莫兰：《反思欧洲》，康征、齐小曼译，生活·读书·新知三联书店 2005 年版。

［47］［法］托克维尔：《论美国的民主》，董果良译，商务印书馆 1988 年版。

［48］［美］J. D. 亨特：《文化战争：定义美国的一场奋斗》，安荻等校译，中国社会科学出版社 2000 年版。

［49］［美］艾伦：《中国梦——全球最大的中产阶级的崛起及其影响》，孙雪、李敏译，文汇出版社 2011 年版。

［50］［美］彼得·S. 温茨：《环境正义论》，朱丹琼、宋玉波译，上海人民出版社 2007 年版。

［51］［美］丹尼尔·贝尔：《资本主义文化矛盾》，赵一凡等译，生活·读书·新知三联书店 1992 年版。

［52］［美］多姆霍夫：《当今谁统治美国——八十年代的看法》，中国对外翻译出版公司 1985 年版。

［53］［美］弗朗西斯·福山：《政治秩序与政治衰败：从法国大革命到现在》，毛俊杰译，广西师范大学出版社 2012 年版。

［54］［美］雷迅马（Michael E. Latham）：《作为意识形态的现代化：社会科学与美国对第三世界政策》，牛可译，中央编译出版社 2003 年版。

［55］［美］罗伯特·A. 达尔：《现代政治分析》，王沪宁等译，上海译文出版社 1987 年版。

［56］［美］罗伯特·威廉·福格尔：《第四次大觉醒及平等主义的未来》，王中华、刘红译，首都经济贸易大学出版社 2003 年版。

［57］ ［美］迈克尔·巴仑蒂：《少数人的民主》，四季出版公司 1980 年版。

［58］［美］诺姆·乔姆斯基：《霸权还是生存》，张鲲译，上海译文出版社 2006 年版。

［59］［美］塞缪尔·亨廷顿：《第三波——二十世纪后期民主化浪潮》，刘军宁译，上海三联书店 1998 年版。

［60］［美］塞缪尔·亨廷顿：《文明的冲突与世界秩序的重建》，周琪、刘菲等译，新华出版社 2010 年版。

［61］［美］约瑟夫·熊彼特：《资本主义、社会主义和民主主义》，绛枫译，商务印书馆 1979 年版。

［62］［美］兹比格涅夫·布热津斯基：《大失控与大混乱》，潘嘉玢、刘瑞祥译，中国社会科学出版社 1995 年版。

［63］［意］葛兰西：《葛兰西文选（1916—1935）》，中共中央马克思恩格斯列宁斯大林著作编译局国际共运史研究所编译，人民出版社 1992 年版。

［64］［意］乔万尼·阿里吉：《亚当·斯密在北京：21 世纪的谱系》，路爱国、黄平、许安结译，社会科学文献出版社 2009 年版。

［65］［印］阿马蒂亚·森：《论经济不平等/不平等之再考察》，王利文、于占杰译，社会科学文献出版社 2006 年版。

［66］［英］安东尼·吉登斯：《民族、国家与暴力》，胡宗泽等译，生活·读书·新知三联书店 1998 年版。

［67］［英］梅因：《古代法》，沈景一译，商务印书馆 2010 年版。

［68］［英］以赛亚·伯林：《扭曲的人性之材》，岳秀坤译，译林出版社 2009 年版。

［69］ Aaron L. Friedberg, *A Contest for Supremacy：China, America, and the Struggle for Mastery in Asia*, New York：W. W. Norton & Company, 2011.

［70］ Ann W. Duncan & Steven L. Jones (eds.), *Church-state Issues in America Today：Religion and government*, Westport：Praeger Publishers, 2008.

［71］ Anthony Giddens, *Sociology*, Cambridge：Polity Press & Blackwell Publishing Company, 2001.

［72］ Anthony Giddens, *The Nation-State and Violence* (Volume Two of a Contemporary Critique of Historical Materialism), Cambridge: Polity Press, 1985.

[73] Carl Waldman & Molly Braun, *Atlas of the North American Indian*, New York: InfoBase Publishing, 2009.

[74] Chalmers Johnson, *The Sorrows of Empire: Militarism, Secrecy, and the End of the Republic*, New York: Henry Holt, Metropolitan Books, 2004.

[75] Charles Austin Beard, *An Economic Interpretation of the Constitution of the United States*, New York: Dover Publications, Inc. , 2004.

[76] Charles Murray, *Losing Ground: American Social Policy 1950 – 1980*, New York: Basic Books, 1984.

[77] Charles Wright Mills, *The Power Elite*, New York: Oxford University Press, 1956.

[78] David Harvey, *A Brief History of Neoliberalism*, Oxford: Oxford University Press, 2005.

[79] David Harvey, *The New Imperialism*, New York: Oxford University Press, 2003.

[80] Edmund S. Morgan, *American Slavery, American Freedom: The Ordeal of Colonial Virginia*, New York: Norton, 1975.

[81] Edward L. Ayers, Lewis L. Gould, David M. Oshinsky & Jean R. Soderlund, *American Passages: A History of the United States*, Boston: Wadsworth, Cengage Learning, 2007.

[82] Elliot H. Goodwin (ed.), *The New Cambridge Modern History: Volume 8, The American and French Revolutions, 1763 – 1793.* CUP Archive, 1976.

[83] Eric Rauchway, *The Great Depression and the New Deal: A Very Short Introduction*, New York: Oxford University Press, 2008.

[84] Faith Jaycox, *The Progressive Era*, New York: Facts On File, Inc. , 2005.

[85] Felix Gilbert, *To the Farewell Address: Ideas of Early American Foreign Policy*, Princeton, N. J. : Princeton University Press, 1970.

[86] Fernand Braudel, *Afterthoughts on Material Civilization and Capitalism*, Baltimore, MD: John Hopkins University Press, 1977.

[87] Francis J. Bremer, *John Winthrop: America's Forgotten Founding Father*,

New York: Oxford University Press, 2005.

[88] Franz Schurmann, *Ideology and Organization in Communist China*, Berkeley: University of California Press, 1966.

[89] Frederick Merk, *Manifest Destiny and Mission in American History: A Reinterpretation*, New York: Knopf, 1963.

[90] Gilbert Rozman, *The East Asian Region: Confucian Heritage and Its Modern Adaptation*, Princeton, NJ, Princeton University Press, 1991.

[91] Giovanni Arrighi and Beverly J. Silver, *Chaos and Governance in the Modern World System*, Minneapolis: University of Minnesota Press, 1999.

[92] Gosta Esping-Andersen, *The Three Worlds of Welfare Capitalism*, Cambridge: Polity Press, 1990.

[93] Hamilton Cravens, *Great Depression: People and Perspectives*, California: ABC – CLIO, LLC, 2009.

[94] J. Duerr Berrick, *Faces of Poverty: Portraits of Women and Children on Welfare*, Oxford: Oxford University Press, 1995.

[95] James L. Richardson, *Contending Liberalisms in World Politics: Ideology and Power*, Boulder: Lynne Rienner, 2001.

[96] James Truslow Adams, *The Epic of America*, Blue Ribbon Books, 1941.

[97] Jill Lepore, *The Name of War: King Philip's War and the Origins of American Identity*, New York: Knopf, 1998.

[98] Jim Cullen, *The American Dream: A Short History of an Idea That Shaped a Nation*, New York: Oxford University Press, 2003.

[99] John Dewey, *Individualism Old and New*, New York: Minton, Balch & Company, 1930.

[100] John Milton Cooper, *Breaking the Heart of the World: Woodrow Wilson and the Fight for the League of Nations*, New York: Cambridge University Press, 2010.

[101] Karl Polanyi, *The Great Transformation*, New York & Toronto: Farrar & Rinehart. Inc. , 1944.

[102] Ken Booth, *New Thinking About Strategy and International Security*, London: Harpercollins, 1991.

[103] Kenneth Lieberthal, Micheal C. Oksenberg, *Policy Making in China*:

Leaders, Structures, and Processes, New Jersey: Princeton University Press, 1988.

[104] Kenneth Pomeranz, the Great Divergence: Europe, China, and the Making of the Modern World Economy, Princeton, NJ, Princeton University Press, 2000.

[105] Kim Moody, U. S. Labor in Trouble and Transition, London: Verso, 2007.

[106] Leon Samson, Toward a United Front: A Philosophy for American Workers, New York: Farrar & Rinehart, Inc. , 1935.

[107] Lloyd E. Ambrosius, Wilsonianism: Woodrow Wilson and His Legacy in American Foreign Relations, New York: Palgrave Macmillan, 2002.

[108] Mark S. Clatterbuck, Searching for Souls in a Twice-foreign Land: An Analysis of Catholic Indian Missions Through The Indian Sentinel (1902 – 1962), ProQuest Information and Learning Company, 2008.

[109] Martha W. McCartney, Virginia Immigrants and Adventurers, 1607 – 1635: A Biographical Dictionary, Baltimore: Genealogical Publishing Com, 2007.

[110] Mary L. Dudziak, Cold War Civil Rights: Race and the Image of American Democracy, New Jersey: Princeton University Press, 2011.

[111] Max Weber, Economy and Society: An Outline of Interpretive Sociology, Berkeley and California: University of California Press, 1978.

[112] Max Weber, General Economic History, New York: Collier, 1961.

[113] Max Weber, Theory of Social and Economic Organization, Glencoe: Free Press, 1949.

[114] Michael Kazin, Rebecca Edwards & Adam Rothman, The Princeton Encyclopedia of American Political History, New Jersey: Princeton University Press, 2009.

[115] Michael Mann, The Incoherent Empire, London: Verso, 2003.

[116] Michael Mann, The Sources of Social Power (Vols. 1 and 2), Cambridge University Press, 1986 and 1993.

[117] Patrick O. Cohrs, The Unfinished Peace after World War I: America, Britain and the Stabilisation of Europe, 1919 – 1932, New York: Cam-

bridge University Press, 2006.

[118] Perry Miller, *The New England Mind: From Colonies to Province*, Cambridge, Meaa.: Harvard University Press, 1953.

[119] Pierre Rosanvallon, *The New Social Question: Rethinking the Welfare State*, trans. by Barbara Harshav, Princeton: Princeton University Press, 2000.

[120] R. Hofstadter, *The American Political Tradition*, New York: Vintage, 1954.

[121] Richard B. Freeman, *America Works: The Exceptional U. S. Labor Market*, New York: Russell Sage Foundation, 2007.

[122] Robert A. Williams, Jr., *The American Indian in Western Legal Thought: The Discourses of Conquest*, New York: Oxford University Press, 1992.

[123] Robert E. Baldwin, *The Decline of US Labor Unions and the Role of Trade*, Washington, D. C.: Institute for International Economics, 2003.

[124] Saskia Sassen, *Losing Control?: Sovereignty in an Age of Globalization*, New York: Columbia University Press, 1996.

[125] Sidney Mead, *The Nation with the Soul of a Church*, Harper & Row, 1975.

[126] Susan-Mary Grant, *A Concise History of the United States of America*, New York: Cambridge University Press, 2012.

[127] Sydney E. Ahlstrom, *A Religious History of the American People*, New Haven: Yale University Press, 1972.

[128] T. Skocpol, "The Limits of the New Deal System and the Roots of Contemporary Welfare Dilemmas", *The Politics of Social Policy in the United States*, eds. M. Weir, A. S. Orloff and T. Skocpol. Princeton, NJ: Princeton University Press, 1988.

[129] Theda Skocpol & Lawrence R. Jacobs, *Reaching for a New Deal: Ambitious Governance, Economic Meltdown, and Polarized Politics in Obama's First Two Years*, New York: Russell Sage Foundation, 2011.

[130] Thomas L. Friedman, *The World is Flat: A Brief History of the Twenty-First Century*, New York: Farrar, Straus & Giroux, 2005.

后　记

　　本书是中国社会科学院马克思主义理论学科建设与理论研究项目"中国梦与美国梦的比较研究"的研究成果。

　　自 2013 年以来，历时三年，从思想来源、价值追求、发展道路、制度基础、对外战略等多方面入手，对中国梦与美国梦所代表的两种价值体系和社会理想等进行了比较分析，并对两种梦想所面临的共同挑战和各自的内部张力等进行了探讨。本研究涉猎了中国、美国以及世界发展历程的诸多方面，常常感到自己学识所限，难于准确全面地进行分析与表达，难免挂一漏万、提法也可能有失偏颇，希望得到前辈、同人以及读者的指正。

　　在本书的研究过程中，本研究项目负责人中国社会科学院欧洲研究所所长黄平老师对我进行了深入的指导，书中也荟萃了他诸多精辟独到的观点。"先生之风，山高水长"，正是因为黄平老师对国家和民族深沉的爱、对世界大势深切的关注，让我深受启迪和倍感责任重大！

　　向中国社会科学院马克思主义学院樊建新老师和中央编译局孔明安老师表示感谢，两位老师为本书的写作和修改提出了宝贵的意见与建议，让我受益匪浅。向我所在的中国社会科学院美国研究所的领导和同事们表示感谢，在领导们的支持下、在同事们不断的思想碰撞中，我对所研究的问题有了更广泛深入的思考。

　　本书的出版要感谢中国社会科学院马克思主义理论学科建设与理论研究工作领导小组办公室许延广女士，她为本书的立项、研究和成书等前后付出了大量心血；还要感谢中国社会科学出版社的编辑田文老师，她为本书贡献了很多智慧、付出了辛勤的劳动。

　　最后，谨以此书送给我的家人：我的父亲魏监明和母亲龙韵芳一直尽其所能给予我支持，特别是七十多岁的母亲坚持帮我校对书稿；我的爱人建宇和儿子致同给予我前行的力量，任何的点滴进步，都是一家三口共同努力的结晶。

魏南枝

2016 年 5 月于北京